Anton Curic

BENEDIKT XVI.
Demut und Bescheidenheit

Benedictus PP XVI
19/VII/2005

Signé LINGEN

Inhalt

„Leuchttürme auf stürmischer See“

Ein Gespräch mit Bischof Dr. Friedhelm Hofmann – von Pamela Runkel

Mit Papst Benedikt XVI. erlebte die Kirche in Deutschland eine neuartige Begeisterung. Was wird in Deutschland über die Zeit hinaus vom Pontifikat des deutschen Papstes bleiben?
Papst Benedikt XVI. ist ein stiller, demütiger und leidensbereiter Papst. Er tritt zurück, um einem neuen handlungsfähigen Nachfolger Petri den Platz frei zu machen. Sein Pontifikat wird in Zukunft sicherlich noch viele Früchte bringen. Seine Enzyklika „Deus caritas est“ hat seine tiefe Spiritualität mit großer Menschenkenntnis und Einfühlungsvermögen in die heutigen Problemfelder erkennen lassen. Wohl kaum eine päpstliche Veröffentlichung ist mit solcher Aufmerksamkeit und Akzeptanz aufgenommen worden. In dieser Enzyklika, die gleichsam mit seinem Herzblut geschrieben worden ist, hat Papst Benedikt einen ganz persönlichen Weg zu uns gefunden. Aber auch die Buch-Trilogie zum Leben Jesu „Jesus von Nazareth“ ist von unvergleichlichem Reichtum geprägt. Seine großen Bemühungen in dem nun fast acht Jahre dauernden Pontifikat zielen auf einen Brückenbau zwischen Gott und den Menschen und den Menschen untereinander. Papst Benedikt wird nicht müde, Vorbilder des Glaubens zu erschließen und als Leuchttürme auf stürmischer See zu verankern. Ihm geht es in seinen vielen Arbeiten immer um die Verbindung von Wissenschaft und Glaube. Die Ökumene mit den unterschiedlichsten christlichen Kirchen und Gemeinschaften ist ihm ein Herzensanliegen. So sind auch seine Bemühungen, Glaubensspaltungen zu überwinden, zu sehen. Dieser Eifer hat ihn umgetrieben und auch nicht populäre Entscheidungen treffen lassen. Erst die Zukunft wird zeigen, welch wichtige Schritte er dabei gegangen ist.

Papst Benedikt XVI. freut sich im Oktober 2007 über das Wiedersehen mit dem Würzburger Bischof Dr. Friedhelm Hofmann. Auch ihn hat der Rücktritt des Pontifex „sehr, sehr überrascht“.

Das Vertrauen und die Begeisterung für die Kirche von vielen Menschen in Deutschland, darunter auch viele Künst-

ler, ist nach den jüngsten Skandalen tief erschüttert. „Diese Kirche macht mir Angst." Was kann die Kirche dagegensetzen?
In der Tat erleben wir zurzeit eine große Krise, die aber nicht nur die Kirche erfasst hat, sondern die ganze Gesellschaft. Als Teil dieser Gesellschaft ist auch die Kirche nicht frei von Skandalen. Das, was heute verständlicherweise viele Menschen umtreibt, ist die Erfahrung, dass die Kirche als Fels in der Brandung selbst von diesen Erschütterungen nicht frei bleibt. Kirche ist aber nicht einfach ein weltweiter Konzern, der ins Schlingern gerät, sondern sie ist von Christus auf Petrus, den Felsen, gegründet, der in seiner Schwachheit anderen Gesetzen unterliegt als den säkularen. Christus bleibt der Herr seiner Kirche und in deren Zerbrechlichkeit kommt die Kraft Gottes zur Wirkung. In der Offenbarung des Johannes wird sehr deutlich dargelegt, dass die Kirche selbst immer wieder angefochten wird und in Bedrängnis gerät. (Ein Blick in die Geschichte zeigt, dass noch ganz andere Stürme über die Kirche gezogen sind.) Kirche darf und soll aber auch immer etwas von dem zukünftigen Glanz der Vollendung in die Welt bringen. Dazu sind auch die Künstler aufgerufen.

Der Rücktritt von Papst Benedikt XVI. wird auch kritisch gesehen. Johannes Paul II. sei Jesus bis zum bitteren Ende gefolgt. Hat der deutsche Papst nun den Schritt Richtung moderne Kirche getan und sein Amt mit dem eines zivilen Staatsmannes gleichgestellt?
Papst Benedikt XVI. hat das lange Leiden seines Vorgängers hautnah miterlebt. Er weiß um dieses beeindruckende Glaubenszeugnis. Vielleicht wollte er aber der Kirche heute nicht noch einmal diese Zeit des Ausharrens und Mitleidens zumuten. Er denkt mit Sicherheit nicht daran, dass sein Petrusdienst mit einem zivilen Staatsamt zu vergleichen ist. Er bleibt Bischof. Er gibt nur das Amt des Bischofs von Rom in andere Hände, so wie jeder Bischof. Wenngleich auch der Bischof von Rom Oberhaupt der Weltkirche ist, so hat er als Papst doch keine andere Weihe als jeder andere Bischof auch. Für uns ist es nur so ungewohnt, weil seit Papst Coelestin V., also seit 1294, kein Papst mehr dieses Amt vor seinem Tod aufgegeben hat. Durch den demütigen Amtsverzicht Papst Benedikts wird seine Verantwortung umso greifbarer. Er wird ja auch weiterhin in seinen Gebeten und Texten für die Kirche da sein.

War Papst Benedikt XVI. zu gut für sein Amt? Was hat Sie persönlich am meisten beeindruckt?
Die Spannung dieses Pontifikates ergibt sich aus der Persönlichkeitsstruktur dieses intellektuellen, äußerst sensiblen Theologen und Wissenschaftlers einerseits und der Leitung der komplizierten Weltkirche andererseits. Gerade seine demütige, vertrauensvolle und treue Haltung hat es ihm offensichtlich schwer gemacht, die gravierenden Mängel im kirchlichen Umfeld rigoros zu beseitigen. An Klarheit hat es bei ihm nicht gefehlt. Mich haben die persönlichen Begegnungen mit dem Heiligen Vater immer wieder begeistert. Ich durfte erfahren, dass er mit analytischer Kompetenz diagnostizierte, mit großer Einfühlsamkeit und unglaublich wachem Gedächtnis Situationen und Menschen beschrieb und dem Gesprächspartner gegenüber liebevoll zugewandt blieb. Noch Ende September 2012 durfte ich ihm, als verspätetes Geschenk zur Vollendung des 85. Lebensjahres, die zeitgenössische Oper „Augustinus" im Innenhof von Castel Gandolfo durch die Würzburger Dommusik aufführen lassen. Hier zeigte sich schon, dass der Papst körperlich gebrechlicher wurde, aber geistig hellwach auch die Musik des 21. Jahrhunderts verfolgte. Er ist ein Mann der Zukunft.

Der Papst und der Weltjugendtag 2005

Ein Gespräch mit Weihbischof Dr. Heiner Koch – von Pamela Runkel

Papst Benedikt XVI. während seines Deutschlandbesuchs im August 2005 im Gebet vor dem Schrein mit den Gebeinen der Heiligen Drei Könige im Kölner Dom.

Getragen von einer ungeheuren Sympathie kam Papst Benedikt XVI. 2005 zum 20. Weltjugendtag nach Köln. Über eine Million jugendliche Pilger aus annähernd 200 Nationen begrüßten begeistert den Papst auf seiner ersten Auslandsreise, die ihn in die Domstadt am Rhein führte.

Das Leitwort des Weltjugendtages hieß: „Wir sind gekommen, um Ihn anzubeten" (Mt 2,2). Dieses Motto zieht sich eigentlich als Thema durch das gesamte Pontifikat von Benedikt XVI.

Ist der Weltjugendtag 2005 mehr als ein „Event" gewesen? Warum?

Der Weltjugendtag in Köln war für viele junge Menschen ein herausragendes Ereignis, das sie prägte und sie in lebendiger Erinnerung ihr Leben lang begleiten wird. Gerade Jugendliche aus Ländern, in denen die Christen eine kleine Minderheit bilden oder sogar verfolgt werden, schreiben mir bis heute, wie dankbar sie sind, eine so bunte, lebendige Kirche mit so vielen jungen Menschen erlebt haben zu dürfen. Solch ein Ereignis wirkt aber nur dann nachhaltig, wenn es eingebettet ist in das alltägliche Leben junger Christen in ihren Gemeinden und Gemeinschaften zu Hause. Ein Event ohne das alltägliche Leben wäre Fassade, alltägliches Leben ohne ein solches Event wäre fade. Im Übrigen brachte der Weltjugendtag an vielen Orten Aufbrüche mit sich: In Australien baute sich die kirchliche Jugendarbeit nach dem Kölner Weltjugendtag ganz lebendig neu auf, in über 50 Städten der Welt, auch in Köln, finden sich seitdem mindestens monatlich Tausende von Jugendlichen zum nächtlichen Gebet und zum Gespräch mit dem christlichen Glauben noch Fernstehenden.

Initiator des Weltjugendtages war Johannes Paul II. Hat sein Nachfolger und Vertrauter, Benedikt XVI., damit ein schweres Erbe angetreten? Was hat er daraus gemacht?

Papst Johannes Paul II. hat den Weltjugendtag ins Leben gerufen und dem Kölner Treffen mit dem Leitwort „Wir sind gekommen, um Ihn anzubeten" (Mt 2,2) seine Grundausrichtung gegeben. Aus meinen Begegnungen mit Papst Benedikt XVI. weiß ich, dass er dieses Vorhaben mit ganzem Herzen aufgegriffen und durchgeführt hat. In seiner bescheidenen, sich selbst zurücknehmenden Art hat er als Einladender mit seiner Persönlichkeit den Weltjugendtag ganz entscheidend geprägt. In seiner Person wollte er die zwei Akzente des Weltjugendtages verdeutlichen und zur Geltung bringen: dass wir alle wie die Heiligen Drei Könige suchende Pilger auf dem Wege sind und dass unser Leben in der Anbetung Gottes seinen Höhepunkt und seine Erfüllung findet. Dieser Botschaft hat er seine Person ganz untergeordnet.

Was ist aus seiner Botschaft „Bewahrt und vertieft das Positive im Glauben und in der Kirche" geworden?

In einer schnelllebigen Zeit, in der viele Menschen nur flach verwurzelt sind, war es das besondere Anliegen Papst Benedikts XVI. schon während des Weltjugendtages, die Jugendlichen zu bewegen, ihren Glauben zu bewahren und sich nicht immer wieder schnell von kurzlebigen Trends vereinnahmen zu lassen. Dieser im tiefen Sinne konservative Aufruf des Papstes

Papst Benedikt XVI. am 18. August 2005 während des Weltjugendtages auf dem Roncalliplatz in Köln. Es war die erste Auslandsreise des „deutschen" Papstes.

scheint mir gerade in unserer oft so atemlos hetzenden Gesellschaft eine wichtige Wegweisung zur Entfaltung des Menschseins und der Lebensqualität zu sein und zu bleiben.

Damals sprach Benedikt XVI. von Europa als Missionsland. Es „genügt nicht, die Herde zusammenzuhalten". Ist er in der Nachfolge Benedikts von Nursia, dem „Patron Europas", im wohlhabenden Westen als Vertreter konservativer Werte gescheitert?
Die realistische Wahrnehmung der gesellschaftlichen Entwicklungen und der Situation der Christen in den modernen Gesellschaften gerade Europas gehört zu den Stärken Papst Benedikts XVI. Er ist aber nicht bei der Analyse stehen geblieben, sondern hat für die Kirche bedeutende Konsequenzen gezogen. In seinem Pontifikat ist gerade in den christlich geprägten Ländern Europas der Gedanke der notwendig gewordenen Neuevangelisierung Europas zu einem Leitmotiv für die Christen geworden. Benedikt hat die Gefahr gesehen, dass die Christen sich fast sektenhaft in einer immer weniger christlich geprägten Gesellschaft auf sich selbst zurückziehen. Gerade viele geistliche Gemeinschaften haben, angeregt von seinen Gedanken, in den letzten Jahren mit viel Mut und Idealismus einen missionarischen Aufbruch gewagt, dessen Früchte wir vielleicht erst in einigen Jahren erkennen werden.

Aus Ihrer Erfahrung mit Jugendlichen aus der ganzen Welt: Was werden die Jugendlichen später ihren eigenen Kindern über das Pontifikat Papst Benedikts XVI. erzählen?

Der Kölner Kardinal Joachim Meisner (M.) segnet Anfang August 2005 in Köln das Pressezentrum für den Weltjugendtag, links daneben der Generalsekretär des Weltjugendtages, Prälat Heiner Koch, rechts der Geschäftsführer der Weltjugendtag GmbH, Hermann-Josef Johanns. Kurz nach der Wahl Joseph Ratzingers zum Papst reiste eine Delegation nach Rom, um mit Benedikt XVI. die Gestaltung des Weltjugendtages zu besprechen.

Der offiziell ernannte Bischof des Bistums Dresden-Meißen, Heiner Koch, wird auf dem Theaterplatz in Dresden von Schülerinnen und Schülern des St.-Benno-Gymnasiums Dresden begrüßt. Seine Amtseinführung findet am 16. März 2013 in der Kathedrale statt.

Die heutigen Jugendlichen werden ihren Kindern von Papst Benedikt als einem demütigen und bescheidenen Papst mit einer tiefen spirituellen Christusverbundenheit und einer großen intellektuellen Klarheit berichten, der für viele Menschen weit über die katholische Kirche hinaus eine Einladung und eine Provokation war.

Was war Ihre persönlich schönste Begegnung, Erfahrung mit Benedikt XVI. bzw. Josef Ratzinger?

Kurz nach seiner Wahl zum Papst waren Kardinal Meisner und ich von Papst Benedikt XVI. eingeladen zu einer Besprechung mit dem in Rom für den Weltjugendtag verantwortlichen Päpstlichen Rat für die Laien. Der Heilige Vater musste einige Entscheidungen bezüglich der Gestaltung des Kölner Weltjugendtages treffen, in denen es unterschiedliche Auffassungen zwischen dem Päpstlichen Rat und uns in Köln gab. Ich durfte jeden der strittigen Punkte vortragen und unsere Überzeugung darlegen. Danach konnte der Päpstliche Rat für die Laien seine Bedenken äußern. In jedem Punkt hat der Heilige Vater unseren Kölner Überlegungen den Vorzug gegeben, immer verbunden mit einem Vertrauensvorschuss: „Die in Köln werden schon wissen, wie es am besten zu machen ist." Das hat uns sehr froh gemacht und ermutigt. Während des Gesprächs zeichnete der Heilige Vater sich immer wieder einige Notizen auf. Als wir uns verabschiedeten, sagte er mir: „Das waren Gedanken für meine Predigten in Köln, die mir während des Vortrags Ihrer Anliegen kamen." Wie sehr war der Heilige Vater Papst Benedikt XVI. doch mit dem Herzen und mit den Gedanken schon zu diesem Zeitpunkt beim Weltjugendtag in Köln!

+ Heiner Koch

+ Heiner Koch
Köln, 25. Februar 2013

„Man kann niemandem vormachen, was nicht ist."

Ein Gespräch mit Äbtissin Maria Gratia Adler – von Pamela Runkel

Schwester Gratia ist 52 Jahre alt und seit 27 Jahren im Kloster Maria Frieden, einem von zwei Trappistenklöstern in Deutschland. Umgeben von Natur und Stille beten, arbeiten und leben 22 Nonnen auf der Dahlemer Binz in der Eifel. Fast die Hälfte ist mittlerweile über 80 Jahre alt. Das Leben im Kloster richtet sich nach den Grundsätzen der Regel Benedikts, Zeiten fürs Gebet und Arbeitszeiten wechseln sich ab. Der Tag beginnt mit Beten um 4 Uhr in der Frühe und endet nach dem Abendgebet um 20.00 Uhr. In der Vergangenheit stand Stillschweigen in diesem kontemplativen Orden im Vordergrund, doch heute ist das Schweigegebot gelockerter. Ihren Unterhalt erwirtschaften sie größtenteils selbst durch eine Handweberei und das Nähen, Bemalen und Sticken von Priestergewändern sowie die Herstellung von Kastanienextrakt, Hautöl und Kloster-Likör.

Äbtissin Maria Gratia Adler glaubt: „Man kann niemandem vormachen, was nicht ist. Wenn man keine Beziehung zu Gott hat, dann hält man unser entbehrungsreiches Leben nicht aus. Das Kloster ist keine Kuschelecke: Man ist nie so richtig zu Hause, denn unser eigentliches Zuhause ist im Himmel. Es geht nicht ums Wohlfühlen, es geht um die Nähe zu Gott. Man gibt sein Leben hin, vertraut auf den Herrn und sucht nicht mehr seine persönlichen Vorteile. Aber auch wir sind und bleiben eben Menschen."

Schwester Gratia im Chorgebet – für die Äbtissin hat Papst Benedikt XVI. eine klare Botschaft an die Christen und die moderne Welt hinterlassen: Umkehr.

Sr. Gratia, Sie haben Ihr Leben aus Überzeugung und Berufung Gott und der Kirche anvertraut. Wie sehen Sie die öffentliche Diskussion über die Forderung der Gleichberechtigung der Frauen in der katholischen Kirche?
In diesem Punkt kann ich mich nicht beklagen, bin ich doch ohne mein Zutun und ohne meinen Wunsch in eine kirchliche Position aufgestiegen, die für eine Frau recht hoch ist und auch von Männern nicht leicht erreicht werden kann. Dass ich mein Leben Gott und der Kirche schenken darf, ist eine große Gnade, für die ich dem Herrn täglich danke. Was die Diskussion über die Gleichberechtigung der Frauen in der Kirche angeht, hatte ich ehrlich gesagt nie viel Interesse dafür aufbringen können.

Ein solcher „Kampf" beweist doch, dass man sich an der eigenen Stelle nicht genügend anerkannt und zu sehr erniedrigt fühlt. Dieses Gefühl hatte ich nie, und wir Frauen haben das auch gar nicht nötig. Es gibt einen alten Kanon, dessen Text heißt: Der Mann, der ist der Kopf, der weiß, wie es soll gehn; die Frau, die ist der Hals, die weiß den Kopf zu drehn.

Benedikt XVI. mahnt und wünscht sich nach seinem Rücktritt Umkehr und Besinnung auf Gott. Wie passt das in die moderne Welt?
Oh, ganz prima. Dieser Wunsch ist absolut zeitlos und erwächst aus den tiefsten Tiefen der Seele. Es war das erste Wort Jesu, das er an die Welt gerichtet hat: Kehrt um und glaubt an das Evangelium. Und Evangelium heißt frohe Botschaft. Unser Heiliger Vater will uns eine frohe Botschaft hinterlassen: dass Umkehr bis zur letzten Minute unseres Lebens möglich ist und dass unser ewiges Glück schon hier auf Erden beginnt mit der Anschauung Gottes – sofern wir uns eben Zeit dafür nehmen.

Den über Hunderttausend auf dem Petersplatz versammelten Pilgern bei der letzten Generalaudienz am 27. Februar 2013 sagte Benedikt XVI., er habe sich nie allein gefühlt am Steuer des Bootes Petri. Vor allem aber werde er nach seinem Rücktritt als Pontifex nicht das Kreuz ablegen, sondern beim Gekreuzigten bleiben. Es gebe für ihn „keine Rückkehr mehr ins Private".

Sie dürfen auch Novizinnen ausbilden und begleiten. Was werden Sie jungen Frauen über das Pontifikat des Heiligen Vaters Benedikt XVI. erzählen?
Seine Bücher und Schriften sprechen ja schon Bände, da braucht man nicht viel hinzuzufügen. Aber ich werde gern meiner Überzeugung Ausdruck geben, dass dieses Pontifikat die größte und segensreichste Gnade war, die der Herr der Kirche und der Welt schenken konnte. Für mich ist Papst Benedikt XVI. ein Heiliger, und ich bewundere seine Demut, sein immenses Wissen, seinen Starkmut und seine Gelassenheit, seine unglaubliche Schönheit – ich meine v. a. die Schönheit seiner Seele, die Anmut seiner Bewegungen, aber ich finde ihn auch als ganzen Menschen einfach schön. Ganz besonders in Momenten, wenn er Kindern begegnet oder sich schlicht freut. Ich durfte ihn in den Kar- und Ostertagen 2011 in Rom ziemlich nah erleben, was mich sehr beeindruckt hat. Einfach seine Ausstrahlungskraft so handgreiflich mitzuerleben, das war unvergesslich. Für mich bleibt es ein Geheimnis, wie ein einzelner Mensch so viel leisten kann, noch dazu in diesem hohen Alter.

„Realismus bis hin zum Rücktritt“

Ein Gespräch mit Abtprimas Notker Wolf – von Pamela Runkel

Notker Wolf, der höchste Repräsentant der Benediktiner, im August 2006 in der Stadtsparkasse in München während der Eröffnung der Ausstellung „Mit den Augen des Heiligen Vaters“.

Deutschland diskutiert über die Kirche und ihren vermeintlich erfolglosen deutschen Papst. Was wird den Menschen im Gedächtnis bleiben, nur Skandale und Rücktritt?

Woran soll man den Erfolg oder das Scheitern eines Papstes messen? Doch wohl an der Glaubensweitergabe, und die ist ihm gerade in seinen drei Enzykliken, aber auch in zahlreichen Ansprachen und in seinen Büchern gelungen. Der heilige Paulus schreibt im 1. Kapitel des 1. Korintherbriefs: „Die Juden wollen Zeichen, die Griechen Weisheit; wir aber verkünden Christus den Gekreuzigten, den Juden ein Ärgernis, den Heiden eine Torheit“ (1 Kor 1,22–23). Die Missbrauchsskandale hat ja nicht er verursacht, sondern Priester der Kirche. Der Rücktritt wird eine größere Langzeitwirkung auf das Bild des Papsttums haben, als wir jetzt ahnen. Bei den Generalaudienzen hatte er zum Teil wesentlich mehr Besucher als sein Vorgänger.

Was hat Sie am meisten beeindruckt an Papst Benedikt XVI.?

Seine persönliche Bescheidenheit und Freundlichkeit, sein Realismus bis hin zum Rücktritt; sein Auftreten in den USA und England, seine Rede vor dem Bundestag; die bewusste Auswahl seiner Reiseziele. Unvergessen bleibt auch die Überraschung des Themas seiner ersten Enzyklika „Gott ist Liebe“.

Die Benediktiner in der Dormitio-Abtei von Jerusalem begleiten seit Jahrzehnten den Friedensprozess im Heiligen Land. Welche Verdienste hat Papst Benedikt XVI.?

In einem seiner Jesusbücher hat er dem Antisemitismus von theologischer Seite her klar eine Absage erteilt. Bei seiner Israelreise hat er sich klar für die Rechte der Palästinenser ausgesprochen und sich an der Mauer den Palästinensern gezeigt, bei aller sonstigen Rücksichtnahme auf die israelischen Empfindungen; auch die Tatsache, dass er zuerst Jordanien besucht hat.

„Jesus war ein Aussteiger“

Ein Gespräch mit Pater Eberhard von Gemmingen – von Pamela Runkel

Sie haben im Fernsehen gesagt, Sie fänden den Rücktritt des Papstes großartig. Warum?
Ich finde den Rücktritt gut, weil er zeigt, dass Papst Benedikt an das Wohl der Kirche denkt und erkannt hat: Für die Kirchenführung braucht es im Vatikan einen gesunden und kräftigen Mann. Auch die Leitung des Vatikans braucht volle Kräfte und die hat er nicht mehr.

Wenn Jesus heute leben würde, seien Sie davon überzeugt, dass er diese ganze Kurie mit all ihrem Prunk beseitigen würde. Was macht sie da so sicher?
Ich habe nicht gesagt, dass Jesus mit der Kurie aufräumen würde – das hat Heiner Geißler gesagt. Aber ich kann Folgendes sagen: Jesus würde wahrscheinlich sagen: Könnt ihr bitte alles nur Mögliche tun, um den Eindruck des Reichtums zu vermeiden? Und ihr müsst persönlich wirklich arm sein. Im Vertrauen auf Gottes Fürsorge leben. Kirche braucht auch Verwaltung, aber dem Reich Gottes dient man nur mit einem Leben aus dem Glauben an den Vater und an das Reich Gottes. Man muss sehen, dass es euch ums Reich Gottes geht. Und Jesus würde vielleicht sagen: Man hat es Johannes Paul II. und Papst Benedikt angesehen, dass es ihnen ums Reich Gottes ging. Das haben vor allem die „Kleinen“ gesehen. Aber bemüht euch darum, dass alles Nebensächliche wegfällt. So oder ähnlich würde m. E. Jesus vielleicht reden.

Wenn Sie das Medienecho nach der Wahl Benedikts XVI. in Deutschland mit der jetzigen Berichterstattung vergleichen, was fällt Ihnen auf?
Es war damals vieles sehr oberflächlich und ist es heute. „Wir sind Papst“ ist doch so oberflächlich. Und die vielfach angedeutete Meinung „Benedikt ist gescheitert, hat versagt, resigniert“ ist ebenso oberflächlich. Leider ist sehr, sehr oft das Niveau in den Medien sehr niedrig. Man fragt nur nach „Kirche“, aber Kirche soll doch stehen für Jesus Christus. Nach ihm fragt fast niemand. Gefragt wird meist danach, ob die Kirche sich endlich nach den Vorstellungen der Mehrheit richtet, sie muss sich aber nach Jesus richten. Und er war einerseits sehr menschenfreundlich, barmherzig, andererseits äußerst anspruchsvoll, provozierend, er war ein Aussteiger. Die Mehrheit heute will, dass man als Christ nicht „aussteigen“, sondern einfach weitermachen kann. Jesus ruft: Kehrt um und bekehrt euch.

Papst Benedikt XVI. gibt im August 2006 zu seinem Besuch in Bayern ein großes Fernseh-Interview in seiner Sommerresidenz in Castel Gandolfo. Bei der Aufzeichnung des Interviews stellte er sich auch den Fragen von Jesuitenpater Eberhard von Gemmingen (2. v. r.), der damals die deutschsprachige Abteilung von Radio Vatikan leitete.

Ene Besuch beim Papst

Das Kölner Dreigestirn 2011 in Rom – von Gisbert Baltes

Am Abend vorher waren die Karnevalisten mit Kardinal Joachim Meisner noch lange in einer Trattoria. Meisner hatte sich das schon vor der Reise nach Rom so gewünscht: „Am Abend gehen wir dann noch in eine Pinte!“ Gesagt, getan. Ein rustikaler Gewölbekeller, langer Tisch, lecker Essen, etwa zwei Dutzend Leute – fast nur Männer –, der Kardinal in der Mitte. Entgegen den Gepflogenheiten verzichtete der Erzbischof aus dem heiligen Köln auf gepflegte italienische Weine – er orderte Pils. Und zwar reichlich, wie er am anderen Tag in der Audienzhalle schmunzelnd zugab, bevor kurz darauf der Papst erschien: „Unter uns: Wir haben in Rom so viel Bier getrunken, dass die gesagt haben: Das Fass ist leer – wir haben keins mehr!“ Was kaum einer für möglich hielt: Die Karnevalisten erlebten einen Kölner Kardinal, der Humor bewies. Es wurde jedenfalls viel gelacht. Und spät wurde es auch.

Das Kölner Dreigestirn am 2. Februar 2011 vor dem Petersdom, bevor die Karnevalisten am Rande der Generalaudienz von Papst Benedikt XVI. empfangen wurden. Das Treffen war vom Kölner Kardinal Joachim Meisner eingefädelt worden.

Zu Beginn dieses Abends traf ich Kardinal Joachim Meisner alleine vor seiner Titelkirche „Santa Pudenziana“ – eine der ältesten Kirchen Roms. Hier soll einst Petrus als Gast des römischen Senators Pudenz gewohnt haben. Weltweit hat jeder Kardinal in Rom eine eigene Titelkirche. Es war schon dunkel geworden. Meisner lehnte auf dem Mauervorsprung der uralten Steintreppe, die hinunter zu dem Kircheneingang führt, und wartete auf die Kölner Karnevalisten. Seine Augen funkelten. Wir kamen ins Gespräch, und wir sprachen, wie das war bei der Wahl seines alten Vertrauten Joseph Ratzinger zum Papst: In nur gut 24 Stunden hatten ihn die Kardinäle am 19. April 2005 gewählt – eine der schnellsten Wahlen überhaupt in der Geschichte des Papsttums. Der Kölner Kardinal Joachim Meisner hatte Joseph Ratzinger bestärkt und für ihn geworben.

Nicht ahnend, dass dieser Joseph Ratzinger wohl Selbstzweifel hatte. Nicht ahnend, dass Joseph Ratzinger als Papst Benedikt XVI. knapp acht Jahre später, am 11. Februar 2013, mit wenigen schlichten Sätzen seinen Rücktritt vom Amt des Nachfolgers Petri erklären würde. Nicht ahnend, dass unmittelbar nach dem Abschied von Amt und Bürde das selber oft kritisierte und angegriffene Kölner Kirchenoberhaupt bei der Deutschen Bischofskonferenz in Trier ein gewaltiges Versagen der Kirche einräumen musste. Mit Blick auf den Missbrauchsskandal und den Umgang zweier katholischer Krankenhäuser in Köln mit einem Vergewaltigungsopfer sprach Meisner in Trier von einem großen Vertrauensverlust, „der über uns hereingebrochen ist". Dieser Verlust komme „aus unserem eigenen Versagen als Kirche".

Solche selbstkritischen Töne wären an diesem Abend des 1. Februar 2011 in Rom noch undenkbar gewesen. Meisner empfing bestens gelaunt die Kölner Karnevalisten in seiner Titelkirche. Mit Dankbarkeit nahm er von ihnen ein Geschenk entgegen: eine eigens in Kölns ältester Kerzenfabrik Schlösser (gegründet 1764) hergestellte überdimensionale Kerze, eine Art Osterkerze, mit dem eingravierten Wappen des Festkomitees Kölner Karneval „als äußeres Zeichen der Verbundenheit zwischen Kirche und Karneval".

Anschließend ging es wie nach einem katholischen Sonntags-Hochamt in die Kneipe – und es wurde spät.

Doch am anderen Morgen stand der Kardinal wieder seinen Mann. Schon um sieben Uhr feierte er mit den Karnevalisten die Heilige Messe nur ein paar Hundert Meter vom Vatikan entfernt: in der Kapelle des Klosters „Suore Missionarie Pallottine". Das kleine Kloster der polnischen Ordensschwestern ist seit vielen Jahren Meisners Domizil in Rom – auch bei der Wahl des neuen Papstes. Hier durften auch die Kölner Karnevalisten einziehen. Der kurze Gottesdienst mit dem engen Vertrauten Benedikts XVI. am frühen Morgen war für sie der Auftakt zu einem ganz besonderen Tag, den wohl niemand, der dabei war, vergessen wird.

Es ist Mittwoch, Audienztag in Rom – wie jeden Mittwoch. Doch es ist der 2. Februar – der Tag „Mariä Lichtmess". Für diesen besonderen Tag im Kirchenkalender hatte der Kölner Kardinal völlig überraschend dem Kölner Dreigestirn 2011 Prinz Frank I. (Steffens), Bauer Günter (Flüch) und Jungfrau Reni (Hans René Sion) eine „persönliche Audienz beim Heiligen Vater" versprochen – unter großem Beifall am Ende des Pontifikalamtes zum Auftakt der Session 2011 im Kölner Dom: „Wir müssen in Rom eine gute Figur machen!"

Markus Ritterbach, Präsident des Kölner Festkomitees, hängt dem Heiligen Vater den Sessions-Orden um. Ein sicherlich einzigartiger Moment, nicht nur in der Geschichte des Kölner Karnevals.

Schon um acht Uhr macht sich bei blauem Himmel die Delegation in vollem Ornat auf den steilen 15-minütigen Fußweg vom Kloster hinunter zu den streng bewachten Eingangstoren des Vatikans.

Das sorgt in der Ewigen Stadt für noch nie dagewesene Bilder und bringt den morgendlichen Berufsverkehr durcheinander. Die Römer, die dabei zum ersten Mal einen Mann als eine verkleidete „Jungfrau" mit Zöpfen und einer Krone auf dem Kopf erleben, können nur noch den Kopf schütteln. Dann trägt da einer auch noch eine Riesenmütze mit langen Pfauenfedern. Und der andere hat eine lange weiße Strumpfhose und knallrote Schuhe an.

Wie der Papst! Und alle sind bunt angezogen. Außerdem machen deutsche und römische Verkehrspolizisten den Jecken mit Motorrädern und Blaulicht auch noch den Weg frei. Was ist hier denn los?

Endlich am Sicherheitscheck zum Vatikan angekommen, hat die wichtige Pressefrau des „Festkomitees Kölner Karneval von 1923 e. V." in ihrer wohl größten Hektik nichts Besseres zu tun, als noch schnell die Mikrofone entfernen zu lassen, die wir dem Dreigestirn umgehängt haben. Ich hatte mir vorgestellt, dass man im Fernsehen nicht nur sehen, sondern auch ehrlich hören sollte, was Prinz, Bauer und Jungfrau dem Papst – und dieser ihnen – zu sagen hatten. Selbst der Kardinal hatte dem locker zugestimmt. Doch die Dame wird nun plötzlich päpstlicher als der Papst – und setzt sich durch. Tätäää!!

Auf dem Petersplatz ist noch die riesengroße Krippe aufgebaut, und in der Audienzhalle steht noch der große geschmückte Weihnachtsbaum. Schließlich endet die Weihnachtszeit ja offiziell auch erst mit dem Tag „Mariä Lichtmess", dem 40. Tag nach Weihnachten, wenngleich im Hillijen Kölle die ersten Weihnachtsbäume ja spätestens am 6. Januar auf die Straße fliegen. Dann beginnt um den Dreikönigstag der Karneval und den stört in Köln bekanntlich nur – Weihnachten.

Rom ist an diesem 2. Februar 2011 jedenfalls noch in weihnachtlicher Stimmung. Der Kölner Kardinal hat dem amtierenden Dreigestirn mit der Reise zum Papst ohnehin das schönste Geschenk gemacht und außerdem hat er für alles gesorgt, auch für die besten Plätze in den vordersten Reihen der mit vielen Nationen gut gefüllten Audienzhalle. Dann ist erst einmal langes Warten angesagt – bis zu jenem Augenblick, als das „Theatrum Sacrum" (lat. heiliges Theater) beginnt. Um kurz nach elf – wie hätte es auch anders sein können – sage ich in meiner Fernseh-Reportage für den WDR: „Es ist so weit – D'r Papst kütt!"

Mit einem herzlichen Lächeln im Gesicht begrüßt kurz darauf Benedikt XVI. die Delegation in der Audienzhalle: „Ich find es schön, dass der Kölner Karneval bis nach Rom reicht!" – so der Papst. Großer Beifall braust auf. Dann dauert es noch mal knapp eine Stunde. Erst am Ende der langen Reihe darf das Kölner Dreigestirn die Stufen zum Papst hinaufsteigen.

Doch die Letzten sollen die Ersten sein. Benedikt XVI. nimmt sich ungewöhnlich viel Zeit, lässt sich zuerst vom Kölner Festkomitee-Präsidenten Markus Ritterbach sogar den Sessions-Orden umhängen. Dann kommt die Kölsche Jungfrau, schenkt seiner Heiligkeit bestes Kölner Schwarzbrot aus der Traditions-Bäckerei Zimmermann und lässt sich die Trauringe segnen.

Der Prinz überreichte ein selbst gemaltes Bild seines kleinen Sohnes, das Benedikt XVI. beim Klavierspielen zeigt, eine Leidenschaft, auf die er zu Papst-Zeiten, wie er selber einmal beklagte, „zu oft verzichten musste". Ich stand in diesem Moment nur wenige Meter davon entfernt, und mein Kameramann machte nun endlich das, worum ich ihn oft gebeten hatte, was er sich aber nicht traute: Er schwenkte mit der Kamera von den roten Schuhen des „Prinz Vatikan" auf die roten Schuhe des Kölner Prinzen Karneval. Kirche und Karneval – zwei Paar Schuhe? Eher nein.

Schließlich kommt seine Deftigkeit, der Kölsche Bauer, an die Reihe, gibt dem Kirchenoberhaupt einen festen Händedruck und schenkt ihm, dem deutschen Papst mit rheinischer Vergangenheit (Josef Ratzinger wohnte während seiner Bonner Zeit in der Wurzerstraße 11 in Bad Godesberg) fünf wunderbare „Flönz" (Kölscher Kaviar, sprich Kölsche Blutwurst). Benedettos Augen leuchten. Der Abend ist gerettet!

Nun braust in der Audienzhalle im Vatikan spontan ein dreifaches „Kölle – Alaaf" auf. Sichtlich gerührt berichtet Prinz Frank I. unmittelbar nach der Audienz von einer „äußerst herzlichen Begegnung mit dem Heiligen Vater". Dabei habe nur ein Thema im Mittelpunkt ihrer Gespräche gestanden: den Menschen in schwierigen Zeiten Freude schenken!

Genau dies war dem Kölner Kardinal wichtig. Denn Kirche und Karneval sind für ihn keineswegs zwei Paar Schuhe. Nur wenige Tage vor dem endgültigen Ausscheiden von Benedikt XVI. stellte ich Joachim Kardinal Meisner die Frage:

Was war das Besondere an der Audienz mit dem Kölner Dreigestirn 2011 und warum war Ihnen diese so wichtig?

Ich bekomme eine deutliche Antwort: „Papst Benedikt XVI., der von seiner Herkunft her eigentlich dem bayerischen Fasching näher steht, ist der rheinische Karneval durch seine Professorenzeit in Bonn und seine engen Kontakte mit Kardinal Frings keine unbekannte Größe. Von daher wusste der Papst aus Deutschland genau, welche drei Repräsentanten der Stadt Köln hier vor ihm standen, und er hat sich für jeden von den dreien ungewöhnlich viel Zeit genommen. Ich unterstütze alle Bemühungen, den Kölner Karneval auf seine lange vergessenen Wurzeln zurückzuführen. Kirche und Karneval gehören zusammen, was sich in Köln – das darf ich dankbar zur Kenntnis nehmen – mehr und mehr zeigt."

Der Rücktritt Benedikts XVI. – so gestand Kardinal Meisner – habe ihn schockiert. Dennoch kann er Verständnis für die Entscheidung finden. Auf die Frage der „Frankfurter Rundschau", ob Benedikt seine Erwartungen erfüllt habe, hatte Meisner kurz nach der Rücktrittserklärung gesagt: „Was mich überrascht hat, war seine Fähigkeit, in das neue Amt hineinzuwachsen. Schüchtern, wie er von Natur aus ist. Ich habe bei seiner ersten großen Reise hierher nach Köln zum Weltjugendtag auf dem Schiff immer wieder zu ihm gesagt: ‚Heiliger Vater, Sie müssen jetzt den Jugendlichen zuwinken! Und zwar nicht nur nach rechts, sondern auch nach links, zu allen Seiten!' Bis er mal geantwortet hat: ‚Dauernd kritisierst du an mir herum!' – ‚Ja', habe ich gesagt, ‚bis du es gelernt hast, Papst zu sein'. Solche lockeren Töne verträgt der Papst. Er ist wirklich ganz natürlich geblieben."

Was bleibt – sind die Erinnerungen. Und im Kölner Brauhaus Sion in unmittelbarer Nachbarschaft zum Dom ist das legendäre Kölner Papst-Dreigestirn von 2011 jedenfalls täglich zu besichtigen – in Lebensgröße und Originalkostümen als Wachsfiguren wie im Kabinett von Madam Tussauds. Mit päpstlichem Segen ...

Bauer Günter (Flüch) überbringt Papst Benedikt XVI. kulinarische Grüße aus der Heimat – „Flönz", also traditionelle Kölsche Blutwurst.

Das „Fallbeil“

Es ist am 16. April 2002, an seinem 75. Geburtstag. Joseph Kardinal Ratzinger, zu diesem Zeitpunkt schon über 20 Jahre Präfekt der Kongregation für die Glaubenslehre in der Römischen Kurie, bietet Papst Johannes Paul II. seinen Rücktritt an. Zu wiederholten Malen hat er bereits um eine Entbindung von seinen Pflichten gebeten, bislang vergebens. Diesmal darf er aber mehr als hoffen, dass der Papst seinem Wunsch entspricht, denn nach dem Gesetzbuch der katholischen Kirche *Codex Iuris Canonici* (zu Deutsch: Kodex des kanonischen Rechtes) ist es üblich, dass ein Kardinal mit Ablauf des 75. Lebensjahres in den Ruhestand geht. Der Canon mit der Nummer 354 besagt: „Kardinäle, die Dikasterien oder anderen ständigen Einrichtungen der Römischen Kurie oder des Vatikanstaates vorstehen, sind gebeten, bei Vollendung des fünfundsiebzigsten Lebensjahres dem Papst den Amtsverzicht anzubieten; dieser wird unter Berücksichtigung aller Umstände entscheiden.“ (Dikasterium ist übrigens die Bezeichnung für eine päpstliche Behörde.) Ratzinger sehnt sich zu diesem Zeitpunkt, wie er selbst sagt, „schon lange“ nach mehr Ruhe. Er fühlt sich den Mühen des Amtes gesundheitlich nicht mehr gewachsen. Und er möchte sich vor allem deshalb zurückziehen, um wieder mehr Zeit für die

Vom Alter und der Bürde seines Amtes gezeichnet, kann und will Johannes Paul II. nicht auf seinen engen Vertrauten Ratzinger verzichten. Der Papst lehnt das Rücktrittsgesuch des Kardinals 2002 ab.

theologische Wissenschaft zu haben, der er sich als Kurienkardinal all die Jahre kaum noch hatte widmen können, Zeit, so wie früher, und um längst geplante Bücher zu schreiben, insbesondere ein umfangreiches Werk über den Gottessohn, Jesus von Nazareth, das er in groben Zügen schon im Kopf hat. Er plant jedoch nicht, in seine bayerische Heimat zurückzukehren, sondern beabsichtigt, in Rom zu bleiben, denn: „Ich möchte nicht noch einmal meine Bücher über die Alpen tragen und neu aufstellen müssen."

Aber – Johannes Paul II. lehnt das Gesuch erneut ab, ebenso, wie er es zwei Jahre später, schon schwer gezeichnet von seiner Krankheit, noch einmal tut. Er will und kann auf Joseph Ratzinger als einen seiner engsten Vertrauten nicht verzichten, in dieser schweren Zeit, da er selbst schon so geschwächt ist; die „Berücksichtigung aller Umstände" ergibt also, dass dieser Kurienkardinal bleiben soll. Der alte Pole auf dem Heiligen Stuhl hält beharrlich an dem gerade sieben Jahre jüngeren Deutschen fest, gerade so, als wäre dem Heiligen Vater bekannt, was das Leben – oder Gott – noch vorhat mit Joseph Ratzinger und dass er ihn unbedingt im Amt halten muss. Denn ein Joseph Ratzinger, der nicht mehr Kardinal wäre, würde nicht am baldigen Konklave teilnehmen und würde niemals zum Papst gewählt werden.

„Annuntio vobis gaudium magnum (ich verkünde euch eine große Freude): Habemus Papam (wir haben einen Papst)! Eminentissimum ac Reverendissimum Dominum, Dominum *Josephum*, Sanctae Romanae Ecclesiae Cardinalem *Ratzinger*, qui sibi nomen imposuit *Benedictum XVI* (den herausragendsten und hochwürdigsten Herrn, Herrn Joseph, der Heiligen Römischen Kirche Kardinal Ratzinger, der sich selbst den Namen Benedikt XVI. gegeben hat)." Als die feierliche Formel am 19. April 2005 aus dem Munde des dienstältesten Kardinaldiakons des Konklaves über den Köpfen der Menschenmassen auf dem Petersplatz in Rom erklingt, sind die Pläne des Joseph Ratzinger für einen ruhigen Lebensabend unter Büchern zunichte gemacht. Dieser öffentlichkeits- und medienscheue Mensch, der nichts weiter mehr wollte, als in Ruhe zu forschen und zu schreiben, ist ins grelle Licht der Weltöffentlichkeit gestoßen. Statt sich ins stille Kämmerlein zurückziehen zu können, um sich in Gottes Wort zu vertiefen, soll er fortan an vorderster Front in der Auseinandersetzung einer 2.000 Jahre alten Institution mit den Herausforderungen der Moderne stehen. Das Amt als Stellvertreter Christi auf Erden bedeutet in aller Regel das Urteil *lebenslang*, und die Geschichte der katholischen Kirche kennt nur wenige Ausnahmen davon. Viele erwarten, dass Benedikt XVI. aufgrund seines schon fort-

Joseph Kardinal Ratzinger mit seinem Bruder Georg (r.) bei der Feier am 20. April 2002 zu seinem 75. Geburtstag in Rom.

geschrittenen Alters ein Übergangspapst sein wird. In den ihm verbleibenden Jahren seines Pontifikats aber muss er sich vor allem mit den profanen Problemen des vatikanischen Verwaltungsapparats ebenso herumschlagen wie mit der manchmal fatalen Wirkung seiner öffentlichen Auftritte und den Verfehlungen seiner Schäfchen. Kurze Zeit später, bei einer Audienz für deutsche Pilger, bekennt er: „Als langsam der Gang der Abstimmungen mich erkennen ließ, dass sozusagen das Fallbeil auf mich herabfallen würde, war mir ganz schwindelig zumute. Ich hatte geglaubt, mein Lebenswerk getan zu haben und nun auf einen ruhigen Ausklang meiner Tage hoffen zu dürfen. Ich habe mit tiefer Überzeugung zum Herrn gesagt: Tu mir dies nicht an! Du hast Jüngere und Bessere, die mit ganz anderem Elan und mit ganzer Kraft an diese große Aufgabe herantreten können.“ Und dann fügt er hin-

Der dienstälteste Kardinaldiakon des Konklaves, Jorge Medina Estévez, verkündet: „Habemus Papam!“ – Joseph Kardinal Ratzinger ist vom Konklave zum Papst gewählt worden und gibt sich fortan den Namen Benedikt XVI.

zu: „Aber er hat mir nicht zugehört.“ (Dieser Satz, aus der Ironie geboren, vor zahlreichen Zeugen gesprochen, wurde in der späteren offiziellen schriftlichen Fassung weggelassen.[1]) Er hatte nie den Ehrgeiz, Papst zu werden – und nahm die Bürde des Amtes dennoch auf sich, als die Stun-

Der als introvertiert geltende Joseph Kardinal Ratzinger begrüßt von der Loggia des Petersdoms voller Freude die Gläubigen aus aller Welt, die ihm als Papst Benedikt XVI. Beifall klatschen. Das „Fallbeil" war auf ihn herabgefallen, und mit ganzer Kraft sollte Benedikt nun seine große Aufgabe antreten.

de der Entscheidung nahte. Wen Gott bestimmt, der kann sich nicht entziehen – nicht jemand mit dem Glauben eines Joseph Ratzinger. Dass es eine schwierige Amtszeit werden könnte, mag er zu dem Zeitpunkt schon geahnt haben, denn als einer der engsten Vertrauten von Johannes Paul II. und in seiner Funktion als Chef der Glaubenskongregation war er über den inneren Zustand der katholischen Kirche eingehend informiert. Und neben großartigen Momenten sollte ihm dieses Pontifikat auch manche bittere Stunde bescheren.

Die Kindheit eines Papstes

Joseph Aloisius Ratzinger wurde 1927 in einer Zeit geboren, in der der Wechsel der Jahreszeiten und der ganze Rhythmus der Natur überhaupt eine größere Rolle für das Leben spielte, und einen stärkeren Eindruck auf das kindliche Gemüt machte, als es vielleicht heute der Fall ist. Es ist eine Zeit noch ohne das Dauerflimmern eines Fernsehschirms aus jedem Wohnzimmerfenster und die allgegenwärtigen Leuchtreklamen und Straßenbeleuchtungen, die heute unsere großstädtischen und medialen Welten so sehr erhellen, dass es für Raumfahrer sogar aus dem All zu sehen ist. Der Wechsel von Tageshelligkeit und Nachtdunkelheit vollzog sich eindrucksvoller, und die Wintermonate, in denen es mitten am Nachmittag schon dämmert, können dort wirklich eine dunkle Zeit genannt werden. Doch der Gedanke an das nahende Weihnachtsfest erhellte die kindlichen Gemüter aufs Freudigste. In der Stube der Ratzingers stand dann eine Krippe, deren Figureninventar von Jahr zu Jahr wuchs. Auch ging Joseph mit seinen Geschwistern und der Mutter oder dem Vater in den Wald, um frisches Moos, Wacholder oder Tannenzweige für die Krippe zusammenzutragen. Im Zentrum der Krippe lag das Christuskind, behütet von Maria und Josef. Ob es zur Faszination des kleinen Joseph Aloisius beigetragen hat, dass seine eigenen Eltern Maria und Josef hießen und er bilderbuchmäßig geborgen inmitten seiner „Krippe“ aufwuchs? Vielleicht wurde der Vergleich mit dem göttlichen Kind von ihm aber als zu anmaßend empfunden, als dass der Junge sich darauf wirklich eingelassen hätte.

Blick in das Geburtshaus von Papst Benedikt XVI. in Marktl am Inn. Das über 260 Jahre alte Gebäude am Marktplatz wurde im April 2007 pünktlich zum 80. Geburtstag Benedikts als Museum der Öffentlichkeit zugänglich gemacht.

Was jedoch in der Familiengeschichte bereitwillig tradiert wird, sind die Umstände der Geburt sowie der ersten Stunden des Joseph Aloisius Ratzinger. Er wurde als drittes Kind der Eheleute Josef und Maria Ratzinger in Marktl am Inn, in der Diözese Passau, geboren. Es war der 16. April, der Karsamstag dieses Jahres, am frühen Morgen gegen 4.30 Uhr. An diesem letzten Tag der Karwoche wurde zur damaligen Zeit das Fest der Auferstehung Jesu Christi gefeiert, und zwar am Vormittag, nicht wie heute erst in der Osternacht. Und mit dieser Feier wurde auch das Taufwasser für das beginnende Kirchenjahr erneuert, das heißt geweiht. Vater und Mutter Ratzinger verbanden kurz entschlossen den einen Anlass zum Kirchgang mit dem anderen. Und so wurde der jüngste Spross der Ratzingers vier Stunden nach seiner Geburt der erste Täufling des neuen Wassers, was der spätere Kardinal als Fügung und als „ein Zeichen des Segens" bezeichnete. Er sah sich so von Anfang seines Lebens an in den „österlichen Zusammenhang" hineingestellt. Und dass es Karsamstag war und eben nicht bereits Ostersonntag, dem gab er in seinen Erinnerungen *Aus meinem Leben*[2] diese Deutung: „... je länger ich nachdenke, desto mehr scheint mir das dem Wesen unseres menschlichen Lebens gemäß zu sein, das noch auf Ostern wartet, noch nicht im vollen Lichte steht, aber doch vertrauensvoll darauf zugeht."

Joseph Ratzinger besichtigt als Kardinal 1997 das Zimmer in Marktl am Inn, in dem er am 16. April 1927 geboren wurde. Seit 1997 ist er Ehrenbürger seiner Geburtsstadt.

An seinen Geburtsort Marktl hat der spätere Kardinal keine Erinnerung behalten, und er weiß nur das, was seine Eltern und Geschwister ihm berichtet haben. Etwa dass seine Schwester Maria, bereits fünf Jahre alt, und sein Bruder Georg, der drei war, nicht mit zur Taufe durften, weil es ein bitterkalter Winter war; es stürmte und schneite am Geburtsmorgen und die Eltern hatten Angst, dass sich ihre beiden Kinder in der Eiseskälte etwas holten. Als Joseph Aloisius, nur Joseph gerufen, zwei Jahre alt war, musste die Familie umziehen. Sein Vater Josef, Gendarm von Beruf, im Rang des Kommissärs, hatte einer Versetzung Folge zu leisten, nicht der letzten, wie gesagt sein muss. Und so fragte sich der spätere Kardinal dann auch, „wo ich eigentlich zu Hause bin". Aber die Familie bewegte sich in einem eng abgezirkelten Umkreis – dem Dreieck zwischen den beiden Flüssen Inn und Salzach sowie den Chiemgauer Alpen, also dem rechten unteren Zipfel Bayerns, der an Österreich grenzt. Von Marktl ging es nach Tittmoning, direkt an der Salzach gelegen, sodann nach Aschau, einem Dörfchen am Inn, und schließlich nach Hufschlag bei Traunstein. Es ist das Gebiet zwischen dem geistlichen Zentrum Bayerns, Altötting, seit über 500 Jahren der bedeutendste Marienwallfahrtsort in Deutschland, und Salzburg, einer „christlichen Metropole", die das ganze Land Österreich geprägt habe, wie der spätere Kardinal befand. Die Kultur des Barock, opulente Kirchenbauten, aber auch die Musik Mozarts, die in

Das Taufbecken in der Kirche St. Oswald in Marktl am Inn, dem Geburtsort Benedikts. In dem Becken aus weißem Donaukalkstein wurde Joseph Ratzinger am Karsamstag 1927 getauft.

diesem Landstrich allgegenwärtig war, beeindruckten schon früh den ästhetischen Sinn des Knaben. Auch die verbreitete bodenständige, typisch oberbayerische Volksfrömmigkeit verfehlte ihre Wirkung nicht. Eine Verbindung mit dem Volkstümlichen empfand der jüngste Sohn der Ratzingers übrigens nicht nur im sakralen Bereich, sondern ebenso in der Welt des Profanen: Der Heranwachsende war ein großer Anhänger des Volksschauspielers Karl Valentin, dem er bei dessen Beerdigung 1948 die letzte Ehre erwies.

Doch zurück zur Kindheit und zur Familie. Joseph Ratzingers Eltern lernten sich – ganz modern – durch eine Heiratsanzeige kennen: Der Gendarm, „mittlerer Staatsbeamter, ledig, katholisch, 43 Jahre alt, tadellose Vergangenheit", suchte 1920 im katholischen Wochenblatt *Altöttinger Liebfrauenbote* nach einem „guten, katholischen, reinlichen Mädchen, das gut kochen und alle Hausarbeiten kann". Noch im selben Jahr, am 9. November, heiratete er die gelernte Köchin Maria Rieger, unehelich geborene Peintner, im nahe Altötting gelegenen Pleiskirchen, das der erste Wohnort des Brautpaars wurde. Wie ihr Mann war auch Maria mit 36 nicht mehr in den ganz jungen Jahren – und schon längst kein „Mädchen" mehr, wie verlangt. Josef Ratzinger hatte sich erst spät getraut, einen Hausstand zu gründen – denn zwar war er Kommandant einer Gendarmerie, aber das Gehalt war, auch wenn es regelmäßig ausbezahlt wurde, nicht eben üppig. Beide Brautleute entstammten einfachen Verhältnissen, wobei ein Großonkel der Familie, der Pfarrer Dr. Georg Ratzinger, es immerhin zu einer gewissen Bekanntschaft als Abgeordneter im Münchener Landtag und im Reichstag zu Berlin gebracht hatte. Übrigens hatte er sich für die Verbesserung der kirchlichen Armenpflege, für die Rechte der Bauern und gegen die damals weitverbreitete Kinderarbeit eingesetzt, was ihm einige Feindschaft eintrug – in der Familie Ratzinger wurden jedoch die „Gene" unangepasster Aufrichtigkeit weitergegeben.

Anlässlich des Papstbesuchs im September 2006 veröffentlichte die „Bild am Sonntag" die Kontaktanzeige, mit welcher der Vater von Benedikt XVI., Josef Ratzinger senior, eine Frau suchte und die spätere Mutter des Papstes, Maria Peintner, fand.

1921 bekam das frischvermählte Paar eine Tochter geschenkt, Maria, 1924 kam der erste Sohn, Georg, beide Geburten noch in Pleiskirchen, und 1927 in Marktl wurde als drittes Kind Joseph geboren. Die Erste hieß so wie die Mutter und wie schon deren Mutter, der Zweite bekam den Namen des Bruders der Mutter und der Dritte den des Vaters – wenn auch in anderer Schreibweise. Schon allein die Namensgebung hüllte die Welt der Kinder in die Tradition, die nichts Museales war, sondern höchst lebendig und allgegenwärtig. Man denke nur daran, wie so viele Eltern heute teils recht skurrile Namen aus allen möglichen Sprachen und Zusammenhängen suchen, um ihrem Kind den Anschein des Besonderen und Ungewöhnlichen zu geben, so als solle jedes neue Ich alles Dagewesene noch einmal übertrumpfen. Und natürlich waren die von den Ratzingers ausgesuchten Namen im tiefgläubigen Bayern weitverbreitete Namen von Heiligen.

Über den Tod hinaus in Dankbarkeit verbunden: Papst Benedikt und sein Bruder Georg Ratzinger im September 2006 im Gebet am Grab ihrer Eltern und ihrer Schwester Maria auf dem Ziegetsdorfer Friedhof bei Regensburg.

An seine Mutter erinnerte sich der spätere Kardinal Ratzinger in einem Gespräch mit dem Journalisten und Buchautor Peter Seewald[3] als an eine sehr warmherzige und innerlich starke Persönlichkeit. Sie hatte wiederum von ihrer Mutter das Kochen gelernt und von ihr auch sonst den praktischen Sinn mitbekommen, war eine regelrechte „Alleskönnerin" und hatte es vermocht, auch in schwierigsten Zeiten noch „aus einfachsten und spärlichen Mitteln immer noch ein gutes Essen herbeizuzaubern", wie sich Ratzinger erinnerte. Sein Bruder, Georg Ratzinger, der spätere Domkapellmeister am Regensburger Dom, schildert seine Mutter ganz ähnlich als „Alleskönnerin, in deren Händen mit großer Phantasie und viel praktischem Geschick – förmlich noch aus dem Nichts – wahre Wunderdinge entstanden". Als erstes von acht Kindern am 7. Januar 1884 geboren, hatte sie eine entbehrungsreiche Kindheit gehabt. Mitten in der Nacht hatte sie aufstehen müssen, um erst in der Backstube der Eltern in Rimsting am Chiemsee zu helfen und dann Brot und Brezn auszutragen. Daneben hatte sie sich um den Haushalt und die vielen Geschwister zu kümmern. Als diese aus dem Gröbsten heraus waren, wurde sie in fremde Dienste geschickt, damit die Haushaltskasse der Familie entlastet wurde. Die Gelegenheit zum Heiraten jedenfalls hatte sie in dieser schwierigen Lage lange Zeit nicht gefunden – bis sie schließlich auf die Heiratsannonce des Staatsbeamten Josef Ratzinger stieß.

Blick auf Tittmoning an der Salzach – „das Traumland meiner Kindheit“, wie Kardinal Ratzinger es einmal bezeichnete. Hier lebte er mit der Familie von 1929 bis 1932 in einem ehemaligen Propsteigebäude auf dem Stadtplatz.

Für ihre drei Kinder Maria, Georg und Joseph war sie der ruhende Pol der Familie, und sie glich die Strenge des Vaters durch ihre Herzensgüte aus. Der Vater war ein prinzipientreuer Beamter, meist wortkarg, mit einem ausgeprägten Gerechtigkeitssinn und einer ziemlichen Strenge gegenüber den Kindern – aber „streng aus Güte“, wie Ratzinger betonte: „Es waren zwei sehr verschiedene Temperamente, die sich gerade durch ihre Verschiedenheit auch sehr gut ergänzt haben.“ Vater Ratzinger war am 6. März 1877 in eine Bauernfamilie aus Rieckering im Bayerischen Wald geboren worden. Als eines von neun Kindern auf dem Hof musste er ordentlich mit anpacken, besuchte die Schule im nahe gelegenen Schwanenkirchen und offenbarte auch musische Züge: Er lernte die Zither zu spielen und sang als Tenor im Kirchenchor. Später sollte Kardinal Ratzinger angeben, dass sein Vater auch eine große erzählerische Begabung besaß, „wandernd und erzählend“ seien er und sein Vater einander sehr nahe gekommen, nachdem dieser bereits pensioniert worden war und die Zeit zu Hause verbrachte. Sein Vater absolvierte nach der Schule seinen zweijährigen Dienst beim königlich-bayerischen Militär und stand, da er nicht der Erbe des väterlichen Hofs sein sollte, vor der Wahl, was er beruflich anderes tun sollte. Er entschied sich, zur Polizei zu gehen, was sich als glückliche Wahl erwies: Denn im Ersten Weltkrieg musste er nicht als Soldat in die Schützengräben, sondern überstand diese furchtbare Zeit als Wachtmeister in Ingolstadt.

Die Ehe des Gendarmen Josef Ratzinger mit seiner Frau Maria wird von den Kindern später einträchtig als glücklich bezeichnet. Und die Kinder fühlten sich geborgen. Dennoch schwebte immer der Schatten der Geldknappheit über der Familie, so dass Maria Ratzinger selbst die Dienststube ihres Mannes sauber hielt und sich obendrein saisonweise als Köchin verdingte, damit die finanziellen Mittel reichten – die Kinder kamen dann in den früher *Kinderbewahrungsanstalt* genannten Kindergarten. Es war ein Leben in Einfachheit und Bescheidenheit. Kardinal Ratzinger sollte später wertschätzend darauf zurückblicken: „Wir waren nicht arm im strengen Sinn des Wortes, weil das monatliche Gehalt garantiert war, aber wir mussten doch sehr sparsam und einfach leben, wofür ich sehr dankbar bin. Denn gerade dadurch entstehen Freuden, die man im Reichtum nicht haben kann. Ich denke oft zurück, wie schön es war, wie wir uns über die kleinsten Dinge freuen konnten und wie man füreinander auch etwas zu tun versucht hat. Wie gerade auch durch diese sehr bescheidene, finanziell auch angespannte Situation eine innere Solidarität entstanden ist, die uns tief aneinander gebunden hat.“ Die hier beschriebene Erfahrung aus früher Kindheit sollte den bescheiden auftretenden angehenden Geistlichen Joseph Ratzinger für sein Leben prägen, ein Leben, das wie unter der benediktinischen Maxime des *Ora et labora*, „Bete und arbeite“, entworfen schien. Und wenn Papst Benedikt XVI. die materielle Orientierung seiner Zeit anprangerte, mag er stets seine eigene Herkunft aus einfachen Verhältnissen und sein Aufwachsen in materieller Limitierung vor Augen gehabt haben.

Es waren nicht die Ratzingers allein, die auf vieles, was man sich etwa wünschen mochte, verzichten mussten. Die Weltwirtschaftskrise der 1930er-Jahre zeigte ihre Auswirkungen überall, auch in der tiefsten bayerischen Provinz. Massenarbeitslosigkeit und hohe Inflation machten es den Menschen schwer, in jeder Situation Anstand zu bewahren, und manchen trieb es in die Kriminalität. Radikale Parteien bohrten in der Wunde des verlorenen Ersten Weltkriegs, und die im Versailler Vertrag den Deutschen aufgebürdeten Reparationszahlungen waren eine Belastung für die ganze Wirtschaft. In der dämmernden Weimarer Republik hatten die unzähligen politischen Splittergruppen regen Zulauf und stellten den inneren wie äußeren Zusammenhalt der Gesellschaft immer mehr infrage.

Vater Ratzinger, der Gendarmerie-Kommandant des Ortes, bekam die immer rauer werdenden Auseinandersetzungen an vorderster Front mit, ein ums andere Mal musste er noch am Abend hinaus, um bei Saalschlachten zwischen politischen Gegnern die Streitenden zu trennen. Dass mit den Braunen, wie sie genannt wurden, etwas Ungutes kam, wusste er schon früh. Er schimpfte auf die Nazis und hatte das katholische Wochenblatt *Der gerade Weg* abonniert, das gegen Hitler polemisierte und auf dem Titel hässliche Karikaturen, wie sie in jener Zeit verbreitet waren, des Vorsitzenden der NSDAP zeigten. Als Hitlers Partei später, 1933, die Reichstagswahlen gewonnen hatte, stürmte die SA die Redaktion der Zeitung, brachte ihren Chefredakteur zunächst ins Gefängnis – nicht ohne ihn vorher halb totgeschlagen zu haben – und verfrachtete ihn dann ins

Auf den Spuren Benedikts: Friedrich Kardinal Wetter weihte im August 2005 im oberbayerischen Altötting den Benediktweg ein. Der 224 Kilometer lange Rundweg verbindet die Stätten der Kindheit und Jugend Joseph Ratzingers. Die Einweihung fand an der Papstlinde statt, dem Baum, den 1980 Papst Johannes Paul II. bei seinem Besuch in der Wallfahrtsstadt gepflanzt hatte.

Konzentrationslager Dachau, wo er umgehend ermordet wurde. Die tiefe Abneigung ihres Lesers, des Gendarmen Josef Ratzinger, gegen die Nazis blieb im Ort natürlich nicht verborgen, er musste um seine Familie fürchten und ließ sich darum versetzen. Sein jüngster Sohn erinnerte sich in *Salz der Erde*: „Die herannahende Machtergreifung, die er kommen sah, war dann auch der Hauptgrund, dass wir aufs Dorf gegangen sind. Dort war natürlich die Lage viel entspannter, auch wenn es auf dem Land bei den Bauern leider schon eine große Anzahl von Nazis gab. Er hat keine öffentliche Opposition geübt, das wäre auch in dem Dorf gar nicht möglich gewesen. Aber zu Hause hat er, sooft er die Zeitung las, fast einen Wutanfall bekommen.“ Dass ein Beamter nicht der Partei beitrat, wurde jedenfalls von Jahr zu Jahr mehr zu etwas Ungehörigem und Gefährlichem, und Vater Ratzinger war heilfroh, als er schließlich 1937 an seinem 60. Geburtstag in Pension gehen und damit sich ins schützende Private zurückziehen konnte.

Dies ist der Hintergrund, vor dem sich ein späterer Kardinal und Papst entwickelte. Im Geburtsort Marktl verbrachte der kleine Joseph nur gut zwei Jahre, bevor der Vater im Juli 1929 in die Kleinstadt Tittmoning, an der Salzach gelegen, versetzt wurde. Eine Brücke über den Fluss führte gleichzeitig über die Grenze auf die österreichische Uferseite. War Marktl in den 1920er-Jahren nur ein kleiner Flecken mit wenigen Hundert Einwohnern gewesen – wenn auch an einer wichtigen Verkehrsstraße von Altötting nach Wien gelegen –, so bot der neue Wohnort den Kindern eine imposante Burganlage und Kirchen von barocker Pracht. Kardinal Ratzinger hat Tittmoning später als „das Traumland meiner Kindheit" bezeichnet. Die Familie wohnte in einem ehemaligen Propsteigebäude auf dem großen Stadtplatz, der von stolzen alten Bürgerhäusern umschlossen wurde und auf dem sich ein schöner Brunnen befand. Zuvorderst sind dem späteren Kardinal von diesem Platz „die nächtens beleuchteten weihnachtlichen Auslagen der Geschäfte wie eine wunderbare Verheißung in Erinnerung geblieben". Außerdem gehörte zu den liebsten Erinnerungen die an eine Krippe, die in der Wohnung einer alten Dame, die die Kinder besuchten, fast einen ganzen Raum ausfüllte. Und dann war da auch noch ein Marionettentheater auf einem Dachboden, wo ein Freund den Kindern Stücke aufführte. Die Fantasie des kleinen Joseph wurde hier ebenso angeregt wie beim Spielen der Geschwister im Wohnhaus der Ratzingers mit seinen vielen geheimnisvollen Winkeln und Stiegen. Das Haus war eng und baufällig, wenn es auch von außen betrachtet das schönste Haus am Platze war, und dies war für die Mutter schrecklich, die sich die hohen, engen Stiegen mit Wäsche und Lebensmitteln, Holz und Kohle hinaufmühte. Abwechslung von der Mühsal der Hausfrau mit drei Kindern brachten ihre häufigen gemeinsamen Wanderungen in der Umgebung, etwa zu einem bewaldeten Hügel, der sich über dem Tal der Salzach erhebt, zu einer barocken Kapelle hinauf, neben der das Wasser der Ponlach zu Tale rauscht, einem „liebenswerten barocken Heiligtum". Oder sie gingen über die Salzachbrücke nach Österreich, ins benachbarte

Kardinal Joseph Ratzinger, damaliger Präfekt der römischen Glaubenskongregation, präsentierte 1998 im oberbayerischen Kloster Andechs sein Buch „Aus meinem Leben". Er schildert in dem Buch zurückhaltend seine Kindheit in Oberbayern, die Schulzeit während des Naziregimes, Studium und theologische Stationen als Dogmatik-Professor bis zu seiner Ernennung zum Münchener Erzbischof im Jahr 1977.

„Ausland", wo dennoch die gleiche Sprache, ja sogar ein ganz ähnlicher Dialekt gesprochen wurde, von Nachbarn, mit denen man sich ohne nationale Kategorien verbunden fühlte. In diese kindliche Idylle drangen aber auch hässliche Geräusche und grelle, unharmonische Farben. Auch den Kindern fielen die Wahlplakate mit ihren schrillen Parolen und die verunglimpfenden Karikaturen an den Zeitungsständen auf, auch wenn sie nicht im Einzelnen verstanden, was sich da abspielte; und auch wenn der Vater von seinen Einsätzen nichts erzählte, um die Familie nicht zu belasten, so spürten die Kinder die „ungeheure Sorge, die auf ihm lastete und die er auch im Alltag nicht abzuschütteln vermochte".

Einen inneren Halt gab in dieser unsicheren Zeit der Glaube – und diesem nach außen hin die Liturgie. So unterschiedlich die Eltern waren, so einig waren sie in ihrer starken Religiosität. Der Vater ging am Sonntag in die Frühmesse um 6 Uhr, dann in den Hauptgottesdienst um 9 Uhr und dann noch einmal nachmittags zur Andacht. Die Religiosität der Mutter, so beschrieb es der spätere Kardinal, war bodenständig und kam von Herzen. Zu jeder Mahlzeit wurde gebetet und auch beim Zubettgehen. Die Frömmigkeit wurde den Kindern auf diese Weise von ihren Eltern ohne viel Aufhebens als etwas Selbstverständliches vorgelebt. Es war ein alltäglicher Katholizismus, wie er zu jener Zeit in der bayerischen Bevölkerung noch weit verbreitet war, wo der Kirchgang zum Sonntag einfach dazugehörte und man Gott am Tisch für Speis und Trank dankte. „Das Kirchenjahr gab der Zeit ihren Rhythmus", erklärte der spätere Kardinal, „und ich habe das schon als Kind, ja, gerade als Kind mit großer Dankbarkeit und Freude empfunden." Den Knaben hat die Weihnachts- und Vorweihnachtszeit bezaubert, die Engelämter, die Kerzenlichter, die Krippen, die Weihnachtskalender, das Sternsingen; später im Jahr, zur Fastenzeit, die Ölbergandachten, „deren Ernst und Zuversicht mir immer tief in die Seele gedrungen sind", und dann, am Karsamstag, als ein Höhepunkt mit besonderer Dramatik, die Auferstehungsfeier am Karsamstag: Als wären die langen dunklen Wintermonate nicht genug gewesen, wurden die Kirchenfenster die Karwoche über mit schwarzen Vorhängen verhüllt, so dass der Kirchenraum auch am helllichten Tag in tiefes Dunkel getaucht war. In der Auferstehungsfeier fielen dann genau in dem Moment, in dem der Pfarrer die Worte „Christus ist erstanden" intonierte, die Vorhänge herunter und das helle Tageslicht schien durch die bunten Kirchenfenster und durchströmte den Raum und gleichsam die Herzen der Gläubigen. Die Auferstehung des Herrn, die Überwindung des Todes konnte man symbolisch nicht beeindruckender gestalten. Und es verfehlte nicht seine Wirkung bei dem Jungen, der sich dereinst entschließen sollte, selbst Priester zu werden.

Vater Ratzinger war ein patriotischer Bayer, den Nachbarn in Frankreich und Österreich freundschaftlich gewogen, und er hatte darum nicht viel übrig für die deutschnationale und reichsorientierte Gesinnung, der ein wachsender Teil der bayerischen Bevölkerung anhing und die sich in der nationalsozialistischen Ideologie zuspitzte. Das politische Klima in Tittmoning wurde im Laufe des Jahres 1932 immer ungemütlicher für ihn, da er es schwer verbergen konnte, dass er mit der neuen Bewegung nicht sympathisierte. Darum ließ er sich Ende 1932 in das kleine Örtchen Aschau am Inn versetzen, wo er hoffte, dass die Stürme der Zeit über ihn hinwegziehen würden, es waren ja nur noch gut vier Jahre bis zu seiner Pensionierung. Doch nur wenige Wochen später, am 30. Januar 1933, holte ihn die Geschichte

Beschauliche Zeiten vor den großen Stürmen der Weltgeschichte. Der Schüler Joseph Ratzinger Ende 1932 mit seinem Schulranzen. Seine Grundschulzeit verbrachte er in Aschau am Inn, wohin die Familie 1932 gezogen war.

bereits ein: Hitler wurde vom Reichspräsidenten Hindenburg zum Reichskanzler ernannt. Nach diesem Triumph der NSDAP sah man nun auch in einem so unbedeutenden Dorf wie Aschau in den Gassen uniformierte Braunhemden, die sich mehr und mehr als die neuen Herren des deutschen Volkes ansahen, ihre Kinder in die Obhut der *Hitlerjugend* und des *Bundes deutscher Mädel* gaben und argwöhnisch alles „Reichsfeindliche" betrachteten. Vater Ratzinger musste sich die nationalsozialistischen Parolen sogar in seiner eigenen Gendarmenstube anhören, denn auch der Hilfsgendarm, den er befehligte, war ein glühender Anhänger der neuen Bewegung. Die Gendarmerie und die Wohnungen der Familie Ratzinger und des Hilfsgendarmen und seiner Frau waren in einer Villa untergebracht, die ein Bauer hatte errichten lassen, um sie der örtlichen Polizei zur Miete zur Verfügung zu stellen. Das Haus hatte einen Erker und einen Balkon, zwar kein Bad, aber fließendes Wasser und war auch sonst komfortabler als das Zuhause in Tittmoning, so dass besonders die Mutter erfreut war über die Annehmlichkeiten, die es bot. Zur Villa gehörte ein Vorgarten, in dem ein Wegkreuz stand, nach hinten gelegen ein großer Garten mit einem Karpfenteich, in dem Joseph Ratzinger übrigens beim Spielen fast einmal ertrunken wäre – eine Erfahrung der Todesnähe, die er zeit seines Lebens nicht vergessen sollte.

Ein Klassenfoto der dritten Klasse der Volksschule von Aschau am Inn, in der auch Joseph Ratzinger unterrichtet wurde, 1935. Der damals achtjährige Joseph steht in der zweiten Reihe von unten als dritter von links.

Für den fünfjährigen Jungen bedeutete der Umzug zunächst den Verlust seines „Traumlands". Tittmoning hatte in den Augen der Kinder viele besondere Reize geboten, das kleine, unbedeutende Aschau musste ihnen dagegen etwas langweilig vorkommen. Statt mit üppigem Barock wartete die Pfarrkirche *Mariä Himmelfahrt* mit fast asketischer Spätgotik auf. Die Ladengeschäfte waren klein und bescheiden, ihre Auslagen wirkten weniger verlockend, und der Dialekt der Einwohner war dergestalt, dass die Kinder zunächst gar nicht jedes Wort verstanden. Und die Zeiten waren andere geworden, das merkte auch der Fünf- und bald Sechsjährige. An den Tag von Hitlers „Machtergreifung" behielt er selbst zwar keine Erinnerung, aber seine Geschwister berichteten ihm später, dass die Lehrer und Schüler an diesem Tag einen „spontanen" Marsch durch das Dorf machen mussten, was bei den Ratzinger-

Kindern keine Begeisterung weckte. Bruder wie Schwester hatten auch zwangsweise an Veranstaltungen der Jugendorganisationen der NSDAP teilzunehmen. Und der Vater litt darunter, dass er jetzt zum exekutiven Arm eines Staates gehörte, dessen Protagonisten er als Verbrecher ansah.

Dennoch öffnete sich gerade hier im beschaulichen Aschau für das jüngste Mitglied der Familie eine ganze, große neue Welt: Joseph Ratzinger wurde eingeschult und lernte lesen, erhielt Bibel- und Katechismusunterricht, der ihn auf seine Erstkommunion vorbereitete. Damit verband sich nun der bisherige, vorwiegend sinnliche Eindruck – hervorgerufen durch Lieder, Gebete, Bilder und Kerzen, Weihrauch, den Schmuck der priesterlichen Gewänder – mit der verstandesmäßigen Aneignung der Inhalte des Glaubens. Das, was ihn bisher nur emotional angerührt hatte, begann er nun rational zu durchdringen und in seiner ganzen Tiefe kennenzulernen. Im zweiten Schuljahr kauften seine Eltern ihm sein erstes Missale, eine Kinderversion des vollständigen Missales, des Messbuchs, das der Priester am Altar verwendet. Die Eltern selbst hatten zu ihrer Hochzeit vom Pfarrer den *Schott* geschenkt bekommen, ein von dem Benediktiner Anselm Schott aus dem Lateinischen ins Deutsche übertragenes und darum nach ihm benanntes Messbuch. Dieses Buch war also im Familienkreis immer gegenwärtig gewesen, ohne dass der kleine Joseph mit den geheimnisvollen Buchstaben darin etwas hätte anfangen können. Nun aber das Kindermissale! Darin fand der Junge die Liturgie in Bildern dargestellt und für den Kindesverstand gekürzte und zusammengefasste Gebetsworte und Erklärungen. Mit fortschreitenden Lesekenntnissen erhielt Ratzinger als Nächstes einen erweiterten *Schott* für Kinder, in dem die wesentlichen Texte der Liturgie schon in ihrer ganzen Ausführlichkeit abgedruckt waren; danach den Sonntags-*Schott* mit der Liturgie für die Sonn- und Feiertage und zuletzt einen Gesamt-*Schott* für alle Tage des Kirchenjahres. „Das jeweils neue Buch war eine Kostbarkeit, wie ich sie mir nicht schöner träumen konnte", erinnerte sich der spätere Kardinal in *Aus meinem Leben*. „Es war ein fesselndes Abenteuer, langsam in die geheimnisvolle Welt der Liturgie einzudringen, die sich da am Altar vor uns und für uns abspielte. Immer klarer wurde mir, dass ich da einer Wirklichkeit begegnete, die nicht irgend jemand erdacht hatte, die weder eine Behörde noch ein großer einzelner geschaffen hatte. Dieses geheimnisvolle Gewebe von Text und Handlungen war in Jahrhunderten aus dem Glauben der Kirche gewachsen. Es trug die Fracht der ganzen Geschichte in sich und war doch zugleich viel mehr als Produkt menschlicher Geschichte. Jedes Jahrhundert hatte seine Spuren eingetragen: Die Einführungen ließen uns erkennen, was aus der frühen Kirche, was aus dem Mittelalter, was aus der Neuzeit stammte. Nicht alles war logisch, es war manchmal verwinkelt und die Orientierung gewiß nicht

Eine „Heimat" im Glauben ist das, was Benedikt XVI. auch den Jüngsten immer wieder vermitteln wollte und für seine eigene Kindheit so wichtig war. Der Papst nach seiner Vesper im September 2006 im Liebfrauendom mit Kommunionkindern, hinter ihm Kardinal Friedrich Wetter.

immer leicht zu finden. Aber gerade dadurch war dieser Bau wunderbar und war er eine Heimat. Natürlich habe ich das als Kind nicht im einzelnen erfaßt, aber mein Weg mit der Liturgie war doch ein kontinuierlicher Prozeß eines Hereinwachsens in eine alle Individualitäten und Generationen übersteigende große Realität, die zu immer neuem Staunen und Entdecken Anlaß wurde." – Solcherart also war die Lieblingslektüre dieses besonderen Kindes, und in der Rückschau ist es leicht, darin die Vorausweisung auf das spätere Leben zu sehen.

Die „Heimat", die Joseph Ratzinger im Glauben und in der Liturgie fand – und dort viel eher fand als in irgendeinem Wohnort seiner Kindheit –, bot ihm einen geistigen Schutzraum in einer Welt, die aus den Fugen zu geraten drohte, mit ihrer Ideologie des Hakenkreuzes, das nach dem Willen der neuen Machthaber in Deutschland an die Stelle des christlichen Kreuzes treten sollte. Schon bald nach Joseph Ratzingers Einschulung begannen die Nationalsozialisten, gegen die konfessionsgebundene Schule, Bekenntnisschule genannt, vorzugehen. Die traditionelle Allianz von Schule und Kirche sollte aufgelöst und ihre geistige Grundlage nicht mehr der christliche Glaube sein, sondern die Ideologie der Nationalsozialisten. Dabei nahm Adolf Hitler als der „Führer" infamerweise die Stelle des Gottessohns ein. Priester wurden in diesem neuen gesellschaftlichen Milieu verächtlich gemacht, sie galten als „Reichsfeinde", denn das Reich, von dem der Messias gesprochen hatte, war ein völlig anderes als das, welches die Nationalsozialisten anstrebten, und mit diesem nicht zu vereinbaren. Für beide Vorstellungen von einem *Reich* war kein Platz – das hieß: Eine musste weichen. Der spätere Kardinal Ratzinger hat vom Versuch eines Lehrers berichtet, der neuen Ideologie im katholisch geprägten Aschau zur Anerkennung zu verhelfen: Dieser Lehrer richtete mit großem Pomp einen Maibaum auf und stimmte einen Gesang an den Maibaum als Symbol der stets sich erneuernden Kraft des Lebens an, und er organisierte Sonnenwendfeiern, das Ganze als Griff in den Fundus einer vermeintlich ursprünglichen germanischen Religion gemeint, in die das Jüdisch-Christliche noch nicht Eingang gefunden hatte. Aber: „Die jungen Burschen interessierten sich mehr für die Würste, die am Maibaum hingen und den schnellsten Kletterern zufielen, als für die hochgestochenen Reden des Schulmeisters." So zeigte sich das Dörfchen Aschau noch weitgehend widerstandsfähig, solange Joseph Ratzinger dort zur Schule ging. Aber als die Familie 1937 erneut weiterzog, gab es bereits beunruhigende Zeichen, die schon auf eine drohende Katastrophe hinwiesen: etwa einen Leuchtturm, der neu errichtet worden war und dessen Scheinwerfer den Himmel nach „feindlichen Flugzeugen" absuchten, die es hier in Aschau – noch – nicht gab; oder ein „Werk", das getarnt im umliegenden Wald entstehen und eine Munitionsfabrik beherbergen sollte.

Das Bauernhaus in dem kleinen bayerischen Dorf Hufschlag in der Gemeinde Surberg nahe Traunstein, in dem Joseph Ratzinger ab 1937 als Kind und Jugendlicher lebte. Noch heute vermittelt das Anwesen die Idylle, in die sich vor allem Josephs Vater nach seiner Pensionierung vor den Wirren der Zeit zurückziehen wollte.

Die Gedenktafel erinnert an einen der frühen Wohnsitze aus Kindertagen des späteren Papstes Benedikt XVI.

Am 6. März 1937 saß die Familie Ratzinger in ihrer Stube beisammen und feierte den 60. Geburtstag des Vaters. Diesen Tag hatte er geradezu herbeigesehnt, denn nun konnte er endlich in Pension gehen. Die vielen Nachtdienste, die zu seinem Dienst gehörten, hatten ihm gesundheitlich zugesetzt, und die politische Situation hatte ihn zunehmend bedrückt; in einer längeren Phase der Krankschreibung hatte er mit seinem jüngsten Sohn Wanderungen unternommen, denn dieser wohnte noch zu Hause, wohingegen Bruder und Schwester seit 1935 im Internat waren. Bereits 1933, kurz nach Hitlers Machtergreifung, hatte er in Hufschlag bei Traunstein mit Blick auf seine Pensionierung ein altes Bauernhaus gekauft, denn in dem Gebäude, das an die Gendarmerie vermietet war, konnten die Ratzingers dann nicht länger bleiben. Das Haus war 200 Jahre alt und in keinem besonders guten Zustand, es gab ständig etwas zu reparieren, und das Wasser mussten die Ratzingers wieder einmal aus einem Brunnen holen. Doch die Lage des Grundstücks war traumhaft. Es waren nur wenige Schritte bis zu einem Eichenwald, und zur anderen Seite hin, wo das Schlafzimmer der beiden Brüder lag, blickte man auf die beiden Traunsteiner „Hausberge“. Der Vater ließ das Haus instand setzen, soweit es nötig war, und die Mutter legte zwei Gärten mit Obstgehölzen und Gemüsebeeten an, die wiederum von bunten Blumenbeeten umrandet wurden. Für die Kinder war die neue Bleibe ein wahres Paradies. Das Haus und das Grundstück wie auch der angrenzende Wald boten reichlich Platz für kindliche Abenteuer, der weitläufige Schuppen und die Stallungen, die zu dem alten Gebäude gehörten, harrten ihrer Erkundung. Vor allem aber spielten die Kinder mit ihrem Missale Messe. Ein Onkel aus Rimsting hatte ihnen hierzu einen kleinen „Altar“ zukommen lassen, Tanten hatten ihnen Gewänder geschneidert, als Messbecher kam ein altes Zinngefäß zu neuen Ehren. Und die Schilderung wäre unvollständig, wenn man nicht erwähnte, dass beim kindlichen Nachspielen einer Prozession Maria einmal ihre Zöpfe an einer brennenden Kerze versengte.

Der Gymnasiast will Priester werden

Dieser letzte Ortswechsel der Familie brachte für den nun zehnjährigen Joseph Ratzinger auch den Wechsel der Schulform mit sich. Er kam schon wenige Tage nach dem Umzug in die erste Klasse des humanistischen Gymnasiums in Traunstein. Damit folgte er seinem Bruder Georg nach, der bereits seit zwei Jahren dort zur Schule ging, während seine Schwester Maria in der Mittelschule für Mädchen bei den Franziskanerinnen im nahe gelegenen Kloster Au eingeschult worden war. Obendrein besuchte Georg auch das Erzbischöfliche Knabenseminar Sankt Michael, das Kardinal Faulhaber, der Erzbischof von München und Freising, gegründet hatte und das den Heranwachsenden aufs Priesteramt vorbereitete – auch hierhin sollte Joseph Ratzinger ihm mit zweijähriger Verzögerung folgen.

In der Aschauer Volksschule war der intelligente Schüler Joseph Ratzinger zuletzt stark unterfordert gewesen. Doch mit dem Eintritt ins Gymnasium wuchsen die Anforderungen an Geist und Arbeitsdisziplin rapide; zumal er nun der Jüngste in der Klasse war und auch einer der Kleinsten

Die Familie Ratzinger im Jahr 1938. Joseph Ratzinger mit seinem älteren Bruder Georg, Mutter Maria, seiner Schwester Maria und Vater Josef (v. l.).

und Zierlichsten, was ihm im Sportunterricht einige Demütigungen einbringen sollte. Unter den Fächern kam ihm besonders der Lateinunterricht entgegen, der ihm half, die im Original lateinischen Texte des Missales zu verstehen, und daneben der Unterricht in Altgriechisch. Ratzinger sollte für diese Schulstunden ein Leben lang dankbar sein, denn so hatte er auch später keine Schwierigkeiten, wenn er die in diesen Sprachen verfassten Quellen des Christentums studierte oder wenn er in gesprochenem Theologenlatein parlieren musste. Auch einen nicht unbedeutenden Nebeneffekt hatte die Auseinandersetzung mit den alten Sprachen, denn das Niveau der antiken Texte machte gewissermaßen immun gegen die primitive Denkart des Nationalsozialismus, so dass die altphilologischen Lehrer an dieser Schule der Versuchung und dem Druck widerstanden, in die NSDAP einzutreten. Das humanistische Bildungsideal eines Wilhelm von Humboldt, das sich auf die Vermittlung der klassischen Antike durch einen Johann Joachim Winckelmann oder Johann Heinrich Voß zurückführte, wirkte wie ein Verteidigungswall gegen die Idealisierung des „Ariertums". Willige Parteigänger und Untertanen waren hier für die neuen Machthaber schwer zu rekrutieren, und so reagierten sie schon ein Jahr nach Ratzingers Eintritt ins Gymnasium, 1938, mit einer Schulreform: Gymnasium und Realschule wurden zur sogenannten Oberschule verschmolzen. Die Lateinstunden wurden nun reduziert, Altgriechisch verschwand ganz, dafür gab es Englisch und es wurde mehr in Naturwissenschaften unterrichtet – natürlich in ideologisierter Form, so dass beispielsweise in die Biologie die Rassenkunde Einzug hielt. Ganze drei Jahre später gab es einen weiteren entscheidenden Schnitt, und der Religionsunterricht wurde aus der Schule verbannt – zugunsten eines höheren Anteils an Sport.

Eine wichtige Etappe auf dem Weg des jungen Joseph und Grundstein seiner humanistischen Bildung: die ehemalige Schule Benedikts XVI. in Traunstein (Chiemgau), die heute das Landratsamt beherbergt.

Solche Maßnahmen, deutschen Mädchen und Jungen den Zugang zur christlichen Religion zu erschweren und schließlich zu verwehren, erfolgten in allen Teilen der Gesellschaft. Nach und nach, nicht überall zeitgleich wurden ab 1934 die katholischen Jugendorganisationen verboten und ab 1935 die Bekenntnisschulen abgeschafft, zudem der Klerus aus dem Schulunterricht entfernt. Überall wurden in den Klassenzimmern die Kruzifixe abgenommen, mancherorts allerdings nach Protesten aus der Bevölkerung wieder aufgehängt. Noch wurde nicht das Christsein an sich unter Strafe gestellt, denn die Machthaber wussten sehr wohl, wie tief es in der Bevölkerung verankert war. So wurden auch noch Feiertagsprozessionen zugelassen, eine der wenigen verbliebenen Möglichkeiten, seinen Glauben im öffentlichen Raum zu demonstrieren. Das vorrangige Ziel war zunächst die Vernichtung aller Juden; doch die Ausrottung des Christentums, das aus dem Judentum hervorgegangen ist und es in den Augen der nationalsozialistischen Ideologen damit ebenso verdächtig machte, war eine spätere Perspektive, der man sich nach dem „Endsieg" zuwenden konnte. Es gibt unter anderem einen Tagebucheintrag von

Kardinal Michael von Faulhaber hatte das Knabenseminar Sankt Michael gegründet, in dem sowohl Georg als auch Joseph Ratzinger auf das Priesteramt vorbereitet wurden. Das Bild zeigt den katholischen Theologen Faulhaber, der sich entschieden gegen den Nationalsozialismus stellte, um 1920.

Reichspropagandaminister Joseph Goebbels aus dem Jahr 1942, der das deutlich macht: „Unerbittlich ist im Verlaufe des vergangenen Winters der Entschluss des Führers geworden, die christlichen Kirchen nach dem Sieg zu vernichten."[4] Die reale Bedrohung der eigenen religiösen Identität hat der heranwachsende Joseph Ratzinger intensiv verspürt und am eigenen Leibe erfahren. Je länger das diktatorische Regime fortdauerte, desto öfter war er auch persönlich Anfeindungen von Gleichaltrigen ausgesetzt, die sich von der Begeisterung ihrer Eltern für den Führer hatten infizieren lassen. Doch all dies machte ihn im Glauben nur fester. Und jeder Disput wurde ihm zu einer Lektion dessen, dass der Glaube auch rational vertieft werden muss und man sich Gott auch von der Vernunftseite her nähern muss, um ihn mit Worten verteidigen und anderen erklären zu können. Hier stellte sich schon früh seine besondere Begabung zum Lehren heraus.

Doch zunächst ging der Sextaner noch voller Zuversicht und mit Neugier auf den anspruchsvoller gewordenen Lernstoff in den ersten zwei Jahren seiner Gymnasialzeit jeden Tag zu Fuß zur Schule. Der Weg dauerte eine halbe Stunde, während der er seinen Gedanken freien Lauf lassen konnte und in der er über das Gelernte nachdachte und es für sich wiederholte. Vielleicht ist während dieser Schulwege der Entschluss gereift, Priester zu werden und aus dem faszinierenden Spiel mit dem Missale und den Geschwistern Ernst zu machen. Sein Bruder war ihm ja schon vorangegangen mit solchem Entschluss. Georg lernte zweigleisig, besuchte schon zwei Jahre länger dasselbe Gymnasium wie Joseph, und weil für ihn seine Berufung schon früher feststand, war er auch ins Erzbischöfliche Knabenseminar eingetreten. Die große *weltliche* Leidenschaft des Georg Ratzinger galt dabei der Musik: Er spielte schon mit elf Jahren die Kirchenorgel und bekam nun auch im Knabenseminar Instrumentalunterricht. Ministranten in ihrer Gemeinde waren selbstverständlich beide. Und es spricht für die religiöse Atmosphäre im Elternhaus, dass beide Söhne Priester werden wollten (und Schwester Maria sollte auf ihre Weise in den „Kirchendienst" treten, indem sie ihrem jüngeren Bruder später jahrzehntelang den Haushalt führte). Für Joseph Ratzinger gab es aber keinen einzelnen, besonderen Moment, in dem er sich für das Priesteramt entschieden hätte, wie er als Kardinal erklärte, „keinen blitzartigen Erleuchtungsaugenblick, in dem ich nun erkannt hätte, dass ich Priester werden soll. Es ist im Gegenteil langsam in mir gewachsen und musste auch immer wieder neu bedacht und neu erworben werden". Aber das Gefühl, dass Gott da war und etwas von ihm, Joseph Ratzinger, erwartete, das habe er schon früh gekannt. Und – wer weiß – vielleicht waren es gerade die finsteren Zeiten, die folgen sollten, die ihn in seiner eingeschlagenen Richtung bestätigten. Denn im Widerstand gegen den (Un-)Geist der Zeit findet man erst richtig seine Identität. Wir finden diese Vermutung Jahrzehnte später bestätigt: Im April 2006 wurde er als Benedikt XVI. auf dem Petersplatz im Gespräch mit einer Gruppe Jugendlicher danach befragt, warum er Priester geworden sei. Er antwortete, dass er in jener Zeit erkannt habe, wie dringend man Priester brauchte, um der „menschenfeindlichen Kultur" der Nationalsozialisten zu widerstehen.[5]

Der pensionierte Gendarm Ratzinger indessen verstand die Welt nicht mehr. Er mied das Wirtshaus, wo die Braunen den Ton angaben, und suchte stattdessen beim täglichen Kirchgang Trost und Antwort. Wieso ließen die Westmächte Hitler einen Rechtsbruch nach dem anderen durchgehen? Als die deutsche Wehrmacht am 12. März 1938 in Österreich einmarschierte, wo sie von der Bevölkerung vielfach mit Jubel empfangen wurde, hatte es immerhin den angenehmen Nebeneffekt, dass die 1933 geschlossene Grenze ins Nachbarland nun wieder offenstand – schließlich war es jetzt ebenfalls Inland, ein Teil von „Großdeutschland". Die Familie Ratzinger nutzte die neuen Umstände und unternahm wie in ihrer Tittmoninger Zeit häufig Ausflüge ins Salzburger Land, insbesondere Wallfahrten zur Basilika Maria Plain, in der das Gnadenbild *Maria Trost* verehrt wurde und heute noch wird. Auch andere unvergessliche Erinnerungen entspringen dieser Zeit: Der musikbegeisterte Georg organisierte ein ums andere Mal Karten für die Salzburger Festspiele. Denn das ausländische Publikum blieb angesichts der politischen Entwicklungen dieser Jahre aus, und so war es möglich, recht gute Karten, die sonst nicht bezahlbar gewesen wären, für wenig Geld zu erstehen. Hier nun erlebte Georg zum ersten Mal die Regensburger Domspatzen, deren Leiter er dereinst werden sollte.

Immer wieder sucht die Familie in schweren Zeiten Kraft im Glauben und in Gottes Natur. Malerisch liegt die Wallfahrtskirche Maria Plain auf dem Plainberg bei Bergheim im Salzburger Land. Wallfahrten zum wundertätigen Gnadenbild Maria Trost gehören zu den unvergesslichen Erinnerungen Benedikts XVI.

Joseph Ratzinger war der intellektuellere der beiden Brüder, Einserschüler, aber kein Streber. Seine Mitschüler schilderten ihn später übereinstimmend als „g´scheit" und auch besonnen und uneingebildet. Die musikalischen Ambitionen Georgs besaß er nicht, auch wenn er die Musik, besonders Mozart, liebte und Harmoniumunterricht bekam. Aber in der spirituellen Orientierung eiferte der Jüngere dem Älteren nach. Es gibt die von Ratzinger selbst verbreitete Anekdote, dass sein frühester Berufswunsch Anstreicher gewesen sei, denn als Kind habe ihn ein Maler, der eine Wand anstrich, sehr beeindruckt. Doch als der vierjährige Junge den Kardinal Michael von Faulhaber, der 1931 nach Tittmoning zu einer Firmung angereist war, bei einem Besuch in seinem Kindergarten sah, in seinem prachtvollen purpurnen Ornat, da hat er gesagt: „Ich will auch so ein Kardinal werden!" Nun, mit zwölf Jahren, drängte der Gemeindepfarrer darauf, dass auch Joseph wie Georg ins Knabenseminar eintrat, um endlich systematisch ins

Benedikt XVI. ist tief in seiner Heimat verwurzelt. 2006 wurde er im Vatikan vom Oberbürgermeister der Stadt Traunstein zu deren Ehrenbürger ernannt. In Traunstein hat der Papst fast zehn Jahre seiner Jugend verbracht. Er besuchte dort das Gymnasium und das Erzbischöfliche Studienseminar St. Michael.

geistliche Leben eingeführt zu werden. Dies war ein Schritt, vor dem der Gymnasiast noch gezögert haben mag, denn er bedeutete – neben vielem anderen – auch eine zusätzliche finanzielle Belastung für die Eltern. Dass Josef und Maria Ratzinger, die beileibe nicht wohlhabend waren, ihren Kindern eine solide und dann auch spezialisierte Ausbildung ermöglichten und sie in die besten Schulen gaben, muss ihnen hoch angerechnet werden – denn selbstverständlich war das keinesfalls und es brachte für sie viele Entbehrungen mit sich. Dies war auch dem jüngsten Sohn klar. Doch als der Schritt getan war, war es der Vollzug einer innerlich schon getroffenen Entscheidung. Und die Eltern werden stolz gewesen sein auf ihre Zöglinge, wobei sie immer betonten: „Wir reden euch da nicht rein, das müsst ihr selbst wissen."

Ostern 1939 trat Joseph Ratzinger ins Seminar ein. „Aber ich gehöre zu den Menschen, die nicht fürs Internat geschaffen sind", offenbarte er später als Kardinal. „Ich hatte in großer Freiheit zu Hause gelebt, studiert, wie ich wollte, und meine eigene kindliche Welt gebaut. Nun in einen Studiersaal mit etwa sechzig Buben eingefügt zu sein, war für mich eine Folter, in der mir das Lernen, das mir vorher so leicht gewesen war, fast unmöglich schien." Das Erzbischöfliche Knabenseminar genoss wie auch das Gymnasium die besondere Förderung des Kardinals. Es war 1929 gegründet worden und diente, als eine Art Vorstufe zum eigentlichen Priesterseminar, der Ausbildung des jüngsten Priesternachwuchses in Bayern. Bei der Planung war an alles gedacht worden, und so genügte die Seminaranlage höchsten Ansprüchen. Mittelpunkt war ein 60 Meter

langer Seminartrakt; hinzu kamen neben einem Konferenzzimmer, einem Musiksaal, einer Kapelle, den Schlafsälen, der Küche und dem Speisesaal auch ein Theatersaal, eine Krankenstation und sogar eine Kegelbahn. Zentralheizung und Warmwasseranlage sowie die sanitären Einrichtungen waren auf dem neuesten technischen Stand. Die Außenanlage bestand aus einem großen Rasen- und Sportplatz sowie Gewächshäusern und Gemüsebeeten zur Selbstversorgung. Georg hatte all dies in höchsten Tönen wieder und wieder geschildert und gelobt, und Joseph hatte sich sehr darauf gefreut, bot es außer den anspruchsvollen geistigen Herausforderungen doch auch einen Lebensstandard, den die Ratzingers vorher nicht gewohnt waren. Von Joseph Ratzinger erforderte es aber, aus seiner „Eigenbrötlerei herauszutreten und im Geben und Empfangen eine Gemeinschaft mit den anderen zu bilden". Zumal das Seminar als Internat konzipiert war. Für das, was er dabei lernte, war er zeitlebens dankbar, schließlich waren für einen angehenden Priester vielfältige Erfahrungen im engen Umgang mit anderen Menschen förderlich und insbesondere der Kontakt mit Menschen anderer Gesellschaftsschichten und mit anderen Biografien als der eigenen bereichernd.

Nur der viele Sportunterricht, mit dem konnte er sich zeit seines Aufenthalts nicht anfreunden. Nicht nur im Gymnasium, auch im Seminar stand Sport auf der Tagesordnung, „einer fortschrittlichen Idee von Erziehung folgend" jeden Tag zwei Stunden, was ihm entschieden zu viel vorkam. Ratzinger bezeichnete sich als „sportlich nun einmal ganz unbegabt"; obendrein war er zu Beginn der jüngste unter den Schülern, fast alle waren weitaus kräftiger als er, so dass der Sport für ihn zur Qual wurde. Seine Kameraden hätten sich gegen ihn sehr tolerant verhalten, aber es sei auf Dauer nicht schön gewesen, „von der Toleranz der anderen leben zu müssen und zu wissen, dass man für die Mannschaft, der man zugeteilt wird, nur eine Belastung darstellt".

So schien im Sommer 1939 angesichts der Zeitumstände alles in gute Bahnen gelenkt zu sein: Vater Ratzinger war rechtzeitig als Pensionär aus der Schusslinie genommen, die Söhne besuchten eine der Eliteschulen des Landes, und Tochter Maria hatte inzwischen eine Stelle als Kontoristin in einem Eisenwarenladen in Traunstein gefunden – was die Familienkasse entlastete, aus der das Wohngeld für das Knabeninternat bezahlt werden musste. Doch am 1. September 1939 überfielen deutsche Truppen das Nachbarland Polen, und anders als zuvor stieß diese Grenzverletzung der Wehrmacht nicht auf Entgegenkommen oder zumindest Stillhalten, sondern auf erbitterten Widerstand. Das bedeutete Krieg, wie Vater Ratzinger ihn seit 1933 unweigerlich hatte kommen sehen, und Großbritannien und Frankreich, die lange tatenlos Hitlers Treiben zugesehen hatten, erklärten Deutschland ihrerseits zwei Tage später den Krieg.

Zu Ostern 1939 riefen die Glocken von Traunstein den jungen Joseph Ratzinger ins Seminar, schon im September desselben Jahres kündeten sie von Krieg. Im Jahr 2006 rief eine Glocke zum großen Papst-Gottesdienst nach München, wo Joseph Ratzinger nun als Benedikt XVI. eine Messe hielt. Die Glocke ist ein Geschenk der Bürger von Traunstein an den Papst und läutet nun im Studienseminar St. Michael in Traunstein.

Kriegswirren

Unverhofft hatte das Internatsleben für Joseph Ratzinger damit ein Ende. Denn das Knabenseminar wurde wie andere katholische Internate zum Lazarett erklärt, in dem die Verwundeten, die nun täglich von der Front zurückkehrten, aufgenommen wurden. Georg und Joseph konnten wieder jeden Tag von zu Hause aus zur Schule gehen. Die Freude darüber war aber nicht von Dauer, denn der Direktor des Seminars suchte und fand Ausweichquartiere für den Priesternachwuchs, zunächst im Kurhaus der Stadt, dann in einem Klostergebäude zu Sparz hoch über der Stadt Traunstein, wo die Englischen Fräulein bis zur Schließung unter den Nazis 1937 ein Mädcheninternat betrieben hatten. Der erfreulichste Vorteil aus Sicht von Joseph Ratzinger war hier das Fehlen einer Sportanlage. Ersatzweise streiften die Jungen nachmittags durch die weiten Wälder der Umgebung, wobei ihr liebstes Ziel ein naher Gebirgsbach war. Staudämme wurden hier gebaut und Fische gefangen. Es war eine Zeit, die Joseph Ratzinger genoss und in der er sich „mit dem Seminar versöhnt" hat.

Die Wehrmacht marschierte über halb Europa hinweg, nahm Dänemark, Norwegen, die Niederlande, Belgien, Luxemburg, Frankreich, Jugoslawien und Griechenland ein. Dann – am 22. Juni 1941 – begann der Sturm auf die Sowjetunion. Joseph Ratzinger erinnerte sich noch Jahrzehnte später an den sonnigen Tag, an dem dies der Bevölkerung bekannt gegeben wurde: „Meine Klasse hatte für diesen Tag eine kleine Bootsfahrt auf einem nahegelegenen See vereinbart. Die Fahrt war schön, aber die Nachricht von der Ausweitung des Krieges lag wie ein Alptraum über

Die Kriegswirren haben den jungen Joseph Ratzinger endgültig eingeholt, 1943 werden er und seine Mitschüler als Helfer der Flugabwehr nach München geholt. Hier das 1943 völlig zerstörte Antiquarium in der Münchener Residenz.

uns und lähmte die Freude." Die Seminaristen kannten das Schicksal der napoleonischen Truppen und ahnten, dass die Wehrmacht in den unermesslichen Weiten Russlands untergehen musste. Aber wie konnte Gott das alles nur zulassen? Mancher Klassenkamerad und vielleicht auch Ratzinger selbst wird angesichts dieser Frage wankend geworden sein in seinem Glauben und dem Entschluss, Priester zu werden.

Obwohl die *Wochenschau* fortwährend Bilder deutscher Siege bejubelte und der Volksempfänger triumphierend von deutschen Siegen an der Ostfront kündete, offenbarte sich den zu Hause Gebliebenen ein anderes Bild der Lage: Immer mehr Verwundete und Verstümmelte brachten die Transporte zurück. Alle verfügbaren Gebäude wurden nun beschlagnahmt und zu Lazaretten umfunktioniert, auch das Konvent zu Sparz. Die auswärtigen Seminaristen wurden in Privatunterkünften untergebracht, Georg und Joseph kehrten ins Elternhaus zurück. Doch das Damoklesschwert der baldigen Einberufung schwebte über dem Älteren und – wenn der Krieg noch lange dauern würde – auch über dem Jüngeren. Im Sommer 1942 wurde Georg zunächst zum Reichsarbeitsdienst eingezogen, im Herbst dann zur Wehrmacht. Joseph lief weiter wie früher seinen gewohnten täglichen Weg zum Traunsteiner Gymnasium.

In diesen Kriegsmonaten entdeckte er neben den lateinischen und griechischen auch die deutschen Klassiker, las Spätromantiker wie Eichendorff und Mörike, Realisten wie Storm und Stifter und war hingerissen von Goethe. Die Literatur bildete wie die Religion eine Gegenwelt zur Düsternis der Zeitumstände – fast täglich fanden sich nun Nachrichten über gefallene junge Männer aus Traunstein in der Zeitung, und mancher Mitschüler des Gymnasiums musste betrauert werden. Ratzinger versuchte sich an das Positive zu halten, das verblieben war, er beschäftigte sich nun intensiver mit der Liturgie und begann auf der anderen Seite seinen bevorzugten Autoren nachzueifern und selbst Lyrik zu verfassen – Gedichte aus dem Empfinden der Natur wie auch aus der Beobachtung alltäglicher Dinge. Und es wurde ihm durch diese Beschäftigung – mit Lyrik und Liturgie – überaus deutlich, dass in Sprache gegossene Gedanken nicht allein Inhalt sind, sondern auch einer ganz bestimmten Form bedürfen. In dieser Zeit wird er seine sprachlichen Fähigkeiten entscheidend geschult haben, die beim Gelehrten, der er werden sollte, so beeindruckten, der auch in freier Rede geschliffen und annähernd druckreif formulieren konnte.

Die „rekrutierten" Internatsschüler wohnen wie die Soldaten in Baracken und tragen Uniform – Joseph Ratzinger (2. v. l.) als Flakhelfer in München-Allach.

Das anfängliche Reservoir an Männern im wehrfähigen Alter reichte nach der Ausweitung des Krieges und mit den wachsen-

Als 16-Jähriger wird Joseph Ratzinger gemeinsam mit seinen Klassenkameraden eingezogen, 1944 erhält er die Entlassung als Flakhelfer – der junge Seminarist ist nun im wehrfähigen Alter.

den Opferzahlen längst nicht mehr aus. Die Nationalsozialisten mussten zunehmend Teile der Bevölkerung für den Kriegsdienst heranziehen, an die ursprünglich keiner dachte. Und so kamen sie auf die Idee, dass sich doch auch Internatsschüler rekrutieren ließen, indem die Internate einfach dahin verlegt wurden, wo sie der Kriegsmaschinerie nützlich sein konnten: So kamen 1943 Joseph Ratzinger und seine Mitschüler der Jahrgänge 1926 und 1927 nach München, wo sie als Helfer der Flugabwehr Industrieanlagen verteidigen halfen. Hier wohnten sie in Baracken wie die regulären Soldaten, trugen auch Uniformen und versahen im Prinzip den gleichen Dienst wie jene. Der Unterschied zu den Soldaten lag darin, dass sie dreimal die Woche mit der Straßenbahn zum Münchener Maximiliansgymnasium fuhren, um dort einen notdürftigen Unterricht zu erhalten. Doch waren dies Fahrten des Schreckens, denn die Stadt versank unter den feindlichen Bomben in Trümmern, und von Woche zu Woche waren neue Zerstörungen zu besichtigen. Irgendwann waren auch diese Fahrten mit der Straßenbahn nicht mehr möglich, so dass die Schüler den Weg zu Fuß laufen mussten. Zum ersten Mal war Joseph Ratzinger in diesen Monaten fernab des Elternhauses und auf sich allein gestellt. Er und die anderen Seminaristen saßen mit Jungen in einer Klasse, die in der Großstadt aufgewachsen waren und darum einen ganz anderen Erfahrungshorizont besaßen: Waren die Münchener Jungen insbesondere auf erotische Abenteuer aus, so galten die Traunsteiner Seminaristen als einfältige „Landeier", die sich zudem auch noch für das Priesteramt entschieden hatten, was nur Hohn und Spott nach sich zog.

Es folgten dann kurze Verlegungen der Flakhelfer nach Innsbruck und nach Gilching nördlich des Ammersees, wo die nahegelegenen Dornier-Werke zu verteidigen waren. Ratzinger, dem alles Militärische zutiefst zuwider war und der es hatte erleben müssen, wie in München in der Batterie neben ihm ein Kamerad ums Leben kam und andere verwundet wurden, hatte in Gilching Glück: Er wurde der Telefonvermittlung zugeteilt und bekam als Wohnstelle sogar ein Einzelzimmer, wo er nach Dienstschluss seinen literarischen Interessen nachgehen konnte.

Am 10. September 1944 erhielt der Schüler Joseph Ratzinger wie die anderen seines Jahrgangs die Entlassung als Flakhelfer, denn sie hatten das wehrfähige Alter erreicht. Bei seinen Eltern angekommen, lag bereits die Einberufung zum Reichsarbeitsdienst auf dem Tisch. Am 20. September musste er seinen Dienst im Burgenland – im Dreiländereck Österreich/Tschechoslowakei/Ungarn – antreten. Hier wurde er mit seinen Kameraden von unangenehmen Vorgesetzten gedrillt, und zwar auf groteske Art und Weise, denn wie andere mit dem Gewehr mussten sie mit dem Spaten exerzieren, sie lernten, „den Spaten feierlich abzulegen, aufzunehmen, über die Schulter zu werfen". Insbesondere die Reinigung des Spatens gehörte zu den wesentlichen Ritualen, die er als „Pseudo-Liturgie" bezeichnete.

Eines Nachts wurde es brenzlig, denn die jungen Männer wurden aus dem Schlaf geholt und mussten auf dem Exerzierplatz in Trainingsanzügen antreten. Ein SS-Offizier ließ jeden einzeln vortreten und verlangte von ihm „freiwillige" Meldung zur Waffen-SS. In ihrem Zustand der Müdigkeit nicht standhaft genug, ließen sich einige tatsächlich überrumpeln. Ratzinger gab neben anderen aus dem Knabenseminar an, dass er Priester werden wolle – wodurch er sich aus der Affäre ziehen konnte. Hier wieder einmal erfuhr er, wie sein Glaube ihn schützte: Der SS-Mann war gegen das Bekenntnis machtlos und konnte in seiner Hilflosigkeit nur mit Verhöhnungen und Beschimpfungen reagieren.

Als die Rote Armee das benachbarte Ungarn besetzte, rückte die Front bedrohlich nahe und das Artilleriefeuer war von fern zu hören. Die Spatenrituale hatten nun ein Ende, denn es hieß nun, in aller Eile Panzerhindernisse zu errichten und Schützengräben anzulegen. Für das penible Säubern des Arbeitsgeräts blieb keine Zeit: „Niemand fragte mehr danach", so Ratzinger in seinen Erinnerungen. Schmutzig, wie sie waren, wurden die Spaten abends nur noch achtlos weggehängt. „Gerade dieser Absturz vom Kultobjekt zum banalen Werkzeug des Alltags hat uns den tieferen Zusammenbruch spüren lassen, der hier im Gange war. Eine ganze Liturgie und die hinter ihr stehende Welt erwies sich als Lüge." Ratzinger musste angesichts der heranrückenden Front damit rechnen, von heute auf morgen ohne jede Ausbildung eine Waffe in die Hand gedrückt zu bekommen. Doch am 20. November erhielt er seine Entlassung aus dem Arbeitsdienst und konnte nach Hause fahren, vorbei an seinem geliebten Salzburg, wo der Bahnhof in Trümmern lag und der Renaissance-Dom schwer getroffen war. Im Elternhaus in Traunstein waren ihm knapp drei Wochen innerer und äußerer Regeneration vergönnt, bevor die Einberufung zum Militärdienst einging. Der zuständige Offizier sah anscheinend keinen Sinn in der Fortführung des Krieges, jedenfalls beorderte er Joseph Ratzinger in die Traunsteiner Infanteriekaserne mit dem „väterlichen" Hinweis, er möge sich Zeit lassen und noch ein paar freie Tage zu Hause verbringen.

Es war das letzte Aufgebot, das Ratzinger in der Kaserne antraf: die Jüngsten und die Ältesten, die einen kaum im wehrfähigen Alter angekommen, die anderen ihm schon entwachsen. Den Winter 1944/45 über lernte er mehrere Standorte in der Umgebung von Traunstein kennen, dann wurde er krank und weitgehend dienstfrei gestellt, musste aber mit anderen in Traunstein gebliebenen Kameraden im Gleichschritt Kriegslieder singend durch die Straßen marschieren: Der Bevölkerung sollte demonstriert werden, dass der „Führer" immer noch über junge und begeisterungsfähige Kämpfer verfügte. Die Nachricht vom Tode Hitlers am 1. Mai machte Hoffnung auf ein baldiges Ende des Krieges, aber die vorrückenden amerikanischen GIs ließen immer noch auf sich warten. Der Soldat Joseph Ratzinger diente nun in einer Armee, deren Kopf abgeschlagen war, und vereinzelt wurde auf deutscher Seite noch weitergekämpft, da es keinen gegenteiligen Befehl gab. Diese Absurdität war nicht auszuhalten, und so entschloss sich Ratzinger, diese Armee zu verlassen und nach Hause zu gehen. Es war ein halbstündiger Weg zum Elternhaus. Überall musste er damit rechnen, auf Soldaten zu treffen, die den Befehl hatten, Fahnenflüchtige zu erschießen. Und so geschah es, als er aus einer Bahnunterführung herauskam: ein Posten mit zwei Soldaten. Doch wie schon oft hatte er erneut Glück. Es waren zwei Männer, die nicht jetzt noch zu Mördern werden wollten und erfreut sahen, dass Ratzinger eine kleine Verletzung am Arm hatte, deretwegen sie ihn passieren lassen konnten: „Kamerad, du bist verwundet. Geh weiter."

Die Eltern waren heilfroh, dass sie ihren Joseph wohlbehalten zurückhatten, aber von Georg gab es keinerlei Nachricht. Obendrein wurden zwei SS-Männer im elterlichen Haus einquartiert, die in der Gegend nach Deserteuren suchten – eine neue gefährliche Situation. Joseph Ratzin-

Für den jungen Ratzinger im Kriegsgefangenenlager ein Symbol der „nicht untergegangenen Menschlichkeit des Glaubens": Das Ulmer Münster ragt nach den Bombenangriffen auf die Stadt im Zweiten Weltkrieg unversehrt aus den Trümmern.

ger wirkte aufgrund seiner zierlichen Statur jünger, als er war, das rettete ihn. Vater Ratzinger redete sich angesichts der ungebetenen Gäste in Rage – aber wie durch ein Wunder ließen sie auch ihn unbehelligt und verschwanden, wie sie gekommen waren, von einem Tag auf den anderen. Im Mai endlich waren die Amerikaner da. Das geräumige Bauernhaus der Eltern wurde als Hauptquartier erwählt und Joseph Ratzinger, dessen Uniform man fand, wurde mit erhobenen Händen abgeführt. Er musste sich in einen Strom von Gefangenen einreihen, der in mehreren Tagesmärschen über die leere Autobahn geführt wurde. Auf einem Ackergelände in der Nähe von Ulm war Endstation, hier musste er mit 50.000 anderen Kriegsgefangenen im Freien lagern. Es war nicht so, dass man überhaupt nichts hätte mitnehmen dürfen in seine Gefangenschaft, manche hatten sogar ein Zelt dabei. Joseph Ratzinger aber hatte von seinen Eltern unter anderem ein großes, leeres Heft und einen Bleistift zugesteckt bekommen. Dies war ein besonderes Glück für ihn, denn in den nun folgenden endlosen Wochen der Untätigkeit, zu der die Gefangenen verurteilt waren, konnte er seinen Geist wach halten und jeden Anflug von Lethargie vermeiden, indem er seine Gedanken niederschrieb und Gedichte verfasste. Was ihm außerdem über diese Zeit hinweghalf, war in der Ferne der Anblick des Ulmer Münsters, der für ihn „eine tröstliche Botschaft von der nicht untergegangenen Menschlichkeit des Glaubens“ bedeutete.

Anfang Juni begannen die Amerikaner mit den Entlassungen, und am 19. Juni 1945 bekam auch ein überglücklicher Joseph Ratzinger seinen Entlassungsschein ausgehändigt. Er konnte auf einem Lastwagen mitfahren, so dass er noch vor Sonnenuntergang nach Traunstein kam, das ihm schön „wie das himmlische Jerusalem“ vorkam.

Jetzt fehlte nur noch Georg. An einem Tag im Juli stand dieser braungebrannt von der Sonne Italiens, wo er zuletzt stationiert gewesen war, in der Tür, unverletzt. Es war, als hätte eine höhere Macht ihre schützende Hand über die Familie Ratzinger gehalten.

Die folgenden Monate der wiedergewonnenen Freiheit, die sie nun erst so richtig zu schätzen wussten, und der frohen Zuversicht zählte Joseph Ratzinger zu den schönsten seines Lebens. Für die Heimkehrer des ehemaligen Knabenseminars galt es nun, das heruntergekommene Gebäude wieder für den Unterricht herzurichten und die Spuren seiner Verwendung als Lazarett zu beseitigen. An Weihnachten veranstalteten sie ein Klassentreffen, auf dem erst richtig deutlich wurde, welche Lücken der Krieg unter den Mitschülern hinterlassen hatte. Umso dankbarer waren die Überlebenden für die „Gabe des Lebens und für die Hoffnung, die über allen Zerstörungen wieder aufgerichtet war“.

Benedikt XVI. auf dem Weltgebetstreffen für den Frieden in Assisi im Oktober 2011. Mit rund 300 Repräsentanten verschiedener Glaubensrichtungen betete der Pontifex – der aus eigener Erfahrung um die Grauen des Krieges weiß – für Frieden in der Welt.

Durch den Glauben zu den schönsten Möglichkeiten

In der Kindheit findet man alles Entscheidende zum Verständnis eines Menschen, hier sieht man schon frühzeitig angelegt, was das spätere Leben bestimmt. So ist es natürlich auch bei Joseph Ratzinger, Papst Benedikt XVI., der eine außergewöhnlich geradlinige Biografie aufweist.

Peter Seewald, kenntnisreicher Biograf des deutschen Pontifex, sieht vor allem in Joseph Ratzingers Kindheit den Schlüssel zu seiner Persönlichkeit und Theologie. Der Biograf erhielt in eindringlichen Gesprächen Einblick in Benedikts Denken.

Als der aus der Kriegsgefangenschaft Entlassene in Traunstein ankommt – es ist der Abend des Herz-Jesu-Freitags –, da bleibt er vor der Kirche stehen, aus der er die ihm wohlvertrauten liturgischen Worte und Gesänge vernimmt. Was er nicht weiß, aber vielleicht ahnt, ist, dass seine Mutter und seine Schwester in der Kirche sind, aber er will nicht stören und tritt nicht ein – man denke an den Aufruhr, den sein unverhofftes Erscheinen bei den Seinigen hervorgerufen hätte! Aber eines weiß er, wie er später bekennt: „An meinem Berufsziel gab es jetzt keine Zweifel mehr. Ich wusste, wo ich hingehörte."

Freilich beschlichen dann den späteren Theologiestudenten hin und wieder die typischen Zweifel eines jungen Mannes: „Ist der Zölibat das richtige für mich? Ist Pfarrer sein das richtige für mich?" – Hinzu kamen Fragen nach seiner charakterlichen Eignung: „Da ich eher schüchtern und recht unpraktisch war, da ich weder sportlich noch organisatorisch oder administrativ begabt war, musste ich mich fragen, ob ich den Zugang zu den Menschen finden würde – ob ich zum Beispiel als Kaplan im Stande sein würde, katholische Jugend zu führen und zu inspirieren, ob ich im Religionsunterricht für die Kleinen fähig sein würde, mit den Alten und Kranken umgehen könnte usw. Ich musste mich fragen, ob ich zu alledem ein Leben lang bereit sein würde und ob es wirklich meine Berufung sei." – Tiefe Vertrautheit mit den eigenen Schwächen und Unzulänglichkeiten offenbart sich in diesen Worten.

Als Kind wohnt Joseph Ratzinger der Heiligsprechung Konrads von Parzham in Altötting bei. Als Erzbischof von München und Freising besucht er im November 1980 mit Papst Johannes Paul II. (M.) bei dessen Deutschlandbesuch das Kapuzinerkloster St. Konrad in Altötting erneut.

Einer der kenntnisreichsten Biografen Joseph Ratzingers bzw. Benedikts XVI., Peter Seewald, führt in seinem „Porträt aus der Nähe“[6] vier Schlüssel für den Zugang zu Persönlichkeit und Theologie des Papstes an, von denen drei bereits in der Kindheit auszumachen sind. Schlüssel 1: dass Joseph Ratzinger in bescheidene Verhältnisse hineingeboren wurde. Seiner einfachen Herkunft ist er immer treu geblieben, und er hat sich einer Wäscherin gegenüber ebenso freundlich und zuvorkommend verhalten wie gegenüber einem Staatsoberhaupt. Noch Jahrzehnte später ist für ihn ein Erlebnis aus der Kindheit der besonderen Erwähnung wert: Joseph Ratzinger ist sieben Jahre alt, als er mit seiner Mutter und seinen Geschwistern der Heiligsprechung des ehemaligen Pförtners im Kloster St. Anna in Altötting, Bruder Konrad von Parzham, am 20. Mai 1934 beiwohnt. Ratzinger hat den heiligen Konrad stets als Vorbild betrachtet: „In diesem demütigen und grundgütigen Menschen fanden wir das Beste unseres Stammes verkörpert und durch den Glauben zu seinen schönsten Möglichkeiten geführt. Später habe ich oft nachgedacht über diese merkwürdige Fügung, dass die Kirche im Jahrhundert des Fortschritts und der Wissenschaftsgläubigkeit sich selbst am meisten dargestellt fand in ganz einfachen Menschen, in Bernadette von Lourdes etwa oder eben Bruder Konrad …“ Gerade diese „kleinen“ Heiligen, befand Kardinal Ratzinger, seien ein „großes Zeichen an unsere Zeit“, in der „der helle Blick für das Wesentliche gerade auch heute den Geringen gegeben ist“, ein Blick, der den Weisen und Verständigen oft abgehe.

Schlüssel 2: die Erfahrung der Schreckensherrschaft der Nazis, des Krieges und des Völkermords. Ursprünglich prägend war hierbei das Vorbild des Vaters, der, auch als dies lebensgefährlich war, seine eigene Meinung behielt und sie auch äußerte und der sich nie in eine verbrecherische Organisation hineindrängen ließ. Gerade aus seinem Glauben zu Gott, so hatte Joseph Ratzinger erfahren, gewann er Redlichkeit und die Kraft, Druck von außen zu widerstehen, und gerade auch im offenen Bekenntnis zu diesem Glauben. Auch dies sollte prägend sein für spätere Zeiten, wenn ihm der Gegenwind des Zeitgeists ins Gesicht blies und es schwer schien, standhaft zu seinen Überzeugungen zu stehen – Überzeugungen, die unverhandelbar waren, da sie im Göttlichen wurzeln, und über die keine demokratische Mehrheit abzustimmen hatte.

Schlüssel 3: die intellektuelle Bandbreite und die Spannung, die geschöpft wird einerseits aus dem wissenschaftlichen Aufbruch der Nachkriegszeit und andererseits

Im September 2006 erweist er dem demütigen und „kleinen" Heiligen selbst die Ehre: Papst Benedikt XVI. kniet in der St.-Konrad-Kirche in Altötting am Grab des Heiligen Bruders Konrad nieder.

aus dem Rückbezug auf die Heilige Schrift, in der die Offenbarung Gottes in Worten Ausdruck gefunden hat. Für Ratzinger bzw. Benedikt XVI. erschöpfte sich diese Offenbarung aber nicht im Bibelwort, sondern manifestierte sich in der ganzen Überlieferung und Tradition – eingegossen auch in die Liturgie – ebenso wie im lebendigen Glauben eines „kleinen" Heiligen wie Konrad. Dass dieser Glaubenskern freigelegt werde, sollte Zeit seines Lebens bestimmend für sein Denken sein, und er kämpfte gegen eine verkrustete Theologie, die allzu abgehoben sich von ihren Ursprüngen entfernt hatte.

Schlüssel 4: Dieser letzte Schlüssel ist die Erfahrung des Zweiten Vatikanischen Konzils, an dem Ratzinger als Berater und Redenschreiber des Kölner Erzbischofs Kardinal Frings teilnahm – der einzige Schlüssel, der neben denen aus der Kindheit noch im Erwachsenenalter hinzukommen sollte. Man wird aber auch hier sehen, dass sich die tieferen Wurzeln eben doch auch schon in Kindheitstagen ausgebildet haben.

Benedikt XVI. wird sich an diesem Tag sicherlich auch an das Konzil als ein Schlüsselerlebnis seines Lebens erinnert haben. Lichtermarsch in Rom im Oktober 2012 zum 50. Jahrestag des Zweiten Vatikanischen Konzils.

„Bücher-Ratz“ im Priesterseminar

Heute erstrahlt der Freisinger Dom auf dem Domberg wieder in neuem Glanz. Hier begann die kirchliche Laufbahn Ratzingers, der im Januar 1946 ins Priesterseminar eintrat.

Am 2. Januar 1946 war es so weit: Joseph Ratzinger trat auf dem Domberg in Freising ins Priesterseminar ein – gemeinsam mit seinem Bruder, denn Georg hatte durch seinen längeren Kriegsdienst Zeit „verloren“ und fand sich deshalb auf der gleichen Ausbildungsstufe wie der Jüngere wieder. Da Spitznamen beliebt waren, nannten die Kommilitonen den einen – den musikverliebten Georg – Orgel-Ratz und den anderen – Joseph – Bücher-Ratz, denn von diesem hieß es: „Immer wenn man in die Bibliothek kam, saß dort schon der Joseph.“[7] In der Tat, Ratzinger sog, was er an Büchern finden konnte, in sich auf wie ein Schwamm das Wasser. Allerdings war das Auffindbare mitunter nicht viel. Die Bibliotheken der ersten Nachkriegs-

monate und -jahre waren in einem desolaten Zustand: inhaltlich von den Nazis „gesäubert“, die Gebäude ausgebombt, die Bestände niedergebrannt. Überhaupt waren die Umstände bescheiden und die Bildungseinrichtungen bedürftig. Auf dem Freisinger Domberg drängten sich auf engem Raum neben dem Dom das Priesterseminar und die Philosophisch-Theologische Hochschule. Das Seminar diente zu diesem Zeitpunkt immer noch als Lazarett, in dem ausländische Kriegsgefangene auf ihre Ausreise warteten. So stand nur ein Teil der Anlage für den eigentlichen Zweck des Unterrichts zur Verfügung. Obendrein war Heizmaterial rar und die Verpflegung kärglich. Aber die Seminaristen waren froh, überlebt zu haben, auch wenn viele Seelen in den Gräuelerlebnissen des Krieges Schaden genommen hatten. Es war eine bunte Truppe, die sich im Seminar zusammenfand: Neben den gerade 18- oder 19-jährigen „Grünschnäbeln“ fanden sich bald 40-jährige Familienväter ein, die den Frontkrieg in Russland oder anderswo erlebt hatten. Sie sprachen gegenüber den Jüngeren und Unerfahreneren nicht davon – zu schrecklich waren die Erlebnisse bei vielen gewesen, als dass sie es in Worte hätten fassen wollen oder können. Und es herrschte eine stillschweigende Übereinkunft darüber, dass es nichts bringe, das Geschehene breitzutreten – sie hätten es den Jüngeren nicht verständlich machen können, ja, sie begriffen selbst nicht einmal, was sie gesehen und erlebt hatten.

Dabei wussten diese angehenden Priester schon, dass in nicht allzu ferner Zukunft im Kriege schuldig Gewordene vor ihnen im Beichtstuhl sitzen würden. Und der eine oder andere, der noch vor dem Krieg hatte Priester werden wollen, konnte seinen Entschluss nicht mehr aufrechterhalten, da an seinen eigenen Händen Blut klebte. Der Leiter des Seminars, Michael Höck, hatte fünf lange Jahre in den Konzentrationslagern Sachsenhausen und Dachau verbracht, in denen ca. 1.000 katholische Priester gestorben waren. Von was hätte allein der schon alles berichten können? So genau jedoch wollte sich niemand damit auseinandersetzen, und man blickte lieber in die Zukunft, nach dem Motto: Wer im Aufbruch ist, tut in gewissen Situationen gut daran, vorerst nicht zurückzublicken ... Das Priesterseminar war angesichts der Vergangenheit geradezu ein Refugium, wie Ratzinger als Kardinal feststellte: „Niemand zweifelte, dass die Kirche der Ort unserer Hoffnungen war. Sie war trotz mancher menschlicher Schwachheiten der Gegenpol zu der zerstörerischen Ideologie der braunen Machthaber gewesen; sie war in dem Inferno, das die Mächtigen verschlungen hatte, stehengeblieben mit ihrer aus der Ewigkeit kommenden Kraft.“

Im Priesterseminar sollte ein Aufbruch in die Zukunft gestaltet werden – vor dem Hintergrund der Gräuel der Kriegsjahre. Michael Höck, der Leiter des Seminars, war entschiedener Gegner der Nationalsozialisten und hatte fünf Jahre in Konzentrationslagern verbracht. Noch im Jahr 1945 wurde er von Kardinal Michael von Faulhaber zum Regens des Priesterseminars auf den Domberg zu Freising berufen. Er liegt im Kreuzgang des Freisinger Doms begraben.

Ratzinger besaß im Freisinger Seminar einen fürsorglichen Mentor und Freund, Alfred Läpple. Dieser war einer der ältesten Seminaristen, Jahrgang 1915, und als solcher von Höck zum „Präfekten“ ernannt worden, der die jüngsten Jahrgänge des Seminars betreuen sollte. Läpple hatten 1939 nur wenige Monate bis zur Priesterweihe gefehlt, als die Nazis die Fakultät schlossen und er zur Luftwaffe eingezogen wurde. Ratzinger fiel Läpple bereits bei seiner Ankunft im Seminar auf, es entwickelte sich eine enge freundschaftliche Beziehung, in der der Ältere den Jüngeren auf manche prägende Lektüre hinwies. Ratzinger lernte auf diese Weise einen Lehrer Läpples, den Moraltheologen Theodor Steinbüchel, kennen und wurde durch diesen hingeleitet zu zeitgenössischen Philosophen wie Martin Heidegger und Karl Jaspers; diese hatten den Menschen in seiner Totalität, als *ganze* Person, wieder in den Vordergrund gerückt. Die Einsicht in den „Personalismus“ vertiefte Ratzinger im Studium Martin Bubers, und er wurde bestimmend für sein ganzes Denken: Abstrakte theologische Systeme wie die Neuscholastik waren ihm zuwider, dagegen sah er den Menschen in einem lebendigen – persönlichen – Dialog mit Gott, mit Gebet und Liturgie als wesentlichen Kommunikationsmitteln. Durch Steinbüchels Buch „Der Umbruch des Denkens“ (1936) erfuhr er, wie die Tür zur Metaphysik, die von Kant geschlossen worden war, wieder einen Spalt weit geöffnet werden konnte. Es wurde zur Schlüssellektüre für ihn. Ebenso faszinierten ihn die neueren Erkenntnisse aus der Physik eines Planck, Einstein oder Heisenberg, die für einen wissenschaftlichen Erklärungsansatz standen, der nicht von vornherein die Idee eines Schöpfergottes ausschloss. All diese Entdeckungen waren für Ratzinger so wichtig, weil sich die Theologie im Prozess der Moderne im Rückzugsgefecht gegen Naturwissenschaft und Philosophie befand. Die neuen Öffnungen zu einer metaphysischen Welt hin versprachen eine Synthese, ja geradezu eine Versöhnung der modernen Erkenntnisse mit dem Glauben – schließlich mochte Ratzinger seinen kritischen Intellekt nicht an der Tür zum Seminar oder zur Hochschule abgeben.

Alfred Läpple wurde im Jahr 1946 Präfekt für Philosophie am Priesterseminar in Freising. Er war Lehrer der Brüder Ratzinger, vor allem aber auch ein fürsorglicher Freund für den jungen Joseph. Immer noch ist er mit Benedikt freundschaftlich verbunden.

Die Ausbildung in Freising war ebenso wie in Traunstein zweigegliedert. Alles, was direkt für den praktischen Beruf des Seelsorgers benötigt wurde, lernte man im Seminar. Die wissenschaftlichen Vorlesungen wurden in den Räumen der nebenan gelegenen Philosophisch-Theologischen Hochschule gehalten. Doch den hochbegabten „Bücher-Ratz“ beschlichen heimliche Zweifel: Er war zwar ins Seminar eingetreten, weil er Priester werden wollte – dies galt auch nach wie vor. Aber mehr und mehr verspürte er, wie es ihn zur Wissenschaft hinzog. Seine umfangreiche Lektüre, seine langen Diskussionen auf Spaziergängen mit Alfred Läpple hatten ihn aufgewühlt und auf Höhen der rationalen Auseinandersetzung geführt, wie er sie zuvor noch nicht gekannt hatte. Dies war seine Welt, so wurde es ihm immer deutlicher. Aber beides ließ sich nicht ohne Weiteres verbinden – seelsorgerische Tätigkeit und eine Laufbahn als Gelehrter. Noch war im Tagesablauf der Seminaristen beides angelegt: einerseits durch die morgendliche Messe in der Hauskapelle, die regelmäßigen Andachten und Gebete im Dom, das gemeinsame Musizieren – andererseits durch die täglichen Vorlesungen und Bibliotheksbesuche, die gelegentlichen abendlichen Vorträge der Lehrer und die nassforschen philosophischen Diskussionen unter den Priesteranwärtern. Es arbeitete in Joseph Ratzinger.

Rückkehr an den Ort aus Studientagen: Papst Benedikt XVI. spricht am 14. September 2006 im Dom von Freising neben dem Schrein des Heiligen Korbinian.

Im Zwiespalt zwischen Seelsorge und Wissenschaft

Im Sommersemester 1947 beendete Ratzinger sein Studium der Philosophie in Freising und entschloss sich, ein theologisches Studium zu beginnen, das ihm eine wissenschaftliche Laufbahn ermöglichen würde. Neben zwei anderen Kommilitonen bat er seinen Erzbischof darum, die angesehene Theologische Fakultät der Universität in München besuchen zu dürfen – und erhielt die Genehmigung. Bruder Georg ging nicht mit, denn ihm schwebten keine akademischen Würden vor. Seine musikalischen Ambitionen führten, wie bekannt ist, zu einem anderen Ziel.

Derweil lagen die Universitätsgebäude in München durch die Fliegerangriffe noch teilweise in Trümmern, daher hatten die Theologische Fakultät sowie das Herzogliche Georgianum, in dem die Seminaristen untergebracht waren, im ehemaligen königlichen Jagdschloss Fürstenried im Süden der Stadt ein Ausweichquartier bezogen. In drangvoller Enge wurde hier ein Lehrbetrieb aufrechterhalten. Viele Vorlesungen fanden im Gewächshaus des Schlossparks statt, wo es im Sommer tropisch heiß und im Winter sibirisch kalt wurde. Im Park sah man Ratzinger oft als einsamen Spaziergänger, der sich über existenzielle Probleme – das „Drama" seines Lebens, wie er es selbst einmal nannte – klar werden musste. Er hatte die „Pforten der Hölle" gesehen, wenn er auch nicht hindurchgeschritten war. Aber aus der Idylle alpenländischer Volksfrömmigkeit, die seine Kindheit geprägt hatte, war er hinausgestoßen worden. Die barocke Bilderwelt war in ihrer himmlischen Pracht noch Bestandteil seiner Erinnerung, doch er hatte inzwischen die Brutalität des Lebens kennengelernt. Der wissenschaftlich-technische Fortschritt, in den vor dem Krieg noch große Hoffnungen gesetzt worden waren, hatte versagt, ja, er hatte selbst noch etwas beizutragen gehabt zum Gelingen des satanischen Treibens der Nationalsozialisten. Alles menschliche Weitermachen und auch und in besonderer Weise die Hinwendung zu Gott waren mit dem Geschehenen konfrontiert und infrage gestellt – eine existenzielle Not und eine Sorge um den Fortbestand seiner Kirche ergriff Joseph Ratzinger. Diese Sorge ließ ihn nie wieder los und sollte auch im Konklave, in dem er zum Papst gewählt

„Disputation des Hl. Augustinus mit den Häretikern" von Michael Pacher, um 1480, heute in der Alten Pinakothek in München. Der heilige Augustinus (354–430) wird als Kirchenvater von Papst Benedikt XVI. besonders geschätzt. Von seinem Professor Gottlieb Söhngen wurde der junge Ratzinger zu den antiken Quellen hingeführt.

wurde, und noch in seinem Pontifikat eine bedeutende Rolle spielen.

Im Wintersemester 1947/48 nahm Ratzinger sein Studium auf, und zwar schon vorgezogen am 1. September, weil Heizmittel fehlten und man die Studenten in den kältesten Wintermonaten in die Ferien schicken wollte. Der Umgang miteinander war nicht so herzlich wie in Freising, es kamen hier unterschiedliche Mentalitäten aus ganz Deutschland zusammen, und es herrschte ein deutlicherer Wettbewerb – sowohl unter den Studenten wie auch unter den Professoren. Schließlich war man nicht in dem gemeinsamen Willen geeint, in die Seelsorge zu gehen, sondern wollte sich wissenschaftlich profilieren. Unterschiedliche theologische Richtungen und Forschungsansätze prallten aufeinander, und einig war man weitestgehend nur in der Abneigung gegen die von Rom propagierte Neuscholastik, dies war eine streng konservative und alle „progressiv-sozialphilosophischen" Ideen ablehnende Richtung. Wir müssen einen Blick auf einige Professoren der Theologischen Fakultät werfen, um Ratzingers akademische Prägung und seinen späteren Weg besser zu verstehen.

Der „Star der Fakultät" war Friedrich Wilhelm Maier, Professor für neutestamentliche Exegese (Schriftauslegung). Maiers Le-

Papst Benedikt XVI. vor den Gebeinen des heiligen Augustinus im Gebet. Anlässlich einer Pastoralvisite 2007 in Pavia besuchte er das Grab des von ihm verehrten Kirchenlehrers.

benslauf war von Brüchen gekennzeichnet, was die Studenten und insbesondere auch Ratzinger faszinierte, die ihre Lebensbrüche ja soeben am eigenen Leib erfahren hatten. Er war ein Pionier der historisch-kritischen Methode und hatte die sogenannte Zwei-Quellen-Theorie vertreten, wonach das Markus-Evangelium sowie eine nicht mehr vorhandene Sammlung der Reden Jesu Vorlage gewesen seien für die beiden synoptischen Evangelien von Matthäus und von Lukas. Diese ketzerische, „modernistische" Theorie brachte ihm vor dem Ersten Weltkrieg ein Lehrverbot ein, das erst nach dem Krieg wieder aufgehoben wurde. Er hatte die Zeit als Seelsorger beim Militär und dann in einem Zuchthaus verbracht. Die Vorlesungen, die er im Gewächshaus hielt, waren rappelvoll, so dass Ratzinger stets als einer der Ersten da war, um einen Platz zu ergattern. Der Fall Maiers, den er als „tiefgläubigen" Menschen und als jemanden beschrieb, „der sich um die Gesinnung der jungen Menschen sorgte, die ihm anvertraut waren", ließ bei ihm Zweifel „an der Angemessenheit mancher römischen Entscheidung" aufkommen.

Maiers alttestamentlicher Kollege war Friedrich Stummer, ein penibler Philologe, bei dem Ratzinger mehr und mehr darauf hingeführt wurde, dass Altes und Neues Testament nicht zwingend als Schriften zweier Religionen zu lesen sind, sondern beide ganz von der Gestalt Jesu her interpretiert werden können.

Neben den Exegeten prägten Ratzinger am meisten Joseph Pascher und insbesondere Gottlieb Söhngen. Pascher war Professor für Pastoraltheologie und übrigens auch der Direktor des Georgianums. Er galt an der Fakultät als der entschiedenste Vertreter der *Liturgischen Bewegung*, aus der die deutsche Übersetzung des Missales hervorgegangen war, der Schott, den Ratzinger als Kind so geliebt hatte. Den Theologiestudenten machte er die zentrale Bedeutung und den Reichtum der Liturgie deutlich, also des Instrumentariums der Worte und Handlungen, dessen sich der Priester bedient, um Gott zur Gemeinde sprechen zu lassen. Ratzinger später: „So wie ich das Neue Testament als die Seele aller Theologie verstehen lernte, so begriff ich Liturgie als ihren Lebensgrund, ohne den sie verdorren muß."

Gottlieb Söhngen, Professor für Fundamentaltheologie, in Köln geboren, begeisterte seine Studenten mit rheinischer Fröhlichkeit und Lebenslust – ein geborener Lehrer, der seine Vorlesungen in freier Rede zu halten imstande war. Selbst Sohn eines Ehepaares mit verschiedenen Konfessionen, sensibilisierte er Ratzinger für die Ökumene. Er war ein Gegner des neuscholastischen Schematismus und lehrte den Glauben und die Wahrheit als etwas Lebendiges zu verstehen. Söhngen, so Ratzinger, zeichnete aus, dass er „von den Quellen her dachte". Folgerichtig wurden seine Studenten zu den antiken Quellen der Kirchenväter hingeführt, von denen Augustinus der Lieblingsautor Joseph Ratzingers wurde.

Und dann war da noch Michael Schmaus, der Ordinarius für Dogmatik, ein vom Typ her ganz anderer Mensch als Söhngen: auf Distanz bedacht und etwas steif, fast so, wie man sich die Karikatur eines Professors vorstellt. Seine Gabe, auch komplizierte theologische Zusammenhänge in einfachen Sätzen erklären zu können, beeindruckte den Studenten Joseph Ratzinger, der sich später als Gelehrter und Kleriker ebenfalls einer klaren Sprache bediente. Schmaus allerdings – und das unterschied ihn deutlich von Söhngen – war scholastisch geprägt und meinte daher, dass sich der Glaube in historisch unveränderlichen festen Schemata und statischen Begriffen fassen ließe. Joseph Ratzinger sollte mit seiner Habilitationsschrift noch zwischen die Fronten der beiden geraten.

Es war vor allen Dingen Söhngen, der Joseph Ratzingers wissenschaftliche Begabung erkannte und förderte. In der Theologischen Fakultät war es Usus, dass jedes Jahr der Reihe nach ein Professor des Kollegiums eine Preisaufgabe stellte; diese musste innerhalb von neun Monaten bearbeitet und anonym, mit einem Kennwort versehen, eingereicht werden – die beste Arbeit wurde automatisch als Dissertation mit dem Prädikat *summa cum laude* angenommen. Söhngen war mit der Aufgabenstellung im Sommer 1950 an der Reihe – Ratzinger hatte soeben sein Abschlussexamen bestanden. Der Professor ermunterte seinen Vorzeigestudenten, mitzumachen, und stellte eine Aufgabe, die diesem wie auf den Leib geschneidert war: *Volk und Haus in Augustins Lehre von der Kirche*. Ratzinger war etwas gehandicapt, weil die Bearbeitung der Aufgabe zeitlich mit der Vorbereitung auf seine nun näherrückende Priesterweihe zusammenfiel – Ende Oktober empfing er die Diakonatsweihe, die Vorstufe zur Priester-

Kardinal Michael von Faulhaber legte am 29. Juni 1951 Joseph Ratzinger zur Priesterweihe im Freisinger Mariendom die Hände auf. Im Juli 1951 schließlich fand in Hufschlag die feierliche Doppelprimiz der Brüder Ratzinger statt.

weihe, welche im darauf folgenden Frühjahr stattfinden sollte. Sein Bruder Georg, der die gleiche Vorbereitungsarbeit zu leisten hatte, erledigte für seinen Bruder einfach manches gleich mit, und seine Schwester Maria fertigte in ihrer Freizeit die Reinschrift der Arbeit über Augustinus an, so dass er sie in der verlangten Frist einreichen konnte.

Joseph Ratzinger (r.) und sein Bruder Georg wurden zusammen mit 40 anderen jungen Männern in Freising zu Priestern geweiht. Dem jungen Priester wurde in jenem Moment bewusst, dass er „auf dem rechten Weg" war.

Das Familienbild entstand am 8. Juli 1951 nach der Primiz der beiden Brüder Joseph (r.) und Georg. Im Vordergrund die Eltern, Maria und Josef, links Schwester Maria.

Interessant auch für theologische Laien ist an dieser Arbeit aus heutiger Sicht besonders dieser Punkt: Kirche wird nicht als ein abstraktes, starres Gefüge mit auf ewig feststehenden Lehrsätzen aufgefasst, wie es die Neuscholastik wollte, die auf den mittelalterlichen Dogmatiker Thomas von Aquin zurückging. Sondern Kirche ist, nach Augustinus, ein lebendiger Körper, die Gemeinschaft der Gläubigen, des „Volkes Gottes". Was die Philosophie nur bei dem Einzelnen vermag, nämlich ihm den Weg zum Heil zu weisen, das gelingt der Kirche bei den Vielen. Wenn aber die Vielen zusammenkommen und gemeinsam den „Leib" der Kirche bilden, heißt das gleichzeitig, dass es eine „Kirche der Sünder" ist, in der sozusagen – wie es in einem Gleichnis des Augustinus heißt – Weizen und Unkraut gemeinsam wachsen; und in manchen Zeiten fragt man sich, so Augustinus, ob es in ihr überhaupt noch einen Gerechten gibt. Der heilige Augustinus (354–430), Bischof von Hippo (dem heutigen Annaba in Algerien) und einer der sogenannten Kirchenväter, wusste, wovon er sprach: Er hatte nach einer Zeit sexueller Ausschweifungen, wie er in seinen *Bekenntnissen* selbst beschrieb, erst spät zu Gott gefunden und sich zu einem zölibatären und kontemplativen Leben bekehrt. Die von ihm beschriebene Kirche setzt sich zusammen aus Einzelgliedern, die – wie er es zu seinem Erschrecken an sich selbst erlebt hatte – von der Schwachheit des Fleisches mindestens ebenso geleitet werden wie von der Stärke des Geistes. Die Angemessenheit dieser Sichtweise sollte sich im Leben Ratzingers und insbesondere in der Zeit seines Pontifikats mehr als einmal erweisen.

Die im April anonym eingereichte Arbeit trug deutlich Ratzingers Handschrift, so dass es für Söhngen nicht schwer war, ihren Autor zu identifizieren. Sie wurde jedenfalls als beste Einreichung auserwählt und als Dissertationsschrift angenommen. Damit hatte der angehende Priester noch zwei Monate Zeit bis zur Weihe, in denen er sich voll und ganz der Vorbereitung widmen konnte. Am 29. Juni 1951, dem Tag der Apostel Peter und Paul, wurde er gemeinsam mit seinem Bruder und 40 weiteren Diakonen im Dom von Freising von Kardinal Faulhaber zum Priester geweiht. Es war ein strahlender Sommertag und für Ratzinger der bisherige Höhepunkt seines Lebens. In dem Moment, als der greise Kardinal ihm die Hände auflegte, flatterte am Altar ein Vögelchen in die Höhe, was dem frisch geweihten Priester vorkam „wie ein Zuspruch von oben: Es ist gut so, du bist auf dem rechten Weg." Die Primiz, ihre feierliche erste Heilige Messe, zelebrierten Georg und Joseph gemeinsam am 8. Juli in ihrer heimischen Kirche St. Oswald zu Traunstein. Ganz vorn, in der ersten Reihe, saßen die ebenso stolzen wie bewegten Eltern und die nicht minder ergriffene Schwester. Anschließend gingen die beiden Brüder von Haus zu Haus, um den Menschen den Primizsegen zu spenden, und wurden, so die Erinnerung des Kardinals, „mit einer Herzlichkeit empfangen, die ich mir bisher nicht hatte vorstellen können. So habe ich ganz unmittelbar erfahren, wie sehr Menschen auf den Priester warten, wie sehr sie auf den Segen warten, der aus der Kraft des Sakraments kommt."

Auf dem Weg in ein Leben im Zeichen des Kreuzes: die Priesterbrüder Georg (l.) und Joseph (r.) mit dem gemeinsamen Freund Rupert Berger am Tag ihrer Priesterweihe im Juni 1951. Den jungen Priestern – wie gesamt der Kirche – stehen im Nachkriegsdeutschland große Herausforderungen bevor.

Joseph Ratzinger sollte eigentlich am 1. August eine Kaplansstelle in der Pfarrei Heilig Blut in München-Bogenhausen antreten. Doch zuerst musste er in der Gemeinde St. Martin in Moosach, einem noch ländlich geprägten Stadtteil Münchens, aushelfen, wo der Pfarrer erkrankt und der Kaplan im Urlaub war. Es war also der sprichwörtliche Sprung ins kalte Wasser. Im Unterschied zum dörflichen Moosach war Bogenhausen ein großbürgerlicher Stadtteil mit zum Teil prachtvollen Villen, in denen Geschäftsleute, höhere Beamte, Künstler und Intellektuelle wohnten. Der Pfarrer von Heilig Blut, Max Blumschein, sagte allgemein über den Geistlichen, er müsse „glühen", und er wurde von Ratzinger selbst als „Mensch, der durchdrungen war von seiner Aufgabe" beschrieben. In seiner inneren Leiden-

Der junge Priester Joseph Ratzinger hält 1952 eine Bergmesse in Ruhpolding. Der wissbegierige junge Mann ist hin- und hergerissen: Eine wissenschaftliche Laufbahn scheint ihm in die Wiege gelegt, doch braucht die im Umbruch begriffene Kirche nicht eher Seelsorger vor Ort?

schaft war Blumschein für den jungen Kaplan ein Vorbild, das dieser auch benötigte, denn die Aufgaben, die er zu bewältigen hatte, forderten seine ganze Kraft: Jeden Morgen saß er von 6 bis 7 Uhr im Beichtstuhl, samstags sogar noch länger. Um 8 Uhr fand er sich in der Gebeleschule ein, wo er in sieben verschiedenen Klassen, von der 2. bis zur 8., Religionsunterricht gab. Dies war ihm besonders wertvoll, denn er musste lernen, „aus der intellektuellen Sphäre herauszusteigen“ und sich in einfachsten Worten auch den Kleinsten verständlich zu machen. Am Sonntag waren zwei bis drei Gottesdienste zu zelebrieren und Predigten zu halten. Hinzu kamen Taufen, Hochzeiten und die Jugendarbeit; zu den Beerdigungen, die auf verschiedenen Friedhöfen stattfanden, fuhr er mit dem Fahrrad.

Sosehr ihn Pfarrer Blumschein auch mitriss – er musste leider auch feststellen, „wie weit die Denk- und Lebenswelt vieler Kinder vom Glauben entfernt war, wie wenig der Religionsunterricht noch Deckung im Leben und Denken der Familien fand“.

Ratzinger, selbst in der bayerischen Provinz aufgewachsen, war ja die enge Einbindung in das Gemeindeleben und stabile gesellschaftliche Strukturen gewohnt. In der Großstadt München traf er nun jedoch auf Familien, in denen der Einfluss der Moderne bereits stärker wirkte und die nur in lockerer Bindung zur Kirche lebten – zumal sein Stadtteil auch von Künstlern und Intellektuellen geprägt wurde, die in gewisser Weise Vorreiter für gesellschaftliche Entwicklungen waren. Der Kaplan musste erkennen, dass die Form der Jugendarbeit, die sich seit Jahrzehnten nicht geändert hatte, nicht mehr zeitgemäß war und dass nach neuen Formen gesucht werden musste.

Jahre später, 1958, sollte er in seinem vielbeachteten Aufsatz *Die neuen Heiden und die Kirche* auf diese Erfahrung zurückkommen.[8] Hier beklagte er, dass es in der Kirche der Gegenwart immer mehr Menschen gab, die sich zwar „katholisch“ nannten, in Wahrheit aber kaum noch nach dem Glauben lebten: „Das Erscheinungsbild der Kirche der Neuzeit ist wesentlich davon bestimmt, dass sie auf eine ganz neue Weise Kirche der Heiden geworden ist und noch immer mehr wird – nicht mehr wie einst Kirche aus den Heiden, die zu Christen geworden sind, sondern Kirche von Heiden, die sich noch Christen nennen, aber in Wahrheit zu Heiden wurden. Das Heidentum sitzt heute in der Kirche selber.“ Diese Diagnose war außergewöhnlich hellsichtig, wenn man die Entwicklung der letzten Jahrzehnte betrachtet, die von einer wachsenden Abkehr von den kirchlichen Sakramenten, stetig zunehmenden Kirchenaustritten und einer Befreiung der Moralvorstellungen in den europäischen Ländern bestimmt waren.

Angesichts dieser krisenhaften Situation bekam der Zwiespalt in Joseph Ratzinger neue Nahrung: War es nicht viel nötiger, als Seelsorger „vor Ort" in einer Pfarrei zu dienen und der geistlichen Verödung entgegenzuwirken – statt auf eine wissenschaftliche Laufbahn hinzuwirken? Doch da erreicht den Kaplan ein unerwarteter Ruf. Sein Freund Alfred Läpple, der im Freisinger Priesterseminar Dozent für praktische Sakramentaltheologie gewesen ist, wird als Lehrer an die neue Pädagogische Hochschule in Parsing berufen. Er empfiehlt seinem Erzbischof den jungen Ratzinger als Nachfolger auf der vakanten Stelle, und der stimmt zu. Am 1. Oktober 1952, nach nur 14 Monaten praktischer Tätigkeit als Kaplan, kehrte Ratzinger also – jetzt als Lehrer – auf den Freisinger Domberg zurück.

Kardinal Friedrich Wetter (l.), Erzbischof von München und Freising, betet neben Kardinal Joseph Ratzinger, inzwischen in Rom, während der Feierstunde am 8. Juli 2001 in der Münchener Frauenkirche anlässlich Ratzingers Goldenen Priesterjubiläums. Der Präfekt Ratzinger hat einen Weg zwischen Seelsorge und Wissenschaft gefunden.

Die fast gescheiterte Habilitation

Mit seiner Dozentur besaß er wieder eine theologische Aufgabe, wie er es eigentlich gewollt hatte. Nach der Erfahrung der letzten Monate aber fehlte ihm andererseits die „von der Seelsorge geschenkte Fülle menschlicher Beziehungen und Erfahrungen", und Ratzinger zweifelte leise, ob er nicht in der praktischen Gemeindearbeit hätte verbleiben sollen. In seinen Vorlesungen über die Sakramente konnte er nun immerhin auf eigene Erfahrungen aus Priestersicht zurückgreifen. Auch hatte er weiterhin Gottesdienste zu zelebrieren und die Beichte abzunehmen, jetzt im Dom. Auf wissenschaftlicher Seite fehlte noch der Abschluss seiner Promotion mit mündlichen und schriftlichen Prüfungen. Im Juli 1953 erlangte Joseph Ratzinger die Doktorwürde.

Joseph Ratzinger bei einer Vorlesung an der Hochschule in Freising im Jahr 1955. Während der Zeit als Dozent der Dogmatik und Fundamentaltheologie arbeitete Ratzinger an seiner Habilitation.

Auf der wissenschaftlichen Leiter stand nun die Habilitation an. Söhngen schlug vor, dass sich der frisch gebackene *Doctor theologiae* nach der Beschäftigung mit einem Thema aus der Zeit der Kirchenväter jetzt dem Mittelalter zuwenden solle. Und da das erste Thema ein ekklesiologisches gewesen war, wurde nun der zweite große Themenkreis aus der Fundamentaltheologie, der Offenbarungsbegriff, ins Auge gefasst. „Da ich von Augustinus herkam", so Ratzinger, „lag es nahe, über Bonaventura zu arbeiten, mit dem Söhngen sich ziemlich eingehend beschäftigt hatte." Es war erneut ein Thema, das zur Auseinandersetzung mit der neuscholastischen Theologie reizte: Diese behandelte Offenbarung als eine einmal gegebene Gesamtheit von Inhalten, mit denen Gott zu einem bestimmten Zeitpunkt der Geschichte auf den Menschen zugegangen ist, die festgehalten worden sind in der Heiligen Schrift und die seitdem gewissermaßen unveränderlich sind. Ratzinger jedoch zeigte von Bonaventura ausgehend, dass Offenbarung nach einem lebendigen Menschen im Hier und Jetzt verlangt, bei dem sie ankommen kann – und damit war die geschichtliche Dimension der Offenbarung aufgespannt. Was Gott den Menschen offenbart hatte, war eben nicht als vollendetes Gebäude zu verstehen, dem fertige Lehrsätze entnommen werden konnten, sondern als etwas in der Geschichte der Kirche sich permanent neu Zeigendes. – Kirche also wieder, wie bei Augustinus, verstanden als lebendiger Körper des „Volkes Gottes". Nur durch diese Dimension der Offenbarung ist gewährleistet, dass der

Lehre im Geiste Ratzingers: An der Universität wird eine Professur für die Erforschung des wissenschaftlichen Werks von Papst Benedikt XVI. eingerichtet. Die von der Diözese Regensburg finanzierte Stiftungsprofessur soll eine Gesamtausgabe der Schriften von Joseph Ratzinger vorbereiten. Bischof Gerhard Ludwig Müller (r.) und Universitätsrektor Alf Zimmer bei der Verkündung des Vorhabens im Februar 2007.

Glaube in die Gegenwart hinein neu gesagt werden kann und nicht etwas Rückwärtsgewandtes und Veraltetes ist.

Im Sommer 1954 wurde Ratzinger von der Philosophisch-Theologischen Hochschule in Freising eine Professur für Dogmatik angeboten, die er zeitlich nur annehmen konnte, weil die Materialsammlung für seine Habilitationsschrift bereits abgeschlossen war und er seine Grundgedanken ausformuliert hatte. Es fügte sich gut, dass er damit auch eine geräumige Professorenwohnung beziehen konnte, denn seine Eltern – der Vater war inzwischen 78, die Mutter 71 –, die das Haus am Waldrand von Traunstein nicht mehr gut allein bewirtschaften konnten, mussten eine neue Bleibe finden. In der Erwartung, dass mit der Habilitation alles glattgehen würde, holte der Jüngste seine Eltern zu sich. Doch dann traten Unheil verkündende erste Probleme auf: Ratzinger hatte eine Schreiberin engagiert, die sein handgeschriebenes Manuskript sauber abtippen sollte. – Doch sie war nicht nur sehr langsam, sondern verlor zuweilen Blätter oder ordnete Zitaten falsche Quellenangaben zu. Der Autor musste ihr ständig über die Schultern gucken und hatte Mühe, die Fehler, die sie einbaute, zu finden und wieder zu tilgen. Unzufrieden mit der Reinschrift gab er im Spätherbst 1955 seine zwei Pflichtexemplare ab. Söhngen freilich war begeistert und zitierte in seinen Vorlesungen aus der Arbeit, auch wenn sie noch nicht offiziell angenommen war. Doch das Unheil nahte in Person von Professor Schmaus, dem Korreferenten. Er teilte Ratzinger mit, dass er die Arbeit ablehnen müsse, da sie nicht den wissenschaftlichen Maßstäben genüge. Dass wegen der unzuverlässigen Schreiberin Fehler stehen geblieben waren, mag Schmaus noch am wenigsten gestört haben, gab seinem negativen Urteil aber sicher zusätzliche Nahrung. Was ihm eigentlich missfiel, war ein gewisser „Subjektivismus“, den er in der Habilitationsschrift ausmachte, der seiner Meinung nach die von der Scholastik begründete Objektivität der Offenbarung infrage stellte. Diesen „gefährlichen Modernismus“ akzeptierte er theologisch nicht. In Wahrheit aber stand wohl hinter diesem Urteil, dass

Schmaus schlichtweg beleidigt war. Denn der „Anfänger" Ratzinger hatte in seiner Arbeit frecherweise deutlich gemacht, dass die Position, die Schmaus vertrat, nicht mehr auf der Höhe der Zeit sei und die neuesten Forschungsergebnisse nicht berücksichtige. Überdies hatte der Kandidat mit seinem Mittelalterthema Schmaus vorher nicht konsultiert, welcher doch für mittelalterliche Dogmatik zuständig war.

Ratzinger war am Boden zerstört, er nannte diese Zeit später das „Drama der Habilitation". Soeben erst hatte er seine Eltern bei sich einquartiert, im Vertrauen auf einen Fortgang seiner Tätigkeit auf dem Domberg; doch wenn seine Habilitation abgelehnt wurde, konnte er seine wissenschaftliche Laufbahn bereits jetzt für beendet ansehen. Er sah schon den Umzugswagen vor der Tür stehen und dachte daran, sich auf eine Kaplansstelle zu bewerben, zu der eine Wohnung gehörte, die groß genug war, damit er seine Eltern mitnehmen konnte. Allein Söhngens energischer Fürsprache in der Fakultätssitzung war es zu verdanken, dass das „Verdammungsurteil" abgemildert wurde: Die Arbeit wurde nicht rundweg abgelehnt, sondern zur Überarbeitung zurückgegeben.

Ratzingers Weg an der Universität Freising war nicht frei von Hindernissen, das Fortkommen des jungen Wissenschaftlers weckte den Argwohn älterer Kollegen. Professor Joseph Ratzinger im Frühjahr 1959.

Als Ratzinger hineinsah, war er erneut entsetzt: Sie war von Schmaus in allerlei Farben mit Randbemerkungen versehen worden, deren Berücksichtigung dieser in einer Neufassung verlangte. Und der zornige Professor fügte süffisant hinzu, dass es wohl Jahre dauern werde, dies alles einzuarbeiten. In der Tat – das wäre gleichbedeutend mit dem Ende von Ratzingers wissenschaftlicher Laufbahn gewesen, denn so lange hätte die Hochschule ihm nicht noch einmal Zeit zur Habilitation gegeben. Aber als hätte der Heilige Geist selbst ihm beigestanden, kommt ihm eine rettende Idee: Schmaus hatte das hintere Drittel der Arbeit annähernd unbehelligt gelassen – sei es, dass er keine Lust mehr gehabt hatte oder dass hier aus seiner Sicht tatsächlich nichts auszusetzen gewesen war. Dieser letzte Teil der Schrift behandelte die Geschichtstheologie Bonaventuras, er war zwar verbunden mit den ersten beiden Teilen, ließ sich aber mit einigen Kniffen auch als selbstständige Arbeit herauslösen und war sowohl inhaltlich wie von der Länge her – immerhin noch 200 Seiten – umfangreich genug. Ratzinger holte das Einverständnis Söhngens ein und reichte nur wenige Wochen später das verbliebene Drittel als „neue" Arbeit mit dem Titel *Die Geschichtstheologie des heiligen Bonaventura* zum Verblüffen des Kollegiums zur Habilitation ein. Schmaus konnte ja nun, da er im ersten Durchgang den hinteren Teil nicht beanstandet hatte, nicht noch im Nachhinein alles wieder in Bausch und Bogen verdammen, so als hätte er beim ersten Mal nicht richtig hingeschaut.

Am 11. Februar 1957 erfuhr Ratzinger, dass der Fakultätsrat die Habilitationsschrift angenommen hatte. Die obligatorische öffentliche Verteidigung der Arbeit wurde auf den 21. Februar angesetzt, geriet aber zu einem heftigen Schlagabtausch zwischen Schmaus und Söhngen, in dem der Habilitand selbst kaum noch zu Wort kam; hier zeigte sich, dass er eigentlich Opfer eines theologischen Richtungsstreits innerhalb der Fakultät geworden war und es gar nicht an der Qualität seiner Arbeit gelegen hatte. Die anschließende Sitzung des Fakultätsrats dauerte ungewöhnlich lang, doch dann kam der Dekan heraus zu Ratzinger, seinem Bruder Georg und einigen Freunden und gab bekannt, dass die Prüfung bestanden sei. Ratzinger konnte in diesen Augenblicken keine besonders große Freude empfinden – zu sehr hatte ihn das Verfahren mitgenommen. Auf jeden Fall aber – und dies war typisch für Joseph Ratzinger – zog er eine Lehre aus dieser „Prüfung" im zweifachen Sinne und fasste den festen Vorsatz, „nicht leicht der Ablehnung von Dissertationen oder Habilitationsarbeiten zuzustimmen, sondern wenn irgend von der Sache her möglich die Partei des Schwächeren zu ergreifen". Ja, es sollte zeit seines Lebens ein besonderer Zug in Joseph Ratzingers Verhalten und Charakter sein, dass er sich nicht zu vorschnellen Urteilen drängen ließ, sondern Für und Wider sorgsam abzuwägen versuchte – ganz im Gegenteil zu dem, was das diffamierende Wort vom „Panzerkardinal" implizieren wollte, als hätte er jemals seine Gegner, ehe sie sich's versahen, überrollen wollen. Eher im Gegenteil, erwies er sich bei jenen, die ihn genau beobachteten und näher kannten, als jemand, der leise, bescheiden und bedächtig auftrat. Noch in seinem Pontifikat wurde ihm ja manche vermeintliche „Langsamkeit" gerade als Schwäche ausgelegt.

Bald darauf erhielt Ratzinger eine Privatdozentur an der Universität München und am 1. Januar 1958 wurde er zum Professor für Fundamentaltheologie und Dogmatik an der Philosophisch-Theologischen Hochschule in Freising ernannt – nicht ohne weitere „Störfeuer", wie er es später nannte, durch Professor Schmaus, der im Hintergrund die Strippen zog und weiterhin

Der Theologe Ratzinger im Sommer 1960 in der Bibliothek des Seminars in Bonn. Seit 1959 hatte er an der Universität Bonn den Lehrstuhl für Fundamentaltheologie inne.

ein akademisches Fortkommen des jungen Wissenschaftlers torpedierte. Doch dann erhielt er im Sommer 1958 einen Ruf der Bonner Universität, die ihm den Lehrstuhl für Fundamentaltheologie anbot. Dies war ein „Traumziel", sein Lehrer Söhngen hatte sich um diesen Lehrstuhl lange Zeit vergeblich bemüht, und so konnte er nicht Nein sagen. Möglich wurde der Weggang in familiärer Hinsicht, weil etwas geschehen war, was Ratzinger erneut nur als „Fügung" betrachten konnte: Sein Bruder Georg hatte sein Studium an der Münchener Hochschule für Musik beendet und eine Stelle als Chordirektor an der heimatlichen Pfarrkirche St. Oswald in Traunstein übernommen. Joseph Ratzinger hätte es seinen Eltern nicht zumuten wollen, sie mit ins fremde und ferne Bonn zu nehmen – aber dass sie nun von Freising in ihr noch wohlvertrautes und geliebtes Traunstein zurückkommen und bei ihrem ältesten Sohn Aufnahme finden konnten, das fügte sich außerordentlich gut.

Als junger Professor in Bonn und Münster

Bonn, die damalige Hauptstadt der jungen Bundesrepublik Deutschland, war im Vergleich zum beschaulichen Freising eine weltoffene, pulsierende Stadt – in nächster Nähe zu Köln gelegen, was noch eine Rolle spielen wird, auch Aachen war nicht weit und Düsseldorf und das ganze Ruhrgebiet gehörten zum Einzugsbereich der Hauptstadt. „Nachts hörte ich die Schiffe auf dem Rhein", so Ratzinger in seinen *Erinnerungen*, „der am Albertinum vorbeifließt." – Im Theologenkonvikt Albertinum war Ratzinger für die erste Zeit untergebracht. – „Der große Strom mit seiner internationalen Schiffahrt gab mir ein Gefühl der Offenheit und Weite, einer Berührung der Kulturen und der Nationen, die seit Jahrhunderten hier aufeinandertrafen und sich befruchteten."

Weltoffenheit und Weite, die auch für den jungen Ratzinger am Rhein spürbar werden: Blick auf das Collegium Albertinum, das Theologenkonvikt, in dem Joseph Ratzinger in seiner ersten Zeit in Bonn untergebracht war.

In solcher Atmosphäre also hielt Joseph Ratzinger am 24. Juni 1958, zum Ende des Sommersemesters, seine Antrittsvorlesung. Thema: *Der Gott des Glaubens und der Gott der Philosophen*. Ratzinger ging auch hier wieder ein Thema an, das ihn zeitlebens begleiten sollte: die Vereinbarkeit von Glaube und Vernunft, für die es seiner Meinung nach eine Synthese geben konnte, ja, musste. Denn „wenn es der christlichen Botschaft wesentlich ist, nicht esoterische Geheimlehre für einen eng beschränkten Zirkel von Eingeweihten, sondern Botschaft Gottes an alle zu sein, dann ist ihm damit auch die Dolmetschung nach außen wesentlich, in die allgemeine Sprache der menschlichen Vernunft hinein."[9] Die Zuhörer in der überfüllten Eingangshalle der Katholisch-Theologischen Fakultät spürten sofort, dass hier jemand einen neuen Ton anschlug und sich anschickte, alte Verkrustungen aufzubrechen. Die Studenten waren begeistert; auch die Kollegen Professoren waren beeindruckt, wenn es sich auch nicht jeder anmerken ließ. Roman Angulanza, einer der ersten Studenten Ratzingers in Bonn, meinte: „Er hat die Art, Vorlesungen zu halten, revolutioniert. Er las sie seiner Schwester Maria in der Küche vor. Sie war intelligent, hatte aber nicht Theologie studiert. Und wenn seiner Schwester die Vorlesung gefiel, war das für ihn das Zeichen, dass sie in Ordnung war."[10] – Das Zeichen also, dass die Worte einfach und klar waren und auch von Menschen, die keine (angehenden) Wissenschaftler waren, verstanden werden konnten – aus der „Einfachheit des Herzens" heraus. Ratzinger hatte eine glockenhaft helle Stimme, er trug seine Vorlesungen ohne Hast, ganz ruhig und konzentriert, ohne jede intellektuelle Hoffart vor – und leise, man konnte zuweilen die berühmte Stecknadel fallen hören, wie mehrere damalige Zuhörer bezeugten. Sein Freund Alfred Läpple: „Joseph sagte immer: Wenn du eine Vorlesung hältst, müssen die Studenten den Stift liegen lassen, dir einfach nur zuhören. Solange sie noch mitschreiben, heißt das, dass du deine Sache gut machst, sie aber nicht überrascht hast. Wenn sie aber den Stift weglegen und dich ansehen, während du sprichst, dann heißt das, dass du vielleicht ihr Herz berührt hast."

Und Ratzinger verfehlte seine Wirkung nicht – im Gegensatz zu manch anderem Dozenten, der sein Manuskript nur ablas und den Vortrag eintönig und vorhersehbar herunterleierte. „Schon während des ersten Seminars bei Joseph Ratzinger", so Paul Kuhn, Theologiestudent an der benachbarten evangelischen Fakultät und späterer Assistent Ratzingers in Tübingen, „dachte ich bei mir: Dieser Mann ist wirklich anders als die übrigen katholischen Professoren, die ich kenne." Und Viktor Hahn, der erste Doktorand Ratzingers, um eine letzte Stimme zu zitieren: „Der Hörsaal war immer überfüllt. Die Studenten verehrten ihn. Er hatte eine schöne und einfache Sprache. Die Sprache eines Gläubigen." Schnell scharte sich um diesen besonderen jungen Professor aus Bayern eine Reihe von Studenten, die einen Doktorvater suchten. Die genannten Angulanza, Kuhn und Hahn waren darunter, zudem Vinzenz Pfnür, der Ratzinger schon als Dozent in Freising erlebt hatte und ihm nach Bonn gefolgt war, und Johannes Dörmann, ein Priester, der fünf Jahre älter als sein Professor war. Wenn man die Lebensleistung Joseph Ratzingers würdigen will, ist auch in besonderer Weise zu berücksichtigen, wie er als Lehrer seine Schüler geprägt hat und wie er ihnen half, ihren jeweils eigenen Weg zu finden. Ihr Tun ist in gewisser Weise auch *sein* Wirken. Wir werden dem einen oder anderen immer mal wieder begegnen. Aber noch ein besonderes Merkmal in Ratzingers Denken soll hier nicht unerwähnt bleiben, denn auch dies sollte sein lebenslanges Wirken bestimmen: die Auseinanderset-

Die „Sprache eines Gläubigen", in der Ratzinger seine Vorlesungen hielt, ist sicherlich auch Maßstab für die Vergabe des 2011 erstmals verliehenen Ratzinger-Preises. Seine ehemaligen Schüler haben 2007 eine Stiftung gegründet, die eine Theologie in Ratzingers Sinne fördern soll. Papst Benedikt XVI. verleiht im Juni 2011 u. a. Abt Maximilian Heim diesen Preis.

Während der Bonner Zeit begegnet Joseph Ratzinger dem Kölner Erzbischof Joseph Kardinal Frings, den er 1962 als Berater und offizieller Konzilstheologe zum Zweiten Vatikanischen Konzil nach Rom begleiten wird.

Joseph Ratzingers Kirchenkarriere beginnt in der noch jungen Bundesrepublik, die in den 1950er- und 60er-Jahren einen Neuanfang wagt, politisch wie gesellschaftlich. Bundeskanzler Dr. Konrad Adenauer (2. v. l.) mit katholischen Würdenträgern, darunter Joseph Kardinal Frings (2. v. r.).

zung mit anderen Konfessionen und Religionen. Peter Kuhn, der Protestant, der dennoch in Ratzingers Vorlesungen ging, bemerkte: „Im Vergleich zu ihm wirkten viele andere Professoren unbeweglich und steif, vor allem den Protestanten gegenüber, eingefahren in ihren Schemata. Er dagegen ging alle Fragen furchtlos an. Er hatte keine Scheu, sich in Neuland vorzuwagen, während andere Professoren die Bahnen ihrer Pedanterie und Selbstgenügsamkeit nie verließen."

Sonntags lud Ratzinger seine Doktoranden aus dem bayerischen und österreichischen Raum, darunter Angulanza und Pfnür, zu sich in seine Privatwohnung in Bad Godesberg, die er inzwischen mit Maria bezogen hatte. Hier wurde man von der Schwester des Professors bewirtet und plauderte über Gott und die Welt im vertrauten Idiom. Joseph wie auch Maria Ratzinger vermissten ihre Heimat und sicherlich fehlte ihnen auch der Kontakt zu den Eltern. Während er sich ja mit geistiger Arbeit beladen und ablenken konnte, hatte sie während der Routine der Haushaltsführung oft ihren Kopf frei, und ihre Gedanken schweiften ab zu den verlorenen Tagen der behüteten Kindheit in der bayerischen Heimat. Sie klagte nicht, aber ihr heimliches Leid bemerkte er doch, und es sollte nicht ohne Konsequenzen bleiben.

Wie weit alte Bande halten, sieht man schon bald: Auf Joseph Ratzinger fällt die Wahl, Kardinal Frings bei seinen Vorbereitungen zum Zweiten Vatikanischen Konzil in Rom als theologischer Berater zu assistieren. Ein Studienfreund aus dem Priesterseminar in Fürstenried, Hubert Luthe, der mit Ratzinger gemeinsam Vorlesungen im Gewächshaus besucht, wie dieser ebenfalls bei Söhngen promoviert hatte und nun Sekretär bei Frings war, machte ihn mit dem Kölner Erzbischof bekannt. So geschah es, dass der erst 35-jährige Professor der Fundamentaltheologie aus Bonn Anfang Oktober 1962 mit Joseph Kardinal Frings und Hubert Luthe im Flugzeug nach Rom saß, wo am 11. Oktober das Konzil feierlich eröffnet wurde. Damit begannen lange Wochen in der Ewigen Stadt, in denen Ratzinger dem Universitätsbetrieb an seiner Fakultät nicht zur Verfügung stand. Umso zahlreicher war dafür die Zuhörerschar, die ins Auditorium Maximum der Bonner Universität strömte, als er dort nach seiner Rückkehr aus Rom am 18. Januar 1963 einen Vortrag über seine Erfahrungen im Konzil hielt. Es war ihm wichtig, dass die Welt „draußen“ darüber auf dem Laufenden gehalten wurde, was in Rom hinter verschlossenen Türen verhandelt wurde. Und so machte Ratzinger Vorträge am Ende einer jeden konziliaren Sitzungsperiode zu einer festen Einrichtung.

Und wieder ein Neuanfang, diesmal in Münster: Joseph Ratzinger, inzwischen Professor für katholische Glaubenslehre an der Universität Münster, während der 4. Session des Konzils am 14. September 1965.

Die herausgehobene Stellung dieses Professors, der schon in jungen Jahren einen Zugang zum innersten Kreis der Kirchenoberen besaß, sowie die Tatsache, dass die Studenten in Scharen in seine Vorlesungen und Seminare strömten, weckten den Argwohn, ja, den Neid von manchem älteren Kollegen. Mehrere von Ratzingers Doktoranden bekamen in der Fakultät Schwierigkeiten, als sie ihre Dissertationen einreichten, etwa der erwähnte Johannes Dörmann. Dies war offenkundig gegen Joseph Ratzingers Auffassung von Theologie gerichtet, und es erinnerte den Professor an das „Drama“ seiner eigenen Habilitation, als Professor Schmaus ihn durchfallen lassen wollte, weil ihm die ganze Richtung der Arbeit nicht gefiel. Doch anders als damals sein Doktorvater Söhngen, der sich gegen Schmaus stellte, zieht Ratzinger es vor, der Auseinandersetzung aus dem Weg zu gehen, und nimmt Anfang 1963 einen Ruf an die renommierte Universität in Münster an. Dort war der Lehrstuhl für Dogmatik frei geworden, der Lehrstuhlinhaber Hermann Volk war zum Bischof von Mainz ernannt worden, nicht ohne den jungen Ratzinger als seinen Nachfolger vorzuschlagen. Hier in Münster sah dieser einen ihm von der „Vorsehung“ gewiesenen Weg, seinen Doktoranden helfen zu können. Außerdem wurde ihm im Freundeskreis zugeraten, den Lehrstuhl zu übernehmen, da die Dogmatik mehr als die Fundamentaltheologie seinen Interessen und seinen bisherigen Forschungsschwerpunkten entsprach. Die Professoren in Bonn äußerten kein Bedauern über Ratzingers Weggang, und als dieser sich am 23. April im Professorenkollegium verabschiedete, glänzten einige Kollegen durch Abwesenheit. Unter den Studenten jedoch wollte sich nicht jeder mit dem Verlust abfinden, und so folgten einige, darunter Roman Angulanza, Vinzenz Pfnür und Hansjürgen Verweyen, ihrem Professor nach Münster.

Mit seiner Schwester Maria bezog Joseph Ratzinger ein Haus in der Annette-von-Droste-Hülshoff-Allee, in der Nähe des Aasees, Angulanza und Pfnür, als seine wissenschaftlichen Hilfskräfte, wurden im ersten Stock untergebracht. In der theologischen Fakultät der Westfälischen Wilhelms-Universität herrschte ein frischer Wind – mit Kollegen, die aktuelle gesellschaftliche Strömungen aufnahmen und ins universitäre Milieu hineintrugen: so etwa Walter Kasper, der spätere Kardinal, und Johannes Baptist Metz, der Begründer der politischen Theologie; Ratzingers Vorgänger auf dem Lehrstuhl, Hermann Volk, wurde als Bischof von Mainz in Rom auf dem Konzil einer der Hauptvertreter des reformorientierten Flügels. Ratzinger fand zudem eine bessere finanzielle Ausstattung als in Bonn vor.

Dennoch vermisste er die Stadt am Rhein mit „ihrer Heiterkeit und ihrer geistigen Dynamik". Zur seelischen Bedrückung dieser Zeit trug auch der Tod der Eltern bei. Der Vater war bereits vier Jahre zuvor, am 25. August 1959, an einem Schlaganfall gestorben, Sohn Joseph sprach in der Rückschau davon, „dass die Welt für mich ein Stück leerer geworden war und dass ein Teil meines Zuhauses in die andere Welt verlegt war". Nun erkrankte auch die Mutter schwer, die Diagnose: Magenkrebs. „Wir haben bei ihr ganz Ähnliches wie bei

Ein Bild des jungen Professors Ratzinger aus dem Jahr 1965 – ein Leben ganz im Dienste Jesu, ob am Lehrstuhl, als Doktorvater oder zuvor als Konzilstheologe.

Vater erlebt", so der Kardinal Ratzinger in seinen *Erinnerungen*. „Ihre Güte war noch reiner und strahlender geworden und leuchtete auch durch die Wochen wachsender Schmerzen unverändert hindurch." An einem Montag im Advent, dem 16. Dezember 1963, nach einem Jahr des Leidens, „schloß sie für immer die Augen, aber das Leuchten ihrer Güte ist geblieben und für mich immer mehr zu einer Verifizierung des Glaubens geworden, von dem sie sich hatte formen lassen. Ich wüsste keinen überzeugenderen Gottesbeweis als eben die reine und lautere Menschlichkeit, in die der Glaube meine Eltern und so viele andere Menschen, denen ich begegnen durfte, hat reifen lassen." Da Anfang 1964 Bruder Georg zum Domkapellmeister in Regensburg und somit zum Leiter der weltberühmten Regensburger Domspatzen berufen wurde, gehörten die Verbindungen nach Traunstein nunmehr der Vergangenheit und der Erinnerung an.

Den Professor Ratzinger sah man, wie ehedem den jungen Kaplan, morgens mit dem Fahrrad zur Arbeit fahren, denn aus dem *Monasterium*, wie Münster im Mittelalter geheißen hatte, war eine regelrechte „Fahrradstadt" geworden. Die Universität war aus der Domschule hervorgegangen, ihre theologische Fakultät war im Aufschwung und wurde zu einer der bedeutendsten, wenn nicht *der* bedeutendsten katholischen Fakultät in Deutschland – und Ratzinger konnte seinen Teil dazu beitragen. Die Zahl der Studenten, die bei ihm promovieren wollten, wurde immer größer. Aber anders als in Bonn schlug dem Konzilstheologen von Kollegenseite her keine Missgunst entgegen. Ratzinger lud auch hier in Münster seine bayerischen und österreichischen Studenten zu sich ein, die Zusammenkünfte fanden passenderweise oft in einem Lokal am Aasee mit dem schönen Namen „Zum Himmelreich" statt.

Jeweils im Herbst der Jahre 1963 bis 1965 ist Ratzinger wieder über viele Wochen abwesend, weil er als Berater von Kardinal Frings auf dem Vatikanischen Konzil weilt. Auch die übrige Zeit des Jahres wird seine Lehrtätigkeit immer wieder von kurzen „Dienstreisen" unterbrochen, zu denen ihn Konferenzen und Sitzungen in Sachen Konzil zwingen. Doch seine Studenten profitieren hiervon, denn der Zurückgekehrte berichtet, wie schon in Bonn, im überfüllten Vortragssaal von der Konzilsarbeit. Außerdem flossen seine vielfältigen Erfahrungen und die Anregungen, die er in Rom durch Gespräche mit anderen Theologen erhält, in seine Vorlesungen und Seminare ein, zu denen übrigens auch Studenten anderer Fakultäten kamen. Vinzenz Pfnür betrieb eine kleine Privatdruckerei, denn aus ganz Deutschland trafen Anfragen nach Mitschriften von Ratzingers Vorlesungen ein, die befriedigt werden wollten.

Ratzingers Ansehen wuchs immer mehr. Alles schien aufs Beste eingerichtet. Aber auch wenn Münster als Stadt unübersehbare Reize besaß, so litt insbesondere Maria doch an der großen Entfernung zur bayerischen Heimat, was ihrem Bruder nicht verborgen blieb. Sie war ihm aufopferungsvoll überallhin gefolgt, um für ihn den Haushalt zu führen und ihm damit den Rücken frei zu halten für seine akademische Tätigkeit – und sie wäre mit ihm vielleicht überall hingegangen. Doch als Joseph Ratzinger 1966 den Ruf auf den zweiten Lehrstuhl für Dogmatik an der Katholisch-Theologischen Fakultät der Universität Tübingen erhielt, sah er den Zeitpunkt gekommen, bei seiner Schwester etwas gutzumachen. Er nahm den Ruf in den Süden ohne zu zögern an. Den Kopf frei für die neue Aufgabe hatte er nun auch, und alle Kräfte standen ihm wieder ungeteilt zur Verfügung, denn das Konzil in Rom war am 8. Dezember 1965 zu Ende gegangen.

Das Ringen um die Kirche auf dem Vatikanischen Konzil

Als der wenige Monate zuvor erst gewählte neue Papst Johannes XXIII. am 25. Januar 1959 ein Allgemeines (im kirchlichen Sprachgebrauch: *Ökumenisches*) Konzil ankündigte, war es eine faustdicke Überraschung. Denn aufgrund seines Alters – er war bereits 78 – hatten ihn viele als einen „Übergangspapst" betrachtet und von seiner Amtszeit nicht sonderlich viel erwartet. Doch das Zweite Vatikanische Konzil sollte Geschichte schreiben und das Gesicht der Kirche entscheidend verändern. Dieses neue Ökumenische Konzil griff Probleme wieder auf, die im Ersten Vatikanischen Konzil (1869/1870) ungelöst geblieben waren. Eines der Hauptprobleme damals war das Verhältnis zwischen päpstlicher und bischöflicher Autorität gewesen. Die Gewichte waren dabei deutlich zugunsten des Papstes verschoben worden. So etwa war das „Unfehlbarkeitsdogma" in Fragen des Glaubens und der Sitte verabschiedet worden, das in der Folgezeit für viele Missverständnisse sorgte und bei vielen Kritikern innerhalb und erst recht außerhalb der katholischen Kirche offene Ablehnung hervorrief. Schon auf dem Konzil waren die Gegner unter den Bischöfen nicht zu besänftigen gewesen, als dieses vorzeitig abgebrochen werden musste, da der Deutsch-Französische Krieg ausgebrochen war und piemontesische Truppen die Ewige Stadt besetzt hatten. Wichtiger als diese immer noch zu beantwortende Frage nach der innerkirchlichen Machtbalance aber schien dem neuen Papst die Herausforderung, wie sich die Kirche bei aller Bewahrung ihrer Glaubensinhalte den Entwicklungen der modernen, sich säkularisierenden Welt stellen sollte und wie ihre Aufgaben für die Zukunft zu umreißen waren, etwa was das Verhältnis zwischen den getrennten Konfessionen betraf oder die Haltung der Kirche zu den sich verändernden gesellschaftlichen Lebensformen.

Ein Vorgänger Benedikts XVI., der das Antlitz der Kirche verändern sollte: Papst Johannes XXIII. Nach dem Tod von Papst Pius XII. am 9. Oktober 1958 wurde Angelo Giuseppe Roncalli am 28. Oktober 1958 als Johannes XXIII. zum neuen Papst gewählt und am 4. November 1958 feierlich gekrönt.

Johannes XXIII. hat für diesen Vorstoß den Begriff *Aggiornamento* geprägt (von ital. aggiornare = auf den heutigen Stand bringen). Fünf Jahre wurde das Zweite Vatikanische Konzil vorbereitet, bis der inzwischen fast 83-jährige Papst schließlich am 11. Oktober 1962 vor den Bischöfen, Kardinälen sowie Ordensoberen der ganzen katholischen Welt in Rom mit den Worten „Gaudet mater Ecclesia (die Mutter Kirche freut sich)“ seine Eröffnungsansprache begann. Fünf Jahre waren vergangen, in denen vorbereitende Gremien die infrage stehenden Probleme bereits abgehandelt und in *Schemata* gefasst hatten (so werden Entwürfe für Dekrete, die auf Konzilien beraten werden, genannt), welche nun bloß noch per Akklamation im Petersdom verabschiedet werden sollten. Das Bollwerk gegen den berüchtigten „Modernismus“ und die überkommenen inneren Strukturen der Kirche sollten auf diese Weise verfestigt werden und über jeglichen etwaig aufkommenden Widerstand sollte eilig hinweggegangen werden. Doch hatte die Römische Kurie diese Rechnung ohne Theologen wie Joseph Ratzinger gemacht, die entscheidend dazu beitragen sollten, den ganzen Ablauf des Konzils auf den Kopf zu stellen.

Zwei Tage nach der Eröffnungsmesse fand die erste Konzilssitzung statt – und sie begann mit einem Eklat. Der die Sitzung leitende Generalsekretär, Pericle Felici, legte den anwesenden 2.500 Konzilsvätern Listen vor, auf denen diese die Mitglieder von zehn Konzilskommissionen wählen sollten – diese wiederum sollten die Entwürfe der Konzilsdokumente vorbereiten, über die dann die Generalversammlung zu befinden hätte. Doch die darauf vorgeschlagenen Namen, von der Römischen Kurie ausgesucht, waren den meisten der Anwesenden gar nicht bekannt. Generalsekretär Felici verlangte eine augenblickliche Abstimmung, offenkundig um die vorbereiteten Listen „durchzudrücken“ und dem Konzil von vornherein die gewünschte Richtung zu geben. Doch dann erhob sich – gegen die Geschäftsordnung – der dem reformorientierten Flügel der Versammlung zugehörige Erzbischof von Lille, Kardinal Liénart, von seinem Platz und bekundete erregt auf Italienisch (statt des gebotenen Lateins!) seinen Protest unter dem ungehörigen lauten Applaus der

Papst Johannes XXIII. eröffnet im Oktober 1962 mit einem Gottesdienst im Petersdom das Zweite Vatikanische Konzil, das zur Öffnung und Erneuerung der Kirche führen sollte. Im Jahr 2000 wurde er von Papst Johannes Paul II. seliggesprochen.

Durch seinen „Protest“ nimmt das Konzil eine Wendung: der französische Kardinal von Lille, Achille Liénart (l.), hier bei einem Gespräch am Rande des Zweiten Vatikanischen Konzils im November 1963 mit dem italienischen Kardinal von Bologna, Giacomo Kardinal Lercaro (r.).

Joseph Kardinal Frings konnte auf die Denkanstöße Joseph Ratzingers bei der Konzilsvorbereitung bauen. Büste des bei der gesamten Bevölkerung Kölns hochverehrten Kardinals Frings in der Kölner Innenstadt.

versammelten Väter – was gleich zwei weitere Regelverstöße innerhalb von Augenblicken waren. Sodann trat der halb blinde Kardinal Frings ans Mikrofon und verlangte – auch im Namen der Erzbischöfe von Wien und München, der Kardinäle Franziskus König und Julius Döpfner – eine Vertagung der Abstimmung und somit die Möglichkeit, einander auf dem Konzil erst mal persönlich kennenzulernen. Die Geschäftsordnung war damit aus den Angeln gehoben – ein Verdienst nicht zuletzt auch eines anwesenden Theologen, dessen Namen in der Römischen Kurie noch kaum einer kannte: Joseph Ratzinger. Der Erzbischof von Köln war von diesem jungen Berater dazu ermuntert und darin bestärkt worden, sein Gewicht gleich zu Anfang des Konzils in die Waagschale zu werfen, um dem Verlauf der Zusammenkunft eine offene, nicht von der Kurie vorbestimmte Richtung zu geben. – Und Johannes XXIII. begrüßte diesen Vorstoß der „Rebellen" Liénart, Frings & Co. sogar! Zu Kardinal Liénart sagte er: „Sie haben gut daran getan, ganz laut zu sagen, was Sie denken, denn dazu habe ich die Bischöfe zum Konzil einberufen." Er gewährte der Versammlung drei Tage des Nachdenkens und gegenseitigen Kennenlernens.

Welches war denn das „Gewicht", das Joseph Kardinal Frings in die Waagschale hatte werfen können? Er war eine rheinische Frohnatur und im Volk überaus beliebt. Zu seinem Ansehen trug auch bei, dass er sich den Nazis nicht gebeugt hatte; er hatte noch 1944 unter Lebensgefahr gegen die Judenmorde gepredigt und vom linientreuen Oberbürgermeister von Köln einst einen Glasaschenbecher an den Kopf geworfen bekommen, was ihm eine bleibende Narbe eintrug – durchaus ein furchtloser Mann. Er war seit Jahren Vorsitzender der Deutschen Bischofskonferenz, hatte die Hilfswerke *Misereor* und *Adveniat* gegründet und – noch wichtiger – er besaß einen Sitz in der zehnköpfigen Zentralen Vorbereitungskommission, die dem Konzil zuarbeitete. Hier hatte er schon seit Längerem bemerkt, woher der Wind wehte, und in intensiven Gesprächen mit gleichgesinnten Bischöfen und seinen Beratern, darunter Ratzinger, eine Strategie überlegt, wie man dieses Konzil angehen sollte.

Wie gesagt, war Ratzinger dem Kardinal von dessen Sekretär Luthe vorgestellt worden. Richtig aufmerksam wurde Frings auf den jungen Professor aus Bonn aber, als er einen Vortrag Ratzingers in der Katholischen Akademie in Bensberg besuchte, in dem dieser seine Vorstellungen davon umriss, was von einem künftigen Konzil zu erwarten sei. Das Konzil, so Ratzinger, dürfe weder auf eine „streng papale Konstruktion" zugunsten einer übermäßigen päpstlichen, „monarchischen" Autorität reduziert werden – noch sei die Generalversammlung als ein „Parlament“ und die Bischöfe als „Abgeordnete“ misszuverstehen, die ihre Vollmacht vom Volk beziehen. Das Konzil sei auch nicht die Kirche selbst, wie es hingegen jede Eucharistiefeier sei, sondern „nur ein bestimmter Dienst in ihr“, eine „beratende und beschließende Versammlung“ mit „Ordnungs- und Gestaltungsfunktion“.[11] Dem kirchlichen Machtzentrum in Rom las der bayerische Professor dagegen die Leviten: Man müsse der Kirche vorwerfen, „dass sie in einem Zuviel an Sorge mitunter viel verlautbart, zu viel normiert, dass so manche Normen wohl eher dazu beigetragen haben, das Jahrhundert dem Unglauben zu überlassen, als es davor zu retten, dass sie mit anderen Worten mitunter zu wenig Vertrauen in die sieghafte Kraft der Wahrheit setzt, die im Glauben lebt; dass sie sich hinter äußeren Sicherheiten verschanzt, anstatt der Wahrheit zu vertrauen, die in der Freiheit lebt und solche Bemühungen gar nicht nötig hat“. Diese in wohlgesetzten Worten vorgebrachte Kritik an der Überreglementierung durch den Papst und die Römische Kurie begeisterten den Kölner Erzbischof, der seine eigenen Ansichten so genau wiedergegeben fand, als hätte er sie selbst niedergeschrieben.

Er lud den jungen Theologen ein, ihn als Berater auf das Konzil zu begleiten; und da der Kardinal aufgrund einer Erkrankung langsam sein Augenlicht verlor, bat er ihn, ihm Vorlagen für seine Reden zu schreiben. Das erste Ergebnis dieser Zusammenarbeit war ein Vortrag, den Frings am 19. November 1961 in Genua hielt[12] und in den vieles von dem einfloss, was Ratzinger in Bensberg vorgetragen hatte. Der Vortrag erregte in der katholischen Kirche so großes Aufsehen, dass Johannes XXIII. nicht umhin konnte, den Kardinal einzubestellen. Frings befürchtete schon, dass sein letztes Stündlein als Erzbischof von Köln geschlagen hatte – doch zu seiner

Ein Heiliger Vater, der die Römische Kurie immer wieder überrascht: Johannes XXIII. zeigte sich den Neuerern auf dem Konzil aufgeschlossen und war um Ausgleich bemüht.

Überraschung umarmte ihn der Papst herzlich und rief aus: „Lieber Kardinal, Sie haben all das ausgesprochen, was ich auch denke, aber selbst nicht sagen konnte!“ – Frings konnte sich also schon frühzeitig der Rückendeckung von höchster Stelle auf dem Konzil gewiss sein, so, wie es sich dann auch bestätigte – und die tonangebenden Mitglieder der Römischen Kurie durften sich über die Sinnesverfassung ihres „Dienstherrn“ gründlich getäuscht sehen: Sie hatten offenbar gemeint, der gutmütige und um Ausgleich bemühte Heilige Vater würde willfährig ihren geschickt ausgeführten Plänen folgen. Doch agierte dieser „ausgleichender“ als erwartet und erleichterte es den Neuerern in der Generalversammlung, ihren Zielen näher zu kommen. Der Jesuit Karl Rahner, ein herausragender Theologe, der den Wiener Erzbischof Franz König auf dem Konzil begleitete, urteilte über Johannes XXIII., dieser sei „vom geschichtlichen Zufall“ oder „von der Vorsehung Gottes benutzt worden“.

Die Gläubigen in aller Welt und die internationale Presse verfolgten mit großem Interesse das Konzil: Kardinal Joseph Frings (r.) im Juni 1963 auf dem Petersplatz, umringt von Pressefotografen, mit Kurienkardinal Augustin Bea (l.).

Konzilskollegen, deren Wege des Glaubens im Laufe der Jahre in verschiedene Richtungen führten: Karl Rahner (l.) und Joseph Ratzinger während der zweiten Sitzungsperiode der Vollversammlung der gemeinsamen Synode der Bistümer der BRD in Würzburg im Mai 1972.

Das Konzil nahm also einen neuen Beginn. Besonders auf Seiten der Bischöfe und Theologen aus dem deutsch- und französischsprachigen Raum war das Bestreben groß, die vor Konzilsbeginn formulierten Textentwürfe zurückzuweisen und Gegenentwürfe vorzuschlagen. Es wurde beschlossen, sich als Erstes mit dem Thema Liturgie zu beschäftigen – einerseits ein Thema, von dem man sich keine große Brisanz erwartete und das darum geeignet schien, als „Probelauf" für die weitere Arbeit auf dem Konzil zu fungieren, andererseits ein Thema, das gerade Joseph Ratzinger am Herzen lag. Bis zu diesem Konzil wurde die Messe in lateinischer Sprache abgehalten, der Priester stand am Altar von der Gemeinde abgewandt und murmelte Worte vor sich hin, die kaum einer verstand. Das Ganze lief sehr formelhaft ab und ließ den versammelten Gläubigen wenig Raum für wirklich empfundene innere Anteilnahme. Wenn die Kirche wieder stärker den Zugang zu den Menschen finden wollte, musste sich hier dringend etwas ändern. Denkbar war, es den Landeskirchen zu überlassen, die Liturgie in der Sprache des Volkes abzuhalten. Joseph Ratzinger wird hier so dankbar wie wehmütig an sein Kinder-Missale gedacht haben, dessen deutsche Übersetzung ihn erst den Sinn all dessen hatte begreifen lassen, was der Priester der Gemeinde vortrug. Manchem „Betonkopf" jedoch kam die Vorstellung einer volkssprachlichen Liturgie wie ein Generalangriff auf die lateinische Kirche vor.

Auch das von der Vorbereitungskommission unter der Leitung des konservativen Kardinals Alfredo Ottaviani ausgearbeitete Schema zu den Quellen der Offenbarung wurde bereits auf der ersten Konzilssitzung zurückgewiesen und eine Neuerarbeitung verlangt. Federführend sollten hierbei Joseph Ratzinger sowie Karl Rahner sein, den der Theologe aus Marktl bereits zu Ostern 1956 auf einer Tagung persönlich kennengelernt hatte. In gleicher Weise wurde nun Schema um Schema neu zur Verhandlung gebracht und aus der Mitte der Bischofsversammlung mit der Hilfe fachkundiger Theologen jeweils ein alternatives Textdokument erstellt. Doch kamen die Verhandlungen zwischen den Fraktionen unter den Bischöfen nur sehr schleppend voran. Im konservativen Lager agierten Kardinäle wie der erwähnte Ottaviani, Chef des Heiligen Offiziums – und damit Vorgänger des späteren Präfekten der Glaubenskongregation Ratzinger –, die Kardinäle Ernesto Ruffini (Palermo) und Giuseppe Siri (Genua) sowie der französische Erzbischof Marcel Lefebvre, der jede Liturgiereform ablehnte und der später die Priesterbruderschaft St. Pius X. gründen und mit der Glaubenskongregation in Konflikt geraten sollte. Die genannten reformorientierten Kardinäle, zu denen auch Kardinal Giovanni Battista Montini gehörte, der spätere Papst Paul VI., wurden insbesondere dadurch gestärkt, dass ihnen die namhaftesten und begabtesten Theologen zur Seite standen: neben Ratzinger und Rahner auch Hans Küng, als Berater des Rottenburger Bischofs Carl-Joseph Leiprecht, sowie Henri de Lubac, Yves Congar, Edward Schillebeeckx und andere, die die theologischen Debatten des 20. Jahrhunderts anführten. Diese Stärke der Reformorientierten nahm die konservative Seite schmerzlich wahr.

Im Oktober 1963, zu Beginn der zweiten Sitzungsperiode, unternahm die Kurie den Versuch, mit einem Federstrich einen mühsam ausgehandelten Kompromiss über die Leitungsbefugnisse in der Kirche auszuhebeln und für nichtig zu erklären, da er nicht mit der Glaubenslehre zu vereinbaren sei – ein offenkundig vorgeschobenes Argument, um die Niederlage in der vorangegangenen Diskussion auszuradieren. Konzilsteilnehmer aus aller Welt fühlten sich an der Nase herumgeführt und entmündigt. Am 8. November ging Kardinal Frings vor versammeltem Auditorium zum direkten Angriff über. Er erhob sich von seinem Platz und verkündete in der offiziellen Konzilssprache Latein: „Ich frage, ob die fast einhellige Zustimmung der Konzilsväter einfach für nichtig erachtet werden kann. Nach meinem bescheidenen Urteil haben die Konzilskommissionen nicht die Aufgabe, nach der Diskussion in der Aula ein neues Konzept vorzulegen, so als ob sie allein im Besitz der Wahrheit wären, die den Übrigen verborgen ist. Sondern da die Kommissionen Instrumente der Generalversammlung sind, besteht ihre Aufgabe meines Dafürhaltens darin, die Auffassung und den Willen der Konzilsväter herauszufinden und umzusetzen.“ – Diese Gedanken entsprachen eins zu eins der Auffassung Ratzingers über die Funktion des Konzils, der in diesem ein

Er geht den Weg seines Vorgängers weiter: Papst Paul VI. bei der Eröffnung der 3. Sitzung des Zweiten Vatikanischen Konzils am 4. Dezember 1963; links der damalige Präfekt der Glaubenskongregation Alfredo Ottaviani.

Papst Paul VI. erhebt am 26. Juni 1967 in Rom den polnischen Erzbischof Karol Wojtyla, den späteren Papst Johannes Paul II., in den Kardinalsstand. Joseph Ratzinger hatte während des Konzils seinen späteren Förderer kennengelernt.

Instrument der Willensbildung im Dienste der Kirche sah. Die Kardinäle der Gegenseite mussten es als gegen die Institution der Kurie vorgetragenen Angriff sehen, denn wenn der Papst als Stellvertreter Christi auf Erden galt und das gesamte Bischofskollegium in der Nachfolge der Apostel und der Jünger Jesu stand, dann konnte die bürokratische Behörde der Römischen Kurie keinen Sonderstatus für sich beanspruchen und gemeinsam gefasste Beschlüsse per Dekret wieder vom Tisch fegen. Das Heilige Offizium, so Frings weiter in seinem Protest, überschreite oft seine Befugnisse, und dies auf nicht mehr zeitgemäße Weise, ohne den jeweiligen Angeklagten genügend anzuhören, zum Schaden der Kirche. Dies war der endgültige Wendepunkt im Zweiten Vatikanischen Konzil. Denn auch wenn Kardinal Ottaviani, gegen den die Rede offen gerichtet war, wutschnaubend darauf hoffen mochte, dass Frings nach diesem Angriff vom Papst gemaßregelt würde – so dachte dieser nicht daran. Es war am 21. Juni 1963 ein neuer Papst gewählt worden, nachdem Johannes XXIII. zwischen der ersten und zweiten Sitzungsperiode am 3. Juni 1963 verstorben war – Kardinal Martini, der Reformen nicht abgeneigt war, hatte als Paul VI. den Heiligen Stuhl bestiegen und schon mit dieser Namenswahl eine weltoffene Haltung signalisiert. Es war bemerkenswert, dass Paul VI. das Konzil fortführte, was keineswegs selbstverständlich war, und es zeigte, dass er die Zeichen der Zeit erkannt hatte und den Weg der Veränderung von innen her, den Johannes XXIII. angetreten war, weitergehen wollte. Seine Reaktion auf den Angriff auf die Machtdünkel der Kurie war: Er lud Frings zu sich ein und gratulierte ihm zu seiner Rede. Und er zog nach Beendigung des Konzils weitreichende Konsequenzen, die eine Öffnung Roms nach außen bedeuteten: Die Verwaltung wurde einer Neuordnung unterzogen, die alte, mächtige Inquisitionsbehörde, das Heilige Offizium, wurde in die den anderen Kongregationen gleichgestellte Glaubenskongregation umgewandelt. Außerdem rief Paul VI. das neue kollegiale Organ der Bischofssynode ins Leben, eine direkte Vertretung der Bischöfe der ganzen Welt, das den Oberhirten ein größeres Gewicht verlieh.

Das Zweite Vatikanische Konzil hat in der katholischen Kirche vieles verändert. Das Verhältnis zwischen Papst und Bischofskollegium wurde besser ausbalanciert. Andere christliche Gemeinschaften als die katholische wurden als Kirchen anerkannt und der Wille zur ökumenischen Öffnung deutlich gemacht. Die Funktion der Laien wurde gestärkt. Und eine Liturgiereform gestattete nun den volkssprachlichen Gottesdienst. Eine der wichtigsten Errungenschaften, die hier noch nicht genannt worden ist, betrifft die Religionsfreiheit. In der Diskussion hierüber lernte Ratzinger den Krakauer Erzbischof Karol Wojtyla kennen, der als Papst Johannes Paul II. sein Förderer werden sollte. Beide waren sich auf Anhieb sympathisch. Frings und Ratzinger hatten den totalitären Staat erlebt, der seine Ideologie an die Stelle der

Religion setzen wollte. Und Wojtyla agierte unter den schwierigen Bedingungen eines kommunistischen Regimes. Alle drei waren sich einig darin, dass der Staat sich nicht in Religionsbelange zu mischen habe und dass der Staat weder Religion verbieten noch sie verordnen dürfe. Sie setzten sich gegenüber Kardinälen, die für eine Religionspflicht plädierten, durch.

Nicht allein für die Kirche, auch für die am Konzil Teilnehmenden war das Vaticanum II ein bedeutendes Ereignis, das viele persönliche Begegnungen ermöglichte. Es ließ neue Freundschaften entstehen, so wie es auch Differenzen deutlich zutage treten ließ. Die Wege mancher der Teilnehmenden führten weiter in Richtung Erneuerung und Öffnung zu modernen Lebensformen, so bei den Theologen Küng und Rahner, andere mussten schon bald feststellen, dass das Pendel der Erneuerung nach ihrem Dafürhalten zu weit ausgeschlagen hatte. So bei Joseph Ratzinger. Obzwar er manche spätere „Übertreibung“ und Konzession an das moderne Lebensgefühl dann beklagte, so kann sein Anteil an den Ergebnissen nicht hoch genug eingeschätzt werden, auch wenn er sich, danach befragt, später sehr bescheiden gab. Ratzingers Beiträge waren durchweg fundiert und immer auf den Kern eines Problems gerichtet. Unter seinen Kollegen wurde er sehr geschätzt, ein Wort des französischen Theologen Yves Congar während des Konzils hierzu mag genügen: „Zum Glück gibt es Ratzinger. Er ist vernünftig, bescheiden, unvoreingenommen, eine große Hilfe“[13], schrieb er in sein Notizbuch. Vielleicht lag es gerade an dem immensen Beitrag des Theologen aus Marktl, dass er später, mit Kardinalswürde bekleidet, seine Bedeutung herunterspielte. Wenn er in den Sitzungspausen von Rom nach Münster und Bonn zurückkehrte, stellte er unter den Theologen schon bald eine immer stärker werdende Tendenz fest, alles, was eben noch festgefügt gewesen war, zu hinterfragen, es verbreitete sich in Deutschland der Eindruck, „dass alles zur Revision stehe“. Das, wovor er noch vor dem Konzil gewarnt hatte, geschah: „Immer mehr erschien das Konzil wie ein großes Kirchenparlament, das alles ändern und alles auf seine Weise neu gestalten könne.“ Die Generalkongregation der Bischöfe als Abgeordnetenhaus und die Entscheidungen dem Mehrheitsbeschluss unterworfen. – Und Ratzinger sah eine Erosion der bischöflichen Autorität: „Wenn die Bischöfe in Rom die Kirche, ja, den Glauben ändern können (so schien es ja!), warum eigentlich nur die Bischöfe?“ Die Aussicht auf eine „Kirche von unten“, wie sie bald auch laut in der Gesellschaft propagiert wurde, erschreckte ihn, denn diese bedeutete für ihn, der Beliebigkeit Tür und Tor zu öffnen. In Tübingen sollte er den neuen Geist mit aller Wucht kennenlernen.

Joseph Ratzinger sah das Konzil als ein Instrument der Willensbildung im Dienste der Kirche und nicht im Sinne eines „Kirchenparlaments“. Die bischöfliche Autorität zu wahren, war auch als Papst Benedikt XVI. sein Anliegen. Am 11. Oktober 2012 feierte der Pontifex zum 50. Jahrestag des Zweiten Vatikanischen Konzils eine feierliche Messe auf dem Petersplatz.

Tübinger Begegnungen

„Christentum zu herabgesetzten Preisen"

Hans Küngs Einfluss als Dekan der Katholisch-Theologischen Fakultät in Tübingen ist es zu verdanken, dass Joseph Ratzinger, seit dem Konzil der „Star" unter den Theologen in Münster, der zweite Tübinger Lehrstuhl für Dogmatik angeboten wurde (den ersten hatte Küng selbst inne). Die beiden hatten sich 1957 auf einer Dogmatikertagung in Innsbruck kennengelernt und waren einander erneut als Konzilstheologen begegnet. Sie schätzten einander, auch wenn ihnen mehr oder weniger bewusst war, dass sie nicht ganz auf einer Linie lagen. Vielleicht war gerade dies für den liberalen Geist Hans Küng ein Grund, den ein Jahr älteren Kollegen aus Münster zu holen. Ratzinger bedeutete für die Studenten eine Bereicherung in der theologischen Bandbreite der Fakultät, und nicht zuletzt wertete er mit seiner Anwesenheit die Bedeutung der Fakultät gehörig auf. In allen Doppelporträts der beiden ist darauf hingewiesen worden, wie unterschiedlich sie in Auftreten und Charakter waren: hier der sich elegant gebende, fast schon mondän auftretende, temperamentvolle Schweizer, der im schicken Alfa Romeo zur Universität brauste, dort der zurückhaltende Bayer, in schlichtem Gewand gleich als „Professor" zu erkennen, der zur Fakultät radelte oder die öffentlichen Verkehrsmittel nahm. Oft ergänzten sie sich gut: Auf dem Konzil hatte der eine den anderen gelegentlich um Rat und Mithilfe gebeten, und im Jahr 1964 hatten sie gemeinsam mit anderen Konzilstheologen die Zeitschrift *Concilium* gegründet. In Tübingen nun hielt jeweils einer von ihnen die dogmatische Hauptvorlesung, während der andere die begleitende Übung übernahm. Jeden Donnerstagabend trafen sie sich zum gemeinsamen Abendessen, um Angelegenheiten der Fakultät zu besprechen.

Der Theologe, Priester und katholische Religionswissenschaftler Hans Küng 1973 an der Universität in Tübingen. 1979 wurde dem als „Kirchenrebell" geltenden Küng aufgrund seiner Kritik an der Kirche die kirchliche Lehrbefugnis entzogen.

Ratzingers Vorlesungen fanden wie auch in Bonn und Münster bei den Studenten großen Anklang. Sein Enthusiasmus als Lehrer, seine Offenheit für die Fragen der modernen Zeit, seine klare und gleichzeitig poetische Sprache hinterließen bei seinen Zuhörern einen nachhaltigen Eindruck. Seine Seminare waren so gefragt, dass die Interessenten zuerst eine Zulassungsprüfung in Griechisch und Latein bestehen mussten, um teilnehmen zu dürfen. Ratzinger sammelte in den Tübinger

Die Situation an der Universität Tübingen wird für Joseph Ratzinger in den Zeiten der Studentenproteste – auch im Hinblick auf den dort lehrenden Ernst Bloch – immer schwieriger. Bloch im April 1968 während einer Vietnam-Demonstration in Stuttgart. Zusammen mit den Philosophen T. W. Adorno und M. Horkheimer hatte dieser Ende der 60er-Jahre großen Einfluss auf die Studentenbewegung.

Jahren einen festen Kreis von Mitarbeitern um sich: Seine Assistenten wurden hier der schon erwähnte Peter Kuhn, der in Bonn sein Schüler gewesen und der 1963 unter dem großen Eindruck, den der Professor auf ihn machte, zum Katholizismus konvertiert war, sowie der Österreicher Siegfried Wiedenhofer.

Im Sommersemester 1967 verwirklichte Ratzinger ein Projekt, das er schon seit Jahren vor Augen hatte und für das er nun die Zeit gekommen sah: eine Vorlesungsreihe, die nicht nur für Theologiestudenten gedacht war, sondern für Hörer aller Fakultäten und auch für Interessenten von außerhalb der Universität. Das Ergebnis dieser Vorlesungsreihe, zu der neben Studenten genauso Priester, Ordensangehörige wie auch einfache Gläubige kamen, wurde zu einem der größten Buchbestseller Joseph Ratzingers, die *Einführung in das Christentum*, allein in Deutschland zehntausendfach gelesen und in über 20 Sprachen übersetzt. Ratzinger erläuterte darin die geistigen Grundlagen des Christentums anhand des Apostolischen Glaubensbekenntnisses. Ausgangspunkt für ihn war die „bedrängende Macht des Unglaubens", die von der modernen Welt offenkundig Besitz nahm. Er vergleicht den Theologen, der zu den Menschen über den Glauben sprechen will, mit dem Clown aus einer Gleichniserzählung Kierkegaards. In dieser Geschichte war ein Reisezirkus in Dänemark in Brand geraten.

Der Clown war ins Dorf gerannt, um Hilfe zu holen. Aber die Dorfbewohner hielten das Geschrei des Clowns nur für etwas, das zu seiner Nummer gehörte, sie applaudierten ihm und lachten Tränen. Der Clown bemühte sich vergebens, die Leute davon zu überzeugen, dass es wirklich brenne – bis das Feuer auch auf das Dorf übergriff und alle Häuser vernichtete. Dies sei die Situation des Theologen: „Er wird in seinen Clownsgewändern aus dem Mittelalter oder aus welcher Vergangenheit auch immer gar nicht ernst genommen. Er kann sagen, was er will, er ist gleichsam etikettiert und eingeordnet durch seine Rolle.“ Doch es sei nicht damit getan, wenn der Clown, so Ratzinger mahnend, sich umkleiden würde, wie es manche Theologen glaubten, sich in das „Zivil einer säkularen Sprache und eines religionslosen Christentums zu stecken“, um dann die Menschen besser zu erreichen. Der „geistige Kostümwechsel“ würde das Problem nicht lösen. Ratzinger dagegen unternimmt in seinem Buch den Versuch, den „authentischen“ Glauben an Gott auf seine Wurzeln zurückzuführen und ihn für unsere Zeit neu verständlich zu machen, ohne ihn durch willkürliche Interpretation und Abweichung von den Quellen der Offenbarung umzubiegen, wie manche es in der Kirche tun zu müssen meinten. Das Buch ist ein erstrangiges Dokument dessen, wie Ratzinger Glauben auffasste und wie er das im Zweiten Vatikanischen Konzil Erreichte verstand, und es ist gleichzeitig eine Reaktion auf Entwicklungen in der Kirche der Nachkonzilszeit, die er als verfehlt ansah.

Reformen, die auf dem Konzil in Rom für die Kirche gefordert wurden, klagen die Studenten bald auch lautstark in vielen europäischen Ländern für die ganze Nachkriegsgesellschaft ein. Studenten im November 1967 an der Universität Hamburg – der Spruch sollte zur Protestparole einer ganzen Generation werden.

Bereits am 25. Juli 1966 hatte der Konzilstheologe auf dem Bamberger Katholikentag einen Vortrag gehalten, in dem er davor warnte, im Geiste eines missverstandenen Konzils Zumutungen, die der Glaube für den Einzelnen bereithält, nach Belieben wie Ballast über Bord zu werfen und am Ende bei einem „Christentum zu herabgesetzten Preisen" herauszukommen. Der Unfassbare – Gott – sei in dem Menschen Jesus fassbar geworden, und daher könnte „eine Weltzuwendung der Kirche, die ihre Abwendung vom Kreuz darstellen würde, nicht zu einer Erneuerung der Kirche, sondern nur zu ihrem Ende führen". Für Ratzinger wurde die nachkonziliare Verirrung am augenfälligsten in der Liturgie, dem Bereich also, wo die vermeintliche Erneuerung in der alltäglichen Glaubenspraxis zutage tritt. Die auf dem Konzil beschlossene Liturgiereform führte dazu, dass Priester in der Liturgie nach eigenem Ermessen Änderungen vornahmen und dabei allerlei Formen des Gottesdienstes entwickelten, mit denen sie ihre „Zielgruppen" – etwa die jungen Leute – besser zu erreichen meinten, wobei Rock- oder Gospelmusik noch die harmlosesten „Zutaten" darstellten. Diese Willkür gegenüber der langen Tradition der Liturgie war für Ratzinger nicht hinnehmbar, auch wenn er auf dem Konzil selbst für Reformen gekämpft hatte; Änderungen durften nur geschehen, um die liturgische Sprache für die Gläubigen verständlicher zu machen, nicht aber um etwas einzubauen, was gerade Mode war und was die „Begegnung mit dem Mysterium, das nicht unser Produkt, sondern unser Ursprung und die Quelle unseres Lebens ist", nur verdunkelte.

Die Unterschiede zwischen Ratzinger und anderen Theologen an der Tübinger Fakultät, darunter Küng, traten immer deutlicher hervor. Während sich Ratzinger weiter als theologischer Lehrer gab, sich eng

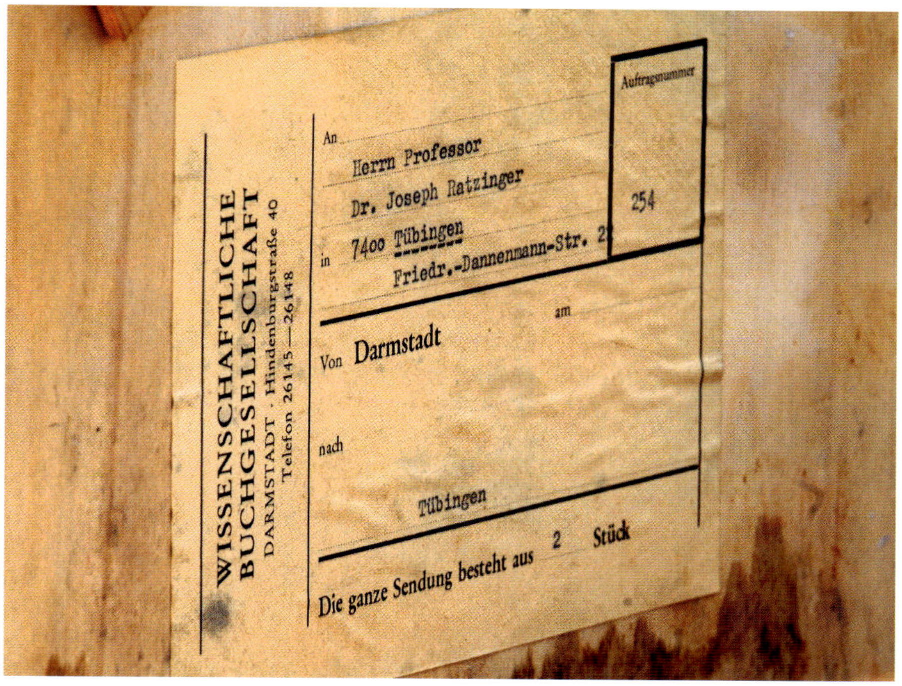

Erinnerung an die bewegten Tübinger Jahre: ein Regal mit der alten Adresse aus Professorenzeiten, aufgenommen im April 2005 vor dem ehemaligen Apartment Kardinal Ratzingers. Als neu gewählter Papst, Benedikt XVI., sollte er nun in seine Wohnung im Vatikan umziehen.

an die Überlieferung der Kirche anlehnte, wie er sie verstand, und präzise mit Heiliger Schrift und den Kirchenvätern arbeitete, trug der Schweizer mit reformerischem Eifer Attacken gegen Rom vor. Küng hatte selbst in der Ewigen Stadt studiert und im päpstlichen Kolleg für theologische Elitestudenten gewohnt, seinen Groll gegen die dortigen Verhältnisse hatte er danach aber mit nach Deutschland genommen und konnte sich nie von ihm befreien. Daraus erklärt sich für viele Biografen seine Aggressivität gegen Papst und Kurie. Ratzinger dagegen hatte seine Kritik am römischen Zentralismus stets mit leisem, wenn auch bestimmtem Ton vorgetragen und war vor allem um Ausgleich bemüht. Nach vorn zu stürmen und die Klingen zu kreuzen, wie ein Küng es tat, war seine Sache nicht. So wahrte er zu seinen Kollegen in der Theologischen Fakultät kritische Distanz, vermied jedoch jede offene Auseinandersetzung. Dann aber brach auch noch die 68er-Bewegung über Tübingen herein.

Die Protestbewegung der 60er-Jahre, nach ihrem Höhepunkt im Jahr 1968 benannt, war durch mehrere Strömungen in der Gesellschaft gekennzeichnet: darunter vor allem der Protest gegen den Krieg der Amerikaner in Vietnam, die Infragestellung vorgegebener Autoritäten („Unter den Talaren der Muff von tausend Jahren!“), die Frage nach der Schuld der Vätergeneration im Dritten Reich, der Kampf für die Rechte von Minderheiten (unter anderem Black-Power- und Schwulenbewegung), der Einsatz für mehr sexuelle Freiheiten und der Kampf für die Rechte der Frauen (Emanzipationsbewegung). Zentren des Protests im Westen Deutschlands waren die Universitäten mit den Hochburgen Frankfurt am Main und Berlin, wo die Bewegung ihren ersten Märtyrer bekam, als im Juni 1967 der Student Benno Ohnesorg auf einer Demonstration gegen den Besuch des Schahs von Persien von einem Polizisten erschossen wurde. In Tübingen war die protestantische Fakultät, die im selben Gebäude wie die katholische in der Liebermeisterstraße untergebracht war, eine der Zentralen der neomarxistischen Bewegung. Verwundert stellte Ratzinger fest, dass die theologischen Fakultäten kein „Bollwerk gegen die marxistische Versuchung“ waren, sondern das Gegenteil war der Fall: „Sie wurden zum eigentlichen ideologischen Zentrum.“ Dazu trug in Tübingen sicherlich bei, dass Ernst Bloch hier an der philosophischen Fakultät lehrte, der Autor des umfangreichen Werks *Das Prinzip Hoffnung*, in dem das Hoffnungskonzept aus dem christlich-jüdischen Messianismus auf säkulare Weise umgemünzt wurde.

Ein Theologe vom Schlage Ratzingers konnte nicht damit einverstanden sein, „daß die religiöse Inbrunst beibehalten, aber Gott ausgeschaltet und durch das politische Handeln des Menschen ersetzt wurde“. An die Stelle Gottes trat im Neomarxismus die Partei, so beschrieb es Rat-

Hans Küng 1992 im Gespräch mit dem Paderborner Theologen Eugen Drewermann (r.). Dem ebenfalls der Kirche kritisch gegenüberstehenden Drewermann wurde neben dem Entzug der Lehrbefugnis 1992 die Ausübung des Priesteramts verboten.

zinger später als Präfekt der Glaubenskongregation, „und damit ein Totalitarismus einer atheistischen Anbetung, die ihrem falschen Gott alle Menschlichkeit zu opfern bereit ist". Und dann beschrieb der Kardinal aus seiner Sicht das Diskussionsklima jener Zeit: „Ich habe das grausame Antlitz dieser atheistischen Frömmigkeit unverhüllt gesehen, den Psycho-Terror, die Hemmungslosigkeit, mit der man jede moralische Überlegung als bürgerlichen Rest preisgeben konnte, wo es um das ideologische Ziel ging." Ratzinger hatte aber auch Sympathie für die Proteste der Studenten und bemühte sich zu verstehen, worum es ihnen – jedenfalls den meisten unter ihnen – ging. Es ist typisch für ihn, dass er nicht ignorierte und verächtlich machte, was um ihn herum vorging, sondern es im Gegenteil in seinen Vorlesungen aufgriff und sich mit den Argumenten der marxistischen Kritik auseinandersetzen wollte. Dennoch oder gerade deshalb wurde er mit erheblichen Störungen seiner Veranstaltungen konfrontiert, mit Zwischenrufen, Sitzblockaden, Belagerungen seines Pults, die einen ordentlichen Ablauf unmöglich machten. Ratzinger kam mit seinen sachlich vorgetragenen theologischen Argumenten immer weniger durch, seine leise Stimme ging im Protestgeschrei unter. Für orthodoxe Marxisten stand der Professor sowieso auf der „falschen" Seite und repräsentierte etwas, das ganz und gar abgeschafft gehörte. Manchmal wurde die „Kritik" auch bewusst blasphemisch vorgetragen, dann wurden Jesus und Paulus als sexuell frustriert bezeichnet oder das Kreuz als sadomasochistisches Symbol hingestellt. Es erinnerte Ratzinger an die Verhöhnungen, die er während der Naziherrschaft hatte aushalten müssen, und er war darüber zutiefst erschrocken.

Ratzinger sah sich zunehmend isoliert, zumal es auch unter den Professoren der katholischen Fakultät keinen Zusammenhalt

Ratzinger als Präfekt der Glaubenskongregation im Jahr 1981. Auch wenn er als oberster „Glaubenshüter" gelten sollte, so hat Ratzinger immer auch versucht, die Argumente der Gegenseite zu durchdringen.

gab. Manche Kollegen standen der Protestbewegung völlig verständnislos und ablehnend gegenüber; der Reformer Hans Küng reagierte beleidigt, weil die Wucht der neomarxistischen Welle seine liberale Agenda einfach als unzureichende Anstrengung hinwegfegte; andere im Kollegium schwammen auf der Welle mit und machten die Positionen der Protestler zu ihren eigenen. Die Atmosphäre ließ ein gedeihliches akademisches Arbeiten nicht mehr zu. Ratzinger erwog darum wieder einmal, zu gehen – dahin, wo die Umstände für ihn und seine Arbeit günstiger waren. Er mochte einfach so nicht weitermachen und musste dabei auch an seine Gesundheit denken, denn die aus seiner Sicht fruchtlosen Auseinandersetzungen in Tübingen und die Verunglimpfungen dessen, was ihm das Wichtigste war, setzten ihm zu. Er war dem sehr nahe, was Mediziner heute salopp „Burn-out" nennen.

Regensburger Domspatzen und ein Häuschen mit Garten

Es war allgemein bekannt, wie sehr sich Joseph Ratzinger in Bayern verwurzelt sah – man denke nur an seine bayerisch-österreichischen Gesprächskreise. Als der Freistaat Bayern im Jahr 1967 seine vierte Landesuniversität in Regensburg gründete, hielt ihn darum mancher für den idealen Kandidaten auf dem Dogmatik-Lehrstuhl der katholischen Fakultät. Doch er winkte ab – schließlich hatte er seine Aufgabe in Tübingen erst im Jahr davor übernommen, zudem schreckte ihn der logistische und verwaltungsmäßige Aufwand ab, den eine neu gegründete Hochschule am Anfang immer bedeutet. So ging der Lehrstuhl an den Regensburger Johann Auer, einen früheren Kollegen aus Bonner Tagen. Anfang 1969 aber, als ein zweiter Dogmatik-Lehrstuhl in Regensburg eingerichtet werden sollte, hatte sich die Situation für Ratzinger gründlich geändert. In Tübingen fühlte er sich vielerlei Zumutungen an seine wissenschaftliche Denkweise ausgesetzt, die Diskussionsatmosphäre war vergiftet und ein geregeltes akademisches Lehren war nicht möglich. In Regensburg hoffte er, dass er die nötige Ruhe für seine wissenschaftliche Arbeit hätte und dass er nicht in ein „ständiges Kontra" hineingedrängt würde. Die katholische Fakultät lag im Einflussgebiet des konservativen Regensburger Bischofs Rudolf Graber, der den neuen Professor zwar für einen „Modernisten" hielt und sich darum Sorgen machte, gegen seine Berufung aber dennoch kein Veto einlegte – zu groß war wohl inzwischen die Reputation des brillanten Theologen aus dem bayerischen Marktl. Regensburg versprach freies Arbeiten, unbelastet von der Tradition einer altehrwürdigen theologischen Fakultät. Ratzinger war der vielen Umzüge müde und meinte, nun endlich seinen endgültigen beruflichen Bestimmungsort gefunden zu haben. Zudem war Regensburg die Wirkungsstätte des Domkapellmeisters Georg Ratzinger, und da Maria wie immer mitkam, waren die Geschwister wieder beisammen.

Die neue theologische Fakultät löste die frühere Philosophisch-Theologische Hochschule der Diözese ab, und sie war wie diese vorerst im alten Dominikanerkloster in der Altstadt untergebracht, in dem schon Albertus Magnus gewirkt hatte. Die neuen Räumlichkeiten der Universität entstanden als Betonklötze am Stadtrand. Auch in Regensburg waren die Aus-

Eine Büste von Papst Benedikt XVI. in Pentling nahe Regensburg vor dem ehemaligen Wohnhaus Joseph Ratzingers. Das frühere Privathaus des Papstes ist seit 2012 eine theologische Begegnungsstätte.

wirkungen der 68er-Bewegung spürbar, wenn auch bei Weitem nicht so stark wie in Tübingen. Ratzinger war also Schlimmeres gewohnt und kam hier gut zurecht. An der Fakultät gab es eine theologische Spannbreite, die vom scholastisch geprägten Johann Auer bis zu dem Fundamentaltheologen Norbert Schiffers reichte, der mit der Befreiungstheologie sympathisierte. Ratzinger versuchte weiterhin seine Auffassung der Errungenschaften des Zweiten Vatikanischen Konzils herauszuarbeiten und zu zeigen, wie diese in der Kirche umzusetzen seien. Er stand dabei vermittelnd zwischen den Extremen und vermied offene Aggressionen gegen irgendeine Seite. Der spätere Universitätspräsident Dieter Henrich, der seit 1967 in Regensburg einen juristischen Lehrstuhl hatte, urteilte: „Wenn es große und hitzige Diskussionen gab, hat Ratzinger kaum etwas gesagt. Wenn er sich dann aber zu Wort gemeldet und etwas gesagt hat, dann war die ganze hitzige Diskussion abgeschlossen. Das zeigt, welche Autorität Ratzinger damals schon gehabt hat!“[14] Der Starttheologe verschaffte sich mit den Jahren so viel Respekt und Ansehen, dass er 1976 sogar zum Vizepräsidenten der Universität gewählt wurde.

Die Gruppe der Studenten, die bei Ratzinger promovieren oder sich habilitieren wollten, wurde immer größer, und sie kamen aus der ganzen Welt, da Ratzinger seit dem Konzil auch international immer bekannter wurde. Seine Doktoranden betreute er jedoch nicht individuell, wie es andere Doktorväter taten und wie es allgemein üblich war; sondern er veranstaltete vierzehntägliche Zusammenkünfte, in denen jeweils einer seiner Doktoranden über den Fortschritt seiner Forschungen berichtete und diese zur Diskussion stellte. Die vom Professor vorgegebenen Themen behandelten das gesamte Spektrum der Theologie und besaßen alle denkbaren Berührungspunkte mit anderen Wissensgebieten – dass Ratzinger geistig festgefahren oder einseitig gewesen sei, hätte ihm auch der ärgste Kritiker nicht vorwerfen können. Die unvoreingenommene Sicht auf alles und die offene Diskussion hierüber waren ihm sozusagen heilig. Von seinen Studenten verlangte er aber, dass sie denselben kritischen Geist auch auf das anwandten, was die „Erneuerung“ nach dem Konzil nach seinem Dafürhalten ins falsche Extrem trieb. Und so entstand aus

Das Arbeitszimmer Joseph Ratzingers in seinem ehemaligen Wohnhaus in Pentling. Zukünftig soll das Haus ein „Ort der Begegnung und der Dokumentation“ sein.

Der Basler Theologe Karl Barth war einer der bedeutendsten protestantischen Theologen des 20. Jahrhunderts. Als Professor besuchte Ratzinger mit seinen Studenten immer wieder berühmte Geistesgrößen, so auch 1968 den protestantischen Theologen Barth.

seinem Doktorandenkreis folgerichtig auch keine „Schule“ mit mehr oder weniger genau abgezirkelten Überzeugungen, sondern aus seinem Schülerkreis ging in den kommenden Jahren mancher hervor, der in modernen Fragen wie etwa der Frauenordination eine ganz andere Position bezog als sein Lehrer. „Wenn ich heute daran zurückdenke“, so einer der Schüler Ratzingers, „staune ich über die Freiheit, die wir damals genossen. Vor allem, nachdem ich erfahren habe, wie andere Doktorväter, die den Ruf hatten, liberal zu sein, ihre Schüler in ein starres Korsett pressten, um sie dann sogar zu bestrafen, sobald es zu einem inhaltlichen Dissenz kam.“[15]

In besonderer Erinnerung sind seinen Schülern auch Jahrzehnte später noch die Exkursionen, die ihr Professor mit ihnen jeweils am Ende des Semesters unternahm, Kurztrips innerhalb Deutschlands und in angrenzende Länder wie die Schweiz, um mit anderen berühmten Professoren und Theologen zu sprechen und vielleicht noch einmal eine ganz neue Perspektive auf ein bestimmtes Thema zu gewinnen. So reisten sie etwa ins Elsass zu Heinrich Schlier, wobei sie in Straßburg einen Abstecher zu Yves Congar unternahmen, sie besuchten in Basel Hans Urs von Balthasar und luden Karl Rahner ins Benediktinerkloster Weltenburg bei Kehlheim ein. Eine Begegnung in Basel mit dem großen protestantischen Theologen Karl Barth verlief eigentümlich, wie Peter Kuhn sich erinnerte:
„Barth war schon sehr betagt, er sollte wenige Monate später sterben. Er kam Ratzinger entgegen und verbeugte sich tief vor ihm; er begrüßte ihn zu meiner Verwunderung, wie man einen Kirchenfürsten begrüßt. Und dabei war Ratzinger damals erst 40 Jahre alt; er nahm dieses Verhalten gelassen entgegen. Dann lud Barth uns ein, an einem Seminar teilzunehmen, das er noch an der Universität hielt, über *Dei Verbum*, die Konstitution des Zweiten Vatikanischen Konzils über die Heilige Schrift. Er und seine Studenten setzten sich mit diesem Dokument mit weitaus größerem Ernst und Engagement auseinander, als man es damals häufig in katholischen Kreisen fand. Wir wollten ihn vieles fragen, aber der alte Professor war voller Neugier über das Konzil, und daher war er es, der die Fragen stellte und von Ratzinger wissen wollte, wie es in Rom zugegangen war.“[16]

In den 1970er-Jahren gründet Joseph Ratzinger mit anderen gleichgesinnten Mitstreitern die theologische Zeitschrift *Communio*. Aus dieser Zeit stammen viele seiner internationalen Kontakte, die ihn bis zu seinem höchsten Amt als Papst begleiten sollen.

Joseph Ratzinger hatte neben seiner akademischen Tätigkeit auch noch andere anspruchsvolle Aufgaben zu bewältigen. Bereits in der Anfangszeit der Regensburger Jahre, 1969, hatte Papst Paul VI. ihn in die neu gegründete Internationale Theologenkommission berufen, die gewissermaßen ein Pendant zur Bischofssynode und damit auch ein „Kind“ des Konzils war. Die Kommission sollte mit Theologen der unterschiedlichsten Richtungen besetzt sein und der vatikanischen Glau-

Hans Küng im Dezember 1979 während einer Veranstaltung an der Universität in Tübingen. Wenige Tage zuvor wurde ihm nach einer Attacke auf die Amtsführung Johannes Pauls II. die kirchliche Lehrbefugnis entzogen.

benskongregation zuarbeiten, zu dieser aber auch ein Gegengewicht bilden. Ratzinger suchte hier den Schulterschluss mit Theologen wie de Lubac und von Balthasar, die wie er über nachkonziliare Entwicklungen in der Kirche besorgt waren; und er fand hier auch neue Freunde, etwa den Franzosen Louis Bouyer und den Chilenen Jorge Arturo Medina Estévez. Ungeduldig auf Reformen drängende Theologen wie Karl Rahner, die zunächst auch in die Kommission berufen worden waren, sahen in diesem Organ jedoch bloß den verlängerten Arm der Römischen Kurie und verließen es bald wieder.

Die Begegnungen in der internationalen Kommission wurden auf viele Weisen fruchtbar. Bei einem Essen in einem Restaurant in Rom Anfang der 70er-Jahre entstand die Idee zu der theologischen Zeitschrift *Communio*. Sie war als Gegenstück zu dem ausgeprägt progressiven *Concilium* gedacht, dem Blatt, das auch Ratzinger seinerzeit mitgegründet hatte. Zu den Gründern der neuen Zeitschrift gehörten außer Ratzinger unter anderem von Balthasar, der Politologe Hans Maier, langjähriger bayerischer Kultusminister, mit dem Ratzinger freundschaftlich verbunden war, Otto B. Roegele, ehemaliger Herausgeber des *Rheinischen Merkur*, und der Freiburger Dogmatik-Professor Karl Lehmann, späterer Bischof von Mainz und Vorsitzender der Deutschen Bischofskonferenz. Die Zeitschrift erschien in der jeweiligen Landessprache zunächst in Deutschland und Italien, dann auch in den USA, Kroatien, Frankreich, Chile, Brasilien, Spanien und in weiteren Ländern. Durch seine redaktionelle Arbeit knüpfte Ratzinger viele neue internationale Kontakte. In Polen wurde *Communio* vom Krakauer Kardinal Wojtyla gefördert, der in späteren Jahren auf dem Heiligen Stuhl viele Mitwirkende an dem Organ zu Bischöfen und Kardinälen ernennen sollte – neben dem genannten Deutschen Karl Lehmann auch Walter Kasper, den Österreicher Christoph Schönborn, der auch bei Ratzinger studiert hat, oder den ebenfalls schon erwähnten Medina Estévez, der einst der versammelten Menge auf dem Petersplatz verkünden sollte, dass Ratzinger zum Papst gewählt worden ist.

In die Regensburger Jahre Ratzingers fällt auch eine Episode, die in der deutschsprachigen Öffentlichkeit als der „Fall Küng“ bekannt geworden ist. Hans Küng veröffentlichte im Jahr 1970 das Buch *Unfehlbar? Eine Anfrage*. Das Timing war bewusst gewählt: Genau 100 Jahre zuvor war das Erste Vatikanische Konzil zu Ende gegangen, auf dem Pius IX. die Unfehlbarkeit des Papstes in verbindlichen Lehrfragen zum Dogma erhoben hatte. Dieses Dogma jetzt infrage zu stellen, war ein Angriff auf eine Institution, um deren Ansehen es ohnehin nicht zum Besten stand. Paul VI. hatte anderthalb Jahre zuvor die Enzyklika *Humanae Vitae* veröffentlicht, in welcher der Gebrauch von Verhütungsmitteln verurteilt worden war. Breite Teile der deutschen Öffentlichkeit waren empört, der Papst wurde in der kirchenkritischen

Die Geschwister als starker Rückhalt: Chorleiter Monsignore Georg Ratzinger dirigiert im April 1976 die Domspatzen im Dom von Regensburg. Der Regensburger Domchor beging 1976 mit dem 700-jährigen Jubiläum des Regensburger Doms Sankt Peter sein 1000-jähriges Bestehen. Seit 1964 sang er unter der Leitung des Domkapellmeisters Georg Ratzinger.

Presse als „Pillen-Paul" tituliert, und gerade auch innerhalb der Kirche wurde Widerstand gegen Rom laut. In dieser Situation noch zusätzlich am Stuhl Petri sägen zu wollen, das empfand mancher kirchliche Würdenträger, aber auch mancher Laie geradezu als schäbiges Verhalten. Der Theologe Joseph Ratzinger, der Rom bislang selbst kritisch gegenübergestanden hatte, sah angesichts der Angriffe, die auf die Institution in der Nachfolge Petri niederprasselten, einen Punkt gekommen, wo man der römischen Zentrale beispringen und sie gegen ihre Kritiker verteidigen musste. Es gab in der katholischen Kirche einen dringenden Reformbedarf, das war fast Konsens, aber an den Grundfesten zu rütteln, dem musste entschieden entgegnet werden, und das tat – neben anderen auch – Ratzinger. Dies ist oft als Kehrtwende in den Ansichten des ehemaligen Konzilstheologen zu einer konservativen Linie missverstanden worden – dabei blieb Ratzinger nur seiner Auffassung von Kirche treu, deren jahrhundertealte gewachsene Struktur und Überlieferung man jetzt nicht einfach als einen Irrtum darstellen konnte. „Nicht ich habe mich geändert, sondern die anderen", stellte er 1984 in der Rückbetrachtung so auch fest. Dass aber dann ausgerechnet Karl Rahner, der selbst oft für Irritationen in Rom gesorgt hatte, den ersten Angriff gegen die „Anfrage" Hans Küngs führte, entsetzte den

Schweizer Theologen. Rahner äußerte sich 1970 in der renommierten Jesuitenzeitschrift *Stimmen der Zeit* und gab im darauffolgenden Jahr den Sammelband *Zum Problem Unfehlbarkeit. Antworten auf die Anfrage von Hans Küng* heraus. Auch Joseph Ratzinger ist in dieser Sammlung mit einem Beitrag vertreten. Er bekannte darin ausdrücklich, wie schwer ihm die Kritik an seinem Kollegen falle, „weil ich mich mit Hans Küng durch Jahre ungetrübter Zusammenarbeit, die wir in der Tübinger Fakultät gemeinsam verbracht haben, persönlich auf besondere Weise verbunden weiß". In der Sache aber kritisierte er Küngs Ansinnen dann doch entschieden.

Der solcherart angegangene Schweizer Theologe sah sich in seiner Zunft isoliert, legte aber drei Jahre später mit dem Buch *Christ sein* nach. Auch diese Veröffentlichung provozierte eine Erwiderung von Theologenkollegen wie Rahner, von Balthasar, Lehmann, Kasper – und eben Ratzinger. Als Küng 1979 in Zeitungsartikeln dann eine Attacke auf die Amtsführung des ein Jahr zuvor zum Papst gewählten Karol Wojtyla, Johannes Paul II., ritt, gab es die Quittung aus Rom: Am 18. Dezember 1979 wurde in einer Erklärung der Kongregation für die Glaubenslehre bekannt gegeben, dass dem Schweizer die Erlaubnis entzogen worden war, an einer katholischen Einrichtung mit Billigung und im Auftrag der Kirche Theologie zu lehren.

Trotz aller innerkirchlichen Streitigkeiten gehören die Regensburger Jahre für Joseph Ratzinger sicherlich zu den angenehmsten und erfülltesten in seinem Leben. „Das Gefühl, immer deutlicher eine eigene theologische Sicht zu gewinnen, war wohl die schönste Erfahrung der Regensburger Jahre", erinnerte sich der Präfekt der Glaubenskongregation später. Er hatte 1971 ein eigenes kleines Haus mit Garten gebaut, das er und seine Schwester bewohnten und in dem sein Bruder häufig zu Besuch war. Der Domkapellmeister feierte mit „seinen" Regensburger Domspatzen internationale Erfolge, es entstanden Einspielungen großer Werke der Chormusik, darunter das *Weihnachtsoratorium* von Johann Sebastian Bach und die *Psalmen Davids* von Heinrich Schütz. Die Domspatzen unternahmen Konzertreisen nach Kanada und in die Vereinigten Staaten, nach Japan, Taiwan, Irland, Polen, Ungarn, in den Vatikan, und sie versahen natürlich auch den liturgischen Dienst im heimischen Dom St. Peter zu Regensburg. 1976 feierte der Chor sein 1000-jähriges Bestehen, ein ungeheures Jubiläum, an dem die ganze Stadt großen Anteil nahm. Es gab also auch privat viele schöne Erlebnisse in der Stadt an der Donau. Das Grab der Eltern konnte jederzeit in der Nähe auf dem Friedhof im Regensburger Stadtteil Ziegetsdorf besucht werden. Alles war beieinander und wohlgeordnet. Immerhin noch durfte Joseph Ratzinger in der liebgewonnenen neuen Heimat am 16. April 1977 seinen 50. Geburtstag feiern, dann aber ging seine Wanderschaft erneut weiter – zunächst ins nicht so ferne München.

Der Papst-Bruder Georg Ratzinger 2009 in Pentling vor dem ehemaligen Wohnhaus Benedikts XVI. Die beiden Brüder haben ein sehr vertrautes Verhältnis.

In der Pflicht des obersten Glaubenswächters

Bei seinem Einzug in die Landeshauptstadt München im Mai 1977 muss der neue Erzbischof von München und Freising, Joseph Ratzinger, an der Ramersdorfer Marienkirche immer wieder die Hände der Gläubigen schütteln.

Am Pfingstsonntag 1977 wird Joseph Ratzinger im Münchener Liebfrauendom zum Bischof geweiht. Der damalige Bischof von Berlin, Alfred Kardinal Bengsch, bei der Handauflegung, Hauptkonsekrator war der Bischof von Würzburg, Josef Stangl.

Am 24. Juli 1976 ging die Nachricht vom plötzlichen Tod des Münchener Erzbischofs, Julius Kardinal Döpfner, über den Äther, eines kräftigen und vital wirkenden, erst 62-jährigen Mannes. Joseph Ratzinger hätte nicht im Traum daran gedacht, dass er zum Nachfolger bestimmt würde, er, der ganz ohne Bischofserfahrung war und sich für diesen wichtigen Standort München darum gar nicht anbot; er, der überhaupt erst ein knappes Jahr in seinem ganzen Leben, als junger Mann, in einem seelsorgerischen Amt tätig gewesen war; er, der sich zur Gelehrtenexistenz berufen fühlte; er, der im Gegensatz zu dem Verstorbenen von eher labiler Gesundheit und schwächlicher Konstitution war. Und so gab er nichts auf die Gerüchte, die ihm zu Ohren kamen, dass er in der engeren Wahl für die Nachfolge sei. Dennoch erhielt er im März 1977 in Regensburg aus der Hand des päpstlichen Nuntius Guido del Mestri einen Brief Pauls VI. mit dem Auftrag, ihn in Ruhe zu lesen, zu bedenken und mit niemandem darüber zu sprechen. Er las: „Unsere Hirtensorge drängt Uns, Uns um die weit erstreckte und bedeutende Kirche von München und Freising zu kümmern. Im Geist blicken Wir auf Dich, geliebter Sohn: Du bist mit vorzüglichen Geistesgaben ausgestattet, vor allem bist Du ein bedeutender Meister der Theologie, die Du als theologischer Lehrer an Deine Hörer weise, voller Eifer und Frucht weitergegeben hast. Zuletzt ermahnen wir Dich, lieber Sohn, herzlich mit den Worten des heiligen Augustinus: Arbeite auf dem Ackerfeld Gottes; mit allen Kräften mühe Dich darum, dass alle, die Deiner Sorge anvertraut sind, in der Kirche lebendige Steine seien, vom Glauben geformt, in der Hoffnung gefestigt, in der Liebe einander verbunden.“ –

Ratzingers Verteidigung des Papstamtes gegen Küng und seine im Übrigen moderierende Art in Auseinandersetzungen hatten in Rom offenbar so gute Aufnahme gefunden, dass man von ihm eine Art der Amtsführung erhoffte, durch die er die Diözese trotz aller aktuellen innerkirchlichen Kämpfe zusammenhielt. Der so Umworbene aber sah die Entscheidung als „unendlich schwierig“ an und konsultierte in dieser Zwickmühle den Einzigen, mit dem er sich besprechen durfte, seinen Beichtvater Johann Auer, in der Hoffnung, dass der ihm abriet. Doch er sagte: „Joseph, das musst du annehmen!“ – Ratzinger gab dem Papst auf dem Briefpapier des Regensburger Hotels, in dem Nuntius del Mestri abwartend Quartier bezogen hatte, seine Zustimmung.

Der weitere Lebensweg des Joseph Ratzinger nahm einen rasanten Verlauf. Am 28. Mai desselben Jahres wurde er zum Erzbischof von München und Freising geweiht. Bereits einen Monat später, am 27. Juni, wurde er von Paul VI. zum Kardinal erhoben. Im Jahr darauf nahm er am Konklave teil, das Karol Wojtyla zum Papst wählte, und dieser wiederum holte Ratzinger im November 1981 als Präfekten der Glaubenskongregation nach Rom, womit er praktisch das zweitwichtigste Amt in der katholischen Kirche besaß. Eine beispiellose Karriere als Kleriker, die von dem Theologieprofessor noch 1976 niemand erwartet hätte, am wenigsten er selbst!

Die Weihe zum Bischof empfing er durch den Bischof von Würzburg, Josef Stangl, bei „angeschlagener Gesundheit“ wegen eines Bergs von Arbeit, den er in den Wochen zuvor noch hatte erledigen müssen,

Ein weiterer Schritt in der beispiellosen Karriere als Kleriker: Papst Paul VI. setzt am 27. Juni 1977 in der Audienzhalle des Vatikans dem Erzbischof von München und Freising, Joseph Ratzinger, nach dessen Ernennung zum Kardinal die rote Kardinalsmütze auf das Haupt.

Papst Paul VI. übergibt den Kardinalsring an Joseph Kardinal Ratzinger. Die feierliche Zeremonie fand zu den Feierlichkeiten zu Peter und Paul am 29. Juni 1977 im Petersdom statt.

Als Erzbischof von München und Freising wählte Joseph Ratzinger das Motto „Cooperatores veritatis“ – Mitarbeiter der Wahrheit. Das Wappen zeigt den „Freisinger Mohr“, den Korbiniansbären und eine Muschel.

aber: „Dieser Tag selber war freilich unfassbar schön. Es war ein strahlender Frühsommertag, am Vorabend von Pfingsten 1977.“ Die Weihe fand im Münchener Dom statt, dessen Zerstörung er als Schüler bei seinen Fahrten durch die Stadt zum Maximiliansgymnasium hatte erleben müssen – dass er nun hier in Friedenszeiten dieses hohe Sakrament empfangen durfte, muss ihn mit besonderer Freude erfüllt haben. Er empfand den Tag ähnlich wie den Tag seiner Priesterweihe, als er den Primizsegen spendete; in seiner Wahrnehmung war er durch das Sakrament Teil von etwas Größerem, er war jemand, „der nicht für sich selber handelt und lebt, sondern für Ihn und darum für alle“. Ratzingers Bischofsmotto lautete „Mitarbeiter der Wahrheit“ (im lateinischen Original: *Cooperatores veritatis*), eine Bezeichnung aus dem dritten Johannesbrief (3. Joh. 8). Er betrachtete sich also ausdrücklich nicht als Einzelkämpfer – dafür ist die Aufgabe der „Wahrheit“ auch zu groß –, sondern als einen aus einer Riege von Mitarbeitern. In sein bischöfliches Wappen nahm er ein Symbol auf, das die Wappen der Freisinger Bischöfe schon seit Jahrhunderten schmückte, den „Freisinger Mohr“, als Ausdruck der Universalität der Kirche, die keine Rassenunterschiede macht, da alle Menschen von Adam und Eva abstammen. Hinzu wählte er die Jakobsmuschel als Sinnbild der Pilgerschaft, des Unterwegsseins des Menschen, außerdem ein versteckter Hinweis auf den von ihm verehrten Kirchenvater Augustinus. Als Drittes kam der Bär aus der Legende des Freisinger Gründerbischofs Korbinian (ca. 680–725) hinzu: Nach dieser Legende hatte ein Bär auf einer Reise nach Rom das Lasttier des Heiligen zerfleischt. Dieser

In seiner ersten Predigt nach der feierlichen Weihe zum Erzbischof der Erzdiözese München und Freising am 28. Mai 1977 im Münchener Liebfrauendom griff Joseph Ratzinger seinen Wahlspruch „Mitarbeiter der Wahrheit“ auf und bat: „Seien wir Kirche, seien wir alle Mitarbeiter der Wahrheit.“

aber scholt den Bären und legte ihm zur Strafe das Gepäck auf den Rücken, das zuvor sein Maulesel getragen hatte. Der Bär musste die Last bis nach Rom tragen und wurde erst dort wieder in Freiheit gelassen. Ratzinger wollte damit verdeutlichen, dass auch er sich als Lastenträger verstand, der – wie der Bär gegen seinen Willen – den Karren Gottes zog. Diese drei Symbole sollte er später auch in sein päpstliches Wappen übernehmen, wie den Bären des Korbinian hatte es auch ihn als „Zugtier" schließlich bis nach Rom geführt.

Joseph Ratzinger als Erzbischof von München und Freising 1977 in Rom. Der Oberhirte sah sich nun vor ganz neue Aufgaben gestellt – als Seelsorger galt es jetzt, die Herzen und den Glauben seiner Gemeinde zu entflammen.

Die Münchener waren hin- und hergerissen, was sie von ihrem neuen Oberhirten halten sollten; Ratzinger galt einerseits als abgehobener Intellektueller mit wenig ausgeprägter Herzlichkeit, wie man sie von einem Seelsorger eigentlich erwartete, andererseits waren sie auch ein wenig geschmeichelt, dass gerade dieser auch international herausragende Theologe ihr Bischof sein sollte. Wenn sie dann aber im Kirchengestühl saßen und Ratzinger von der Kanzel herab eine flammende Predigt hielt, waren sie in den Bann gezogen, wie früher seine Studenten. Dabei kam er jetzt moralistischer und mahnender herüber als früher: Er geißelte die „Herzverfettung des Habens und Genießens", die Orientierung auf materielle Güter, die „kapitalistische Profitgier", die vermeintlich laxe Moral in breiten gesellschaftlichen Schichten. Drastische Worte, oft sehr pauschal, aber auch sehr wirkungsvoll, und mancher, der noch mit frohem Sinn ins Gotteshaus gekommen war, runzelte nun doch die Stirn angesichts der vielen Zeichen eines Niedergangs. Dabei wurde Ratzinger durchaus auch konkret, forderte in einer Weihnachtspredigt die Abschaffung von Kriegsspielzeug oder zu Ostern die Aufnahme vietnamesischer *boat people* – die vom Tod bedrohten Flüchtlinge nicht aufzunehmen, sei für ein reiches Land wie Deutschland „eine furchtbare Schande". Themen und Tenor seiner Äußerungen waren geeignet, das Bild eines Konservativen entstehen zu lassen. Das Ansehen Ratzingers verschlechterte sich jedoch erstmals, als er die Berufung des früheren Kollegen aus Münsteraner Tagen, des Fundamentaltheologen Johann Baptist Metz, an die Münchener Universität verhinderte. Metz hatte die Grundlagen für die neue Politische Theologie geliefert, eines Ansatzes, Partei zu ergreifen für die Unterdrückten in der Gesellschaft. Ratzinger befürchtete

Johannes Paul II. mit Kardinal Joseph Ratzinger bei der Inaugurationsmesse 1978 – der Beginn eines Pontifikats, das der deutsche Theologe entscheidend mitprägen sollte.

Papst Johannes Paul II. und Erzbischof Ratzinger werden im November 1980 von einer Gruppe Kinder in München begrüßt. Dies war die letzte Station eines fünftägigen Deutschlandbesuchs des Papstes.

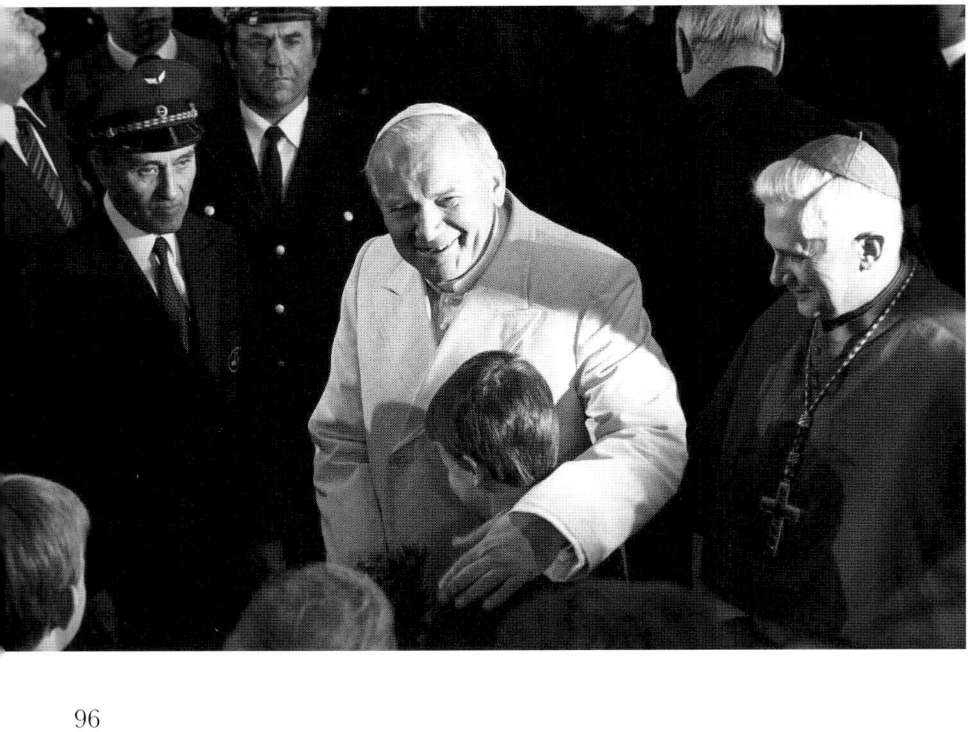

die politische Instrumentalisierung einer solchen parteiischen Theologie sowie eine daraus resultierende Spaltung der gesamtkirchlichen Gemeinschaft. Karl Rahner empörte sich daraufhin öffentlich, und während sich Ratzinger und Metz viele Jahre später zum versöhnlichen Gespräch zusammenfinden sollten, mied Rahner seinen ehemaligen Konzilskollegen bis zu seinem Tod im Jahr 1984.

Die Erhebung zum Kardinalspriester am 27. Juni 1977 durch Paul VI. war der nächste Schritt Joseph Ratzingers in Richtung Vatikan. Seine Titelkirche war *Santa Maria Consolatrice al Tiburtino*, zu der eine Pfarrei mit 20.000 Seelen gehörte – denn es ist Tradition in der katholischen Kirche, jedem Kardinal, egal wo auf dem Erdkreis er seine Diözese hat, bei seiner Ernennung eine der Kirchen Roms zuzuweisen. Der Erzbischof von München und Freising, der nun also auch zum Klerus der Ewigen Stadt gehörte, kommentierte: „Rom ist allerorten, aber auch alle Orte sind in Rom." Bald darauf empfing der frisch eingesetzte Kardinal in München den polnischen Episkopat, darunter Karol Wojtyla, mit dem er übereinstimmte, dass Deutsche und Polen nun endlich wieder aufeinander zugehen müssten. Am 6. August 1978 starb Paul VI., und Ratzinger nahm an seinem ersten Konklave teil, in dem Albino Luciani, Patriarch von Venedig, zum Papst gewählt wurde. Dieser Mann aus einfachen Verhältnissen – wie Ratzinger – gab sich den Namen Johannes Paul I., es war der erste Doppelname in der Geschichte des Papsttums; damit wollte er bekunden, dass er das Werk der beiden Konzilspäpste – Johannes XXIII. und Paul VI. – fortzuführen gedachte. Als der neue Papst bereits 33 Tage nach seiner Wahl einem Herzinfarkt erlag, musste Ratzinger innerhalb kürzester Zeit schon zum zweiten Mal zum Konklave nach Rom. Gewählt wurde – auch mit Unterstützung des Deutschen – Karol Wojtyla, der in Verbeugung vor seinem Vorgänger sich den Namen Johannes Paul II. gab. Das Jahr 1978 ging damit als „Dreipäpstejahr" in die Geschichte ein.

Von Anfang seines Pontifikats an versuchte der polnische Papst, Joseph Ratzinger nach Rom zu holen. Diesem war nicht wohl bei dem Gedanken, das gerade übernommene Amt in der Diözese München-Freising wieder aufzugeben – vielleicht fürchtete er auch, den Ruf des Karrieristen angeheftet zu bekommen. Doch dem wiederholten Werben Johannes Pauls II. musste er 1981, im fünften Jahr als Erzbischof, schließlich nachgeben. Zur Bedingung machte er, auch weiterhin unter seinem privaten Namen Bücher veröffentlichen zu können. Der Papst gewährte ihm diese Bitte, da es bereits in der Vergangenheit Fälle gegeben hatte, in denen es so gehandhabt wurde, und ernannte ihn am 25. November zum Präfekten der *römischen Kongregation für die Glaubenslehre* – zum Nachfolger des scheidenden Kroaten Franjo Kardinal Šeper, in dessen Amtszeit die Fälle Hans Küng und Marcel Lefebvre verhandelt worden waren. Finanziell betrachtet bedeutete der „Karrieresprung" Ratzingers einen Abstieg, denn gegenüber den etwa 10.000 DM, die ein Erzbischof

Kardinal Ratzinger verabschiedet sich am 28. Februar 1982 auf dem Münchener Marienplatz von den Gläubigen. Ratzinger wurde von Johannes Paul II. als Präfekt der Glaubenskongregation, der höchsten und zentralen Instanz für die Interpretation und Verteidigung der katholischen Glaubenslehre, in den Vatikan abberufen.

Der scheidende Erzbischof von München und Freising bei seinem Abschied auf dem Münchener Marienplatz, im Hintergrund Bayerns Ministerpräsident Franz Josef Strauß mit seiner Frau Marianne.

Seit an Seit im Einsatz für die universale Kirche: Papst Johannes Paul II. mit Kardinal Joseph Ratzinger im Dezember 1983.

Der Präfekt der Glaubenskongregation (2. v. r.) stellt im März 1987 im Vatikan eine Schrift vor, in der es u. a. um die Ansichten der katholischen Kirche zur künstlichen Befruchtung geht. Links der damalige Vatikansprecher Joaquín Navarro.

im Freistaat Bayern erhielt, verringerte sich sein Gehalt nun auf weniger als die Hälfte – was den Geistlichen, der die materielle Orientierung seiner Zeitgenossen anprangerte, wenig gekümmert haben kann, aber vielleicht amüsiert hat. Zunächst zog er in das Priesterkolleg für Priester und Priesteramtskandidaten aus dem deutschsprachigen Raum beim *Campo Santo Teutonico*, um für sich und seine Schwester eine passende Bleibe zu suchen. Schließlich bezog er eine großzügige Wohnung in der *Piazza della Città Leonina No. 1* in der Nähe des Petersplatzes, die außer einem Nussbaumschreibtisch aus altem Familienbestand und einem Klavier über 2.000 Bücher im Privatbesitz fassen musste; zu ihr gehörte auch eine eigene Hauskapelle. Bis zu ihrem Tod im Jahr 1991 führte seine Schwester Maria ihm hier noch den Haushalt, dann trat an ihre Stelle eine Musikwissenschaftlerin namens Ingrid Stampa. – Maria, diese aufopferungsvolle Frau und treue Seele, ist in Italien nie richtig heimisch geworden und starb vielleicht auch am stillen Heimweh.

Den Kardinal mit dem schon lange silberweißen Haar sah man nun tagtäglich im schwarzen Gewand, mit abgewetzter schwarzer Aktentasche aus dem Haus treten und zu Fuß zu seinem Arbeitsplatz im *Palazzo di Sant´Ufficio* gehen, inmitten des imposanten Arrangements der Gebäude rings um den Petersplatz. Als Joseph Ratzinger das Gebäude zum ersten Mal betreten hat, um seine 40 Mitarbeiter zu begrüßen, muss eine gewisse Spannung in der Luft gelegen haben, denn derselbe Mann, der auf dem Konzil dem Kardinal Frings bei seinem Angriff auf das Heilige Offizium, wie die Behörde noch damals hieß, und ihren Propräfekten Kardinal Ottaviani assistiert hatte, ausgerechnet der sollte nun ihr Chef sein. Die Arbeit der Behörde war geheimnisumwittert, ihre „Opfer" trugen Namen wie in neuer Zeit Hans Küng oder Teilhard de Chardin – oder in früherer Zeit solche wie Giordano Bruno und Galileo Galilei. Europäische Geistesgeschichte wurde mit ihr verbunden. Aber die Zeiten – und der Umgang miteinander und die Restriktionsmaßnahmen – hatten sich zum Glück doch geändert. Aus der alten Inquisitionsbehörde „Heiliges Offizium" (die *Congregatio Romanae et Universalis Inquisitionis*) war nach dem Zweiten Vatikanischen Konzil, mit seiner Anerkennung der Religionsfreiheit, die Glaubenskongregation geworden, der nun Ratzinger vorstand. Dieser „schlich" an seinem ersten Tag geradezu in das Gebäude, wie Zeugen berichteten, denn er kannte natürlich die zwiespältige Vergangenheit der Behörde und muss die Last seiner Aufgabe gespürt haben. Es werde nicht alles freundlich sein, was an Nachrichten aus Rom kommen würde, hatte er bei seiner Abschiedspredigt als Erzbischof von München und Freising im Dom Zu Unserer Lieben Frau orakelt und durchblicken lassen, dass er sich auf die neue Aufgabe nicht unbedingt freute. Jetzt war er in Rom angekommen, als faktisch zweitwichtigster Amtsträger der katholischen Kirche, Seit an Seit mit dem Papst arbeitend – mancher Beobachter sollte in den kommenden Jahren von einem „Doppelpontifikat" sprechen.

Als der neue Präfekt der Glaubenskongregation seinen Dienst antrat, war er sogleich mit laufenden Verfahren konfrontiert. Eine der Auseinandersetzungen, die fortan sein Bild in der Öffentlichkeit mitprägen sollten, war die mit der in Lateinamerika verbreiteten „Befreiungstheologie". Der „Vater" der Bewegung war der peruanische Theologe Gustavo Gutiérrez, der 1971 das Buch *Theologie der Befreiung* veröffentlicht hatte. Zu den bekanntesten Verfechtern der Befreiungstheologie gehörten außerdem der brasilianische Theologe Leonardo Boff, der Erzbischof von

Der oberste Glaubenswächter des Vatikan im Mai 2000 in Frankfurt bei einem Symposium über das inzwischen für historische Zwecke zugängliche Archiv der römischen Glaubenskongregation im Vatikan. Das jahrhundertelang vor der Öffentlichkeit verborgene Archiv zeige die „Menschlichkeit der Kirche". „Schwachheit, Versagen und Fehlbarkeit, aber auch guter Wille und das Bemühen um Gerechtigkeit" würden im Archiv deutlich, versicherte Ratzinger.

Recife und Olinda im brasilianischen Nordosten, Hélder Câmara, der nicaraguanische Priester Ernesto Cardenal, der kolumbianische Priester Camilo Torres und der Erzbischof von El Salvador, Óscar Romero. Bei aller individuellen Schwerpunktsetzung in ihrer Arbeit war ihnen gemeinsam, dass sie die in ihren Heimatländern herrschenden Verhältnisse anprangerten: die Konzentration der wirtschaftlichen Macht und des Reichtums bei einigen wenigen Kapitaleignern und Großgrundbesitzern, die Verarmung großer Bevölkerungsteile, die korrupte Politik, die mithalf, diese ungleichen Besitzverhältnisse zu zementieren, oft auch unter Zuhilfenahme von Gewalt. Da sie den Zuständen nicht tatenlos zusehen wollten und konnten, setzten sie sich in ihrer praktischen Arbeit für die Mittel- und Rechtlosen in der Gesellschaft ein – und sie verlangten von einem, der sich Christ nennt, solidarisch mit den Armen zu sein und Partei zu ergreifen für die rechtlosen und unterdrückten Massen. Die Folge: Sie wurden oft selbst verfolgt und als „Kommunisten" denunziert. Hélder Câmara: „Wenn ich einem Armen ein Stück Brot gebe, hält man mich für einen Heiligen; wenn ich aber den Armen und dem verarmten Volk zeige, warum sie kein Brot haben, dann werde ich als Kommunist betrachtet." Für die Befreiungstheologen waren die christlichen Gebote der Nächstenliebe nicht nur etwas für Sonntagspredigten, sondern sie verlangten nach einer wirkungsvollen Umsetzung im Alltag. Manche büßten es sogar mit ihrem Leben, wie Romero, der 1980 vor seiner Kirche von einem Kopfgeldjäger der Todesschwadronen erschossen wurde.

Ratzinger, stets um Ausgleich bemüht, suchte zunächst das Gespräch, lud Gutiérrez und Boff nach Rom und reiste auch selbst nach Südamerika, um sich mit den dortigen Bischöfen zu beraten – er wird allerdings im Schutz von Bischofspalästen und Tagungsstätten wenig von dem Elend direkt mitbekommen haben, das die Befreiungstheologen Tag für Tag beschäftigte.

Die Positionen blieben letztlich unversöhnt. Der Präfekt der Glaubenskongregation hatte eine ganz eigene Sichtweise, und alternative Vorstellungen von Theologie oder den Pflichten eines Christenmenschen wurden von dieser Warte aus misstrauisch beäugt. Rom stand und steht für die gültige katholische Lehre, der Papst hat in Fragen der Lehre und der Ethik – nach allen Beratungen mit Bischöfen und Theologen – das letzte Wort, und die Glaubenskongregation wacht in päpstlichem Auftrag in aller Welt über die Befolgung und Einhaltung dieser verbindlichen Vorgaben. Seit dem Zweiten Vatikanischen Konzil bekannte sich die katholische Kirche zwar zur Religionsfreiheit, aber was katholisch genannt werden durfte, wollte nach wie vor sie selbst bestimmen – und das heißt in letzter Instanz: der Heilige Vater in Rom. Dort saß im Palast des Offiziums Ratzinger, der im schlimmsten Falle eine Spaltung der Kirche, über deren Einheitlichkeit er doch zu wachen hatte, befürchtete. Deshalb musste er äußerst vorsichtig sein: Ein zu hartes Vorgehen, so wusste der Deutsche nur zu gut, konnte in Lateinamerika einen neuen Luther hervorbringen; dies galt es unter allen Umständen zu vermeiden. Andererseits hätte eine Preisgabe der Einheitlichkeit im globalen Erscheinungsbild der katholischen Glaubensgemeinschaft ebenso eine Spaltung der Kirche herbeiführen können. Es war wohl das „Gespenst des Kommunismus", das letztlich den Ausschlag in diesem Dilemma gab – ein Gespenst, das viele in Westeuropa und den Vereinigten Staaten bis zum Fall des Eisernen Vorhangs 1989 umtrieb. Der Papst, der in Polen die Unterdrückung der Kirche durch die kommunistischen Machthaber erfahren hatte, gegen die er immer noch beharrlich kämpfte, sorgte sich darum, dass sich deren gottlose Ideologie auch auf dem mittel- und südamerikanischen Kontinent ausbreitete; er wusste schließlich auch um die Unterstützung, die kommunistische Bewegungen dort aus dem Ostblock erhielten. Es gab Priester in Lateinamerika, die verweigerten den Reichen die Sakramente, zum Zeichen ihrer Haltung. Es durfte aber aus Sicht Roms nicht sein, dass die Kirche nur für einen Teil der Bevölkerung da war – wenn auch für den zahlenmäßig weitaus größeren. Sie verstand sich als universale Kirche, die ihr Heil zu allen Menschen tragen und sich keinem verweigern wollte. Wenn sich Priester in Lateinamerika bekennerisch auf die eine Seite schlugen, dann verrieten sie die andere Seite, für die sie nach ihrem Auftrag ebenso da sein mussten. Sie wurden Diener eines weltlichen Herrn, wo sie doch Diener nur des einen Gottes sein durften. Diese politische Parteinahme mochte Rom nicht akzeptieren – und unter diesem Papst aus Polen schon gar nicht eine Parteinahme mit marxistischer Färbung. So reagierte Ratzingers Glaubenskongregation nach allen Gesprächsversuchen mit Sanktionen, Leonardo Boff wurde von seinem Orden auf Anweisung des Vatikans mit einem einjährigen Schweigegebot belegt und Ernesto Cardenal von seinem Amt als Priester suspendiert.

Insbesondere Ratzinger als Aushängeschild der Kongregation musste für diese Vorgehensweise viel Kritik in der europäischen Öffentlichkeit einstecken, da die Befreiungstheologie hier viele Sympathisanten und Befürworter hatte. Auf ähnliche – und oft reflexhafte – Weise ging es dann weiter im Verhältnis zwischen dem Kardinal aus Deutschland und der breiten Öffentlichkeit. Die Presse, die stets nach griffigen Bildern sucht, aber nicht immer passende findet, taufte ihn „Panzerkardinal", und auch Beinamen wie „Rottweiler Gottes" oder „Großinquisitor" musste er sich gefallen lassen. Rom blieb fest gegen die Forderung, Priestern die Ehe zu gestatten oder Frauen als Priester zuzulassen, Rom wies Forderungen nach basisdemokratischen Strukturen zurück, einer „Kirche von unten", wie sie Ende der 70er-, Anfang der 80er-Jahre aufkamen und dann in den 90ern noch einmal in der „Kirchenvolksbewegung" erhoben wurden, Rom hielt an seinem Nein zu Schwangerschaftsabbruch und Empfängnisverhütung fest, was auch ein Verbot der Verwendung von Kondomen in Entwicklungsländern, in denen sich HIV-Infektionen rasant ausbreiteten, mit einschloss – und stets blickte die Öffentlichkeit nicht nur auf den Papst, sondern auch auf seinen Präfekten in der Glaubenskongregation, der all diese Entscheidungen mittrug, ja, sie sogar formuliert und argumentativ begründet hatte. Immer länger wurde so in den Augen der Öffentlichkeit Ratzingers „Sündenregister". Der Tiefpunkt für viele Kritiker war die Erklärung seiner Glaubenskongregation *Dominus Iesus* (Untertitel: *Über die Einzigkeit und die Heilsuniversalität Jesu Christi und der Kirche*) aus dem Jahr 2000, die den Vorrang der katholischen Kirche als Sachwalterin Christi gegenüber anderen Konfessionen behauptete – ein Affront insbesondere gegen die Protestanten, der das ökumenische Verhältnis erheblich belastete.

Glaubenspräfekt Ratzinger präsentiert im Oktober 1998 im Vatikan die neue Enzyklika des Papstes. Johannes Paul II. warnt in „Glaube und Vernunft" vor rein weltlich ausgerichteter Wissenschaft und Philosophie. Eine Enzyklika ist das höchste Lehrschreiben des Papstes an die Bischöfe. In dem Schreiben kritisiert der Heilige Vater, dass die moderne Wissenschaft und Philosophie alle Fragen nach Sinn und Ethik in den Bereich des Irrationalen abdränge.

„Leute, die Ratzinger gut kannten, stellten erschrocken Veränderungen in seiner

Wortwahl und Physiognomie fest. Der Glaubenskontrolleur büßte an Humor ein, sein Lächeln erschien gequält, die Stimme hörte sich gelegentlich kalt und schneidend an. Obwohl er ständig zu Kongressen und Vorträgen vor großem Publikum eingeladen wurde, wirkte er immer menschenscheuer, blickte über sein Auditorium hinweg in imaginäre Fernen, schlich, wenn er zu Fuß unterwegs war, an den Häuserfassaden entlang wie ein einsames Tier." So fasst Christian Feldmann, der unter anderem bei Ratzinger in Regensburg Theologie studiert hat, anschaulich die Wandlung zusammen, die in dem Glaubenspräfekten vor sich ging.[17] Joseph Ratzinger wurde im *Palazzo di Sant´Ufficio* wie schon in früheren Stationen seines Lebens von einer Infragestellung seiner Identität erfasst; war es jedoch einst um die Wahl zwischen Seelsorge und Wissenschaft gegangen, so betrieb er jetzt weder theologische Forschung noch war er – wenn auch mit einem geistlichen Amt bekleidet – im eigentlichen Sinne als Seelsorger tätig. Es war eine dritte, ungewollte Existenz herausgekommen: die des Glaubenswächters. Der wissbegierige und debattierfreudige Theologe in ihm durfte in der Glaubenskongregation keine eigene, private Meinung mehr vertreten, sondern musste für das Ganze der Kirche sprechen.

Er war nun wahrhaft in die Fußstapfen des Vaters getreten, des prinzipientreuen und immer wachsamen Gendarmen; doch hatte er als Junge dem Vater in diesen Beruf gar nicht folgen wollen, hatte seine Zukunft nicht als zupackender Wächter von Ruhe und Ordnung gesehen, sondern sich vielmehr zum weit erhabeneren Priesteramt und – später – zur Freiheit des neugierig fragenden Gelehrten hingezogen gefühlt. Aber wie sollte man das Amt, das er jetzt nun mal innehatte, anders führen; wie sollte man über einen Glauben wachen, wenn man nicht auf die vermeintlichen Abweichungen davon hinwies und diese mit den zur Verfügung stehenden Mitteln verfolgte; hieß das nicht, dass man dann den Glauben und die Kirche dem freien Spiel der Kräfte überließ und zu einem Spielball der gerade vorherrschenden Mehrheitsmeinung machte; und sollte man gar jedem einzelnen theologischen Lehrstuhl – einem Küng, einem Rahner, einem Drewermann – freistellen, wie er den Katholizismus auffasste und lehrte? Dann, in der Tat, konnte das Geschäft der Kongregation für die Glaubenslehre (und -einheit) abgeschafft werden.

„Ist dieser Auftrag eigentlich nötig?", fragte der Erzbischof von München und Freising bei seiner Abschiedspredigt im Liebfrauendom, freilich die Worte einem Dritten in den Mund legend und sich nicht direkt zu den Zweifeln bekennend: „Brauchen wir nicht eine ganz andere Kirche und ein gänzlich anderes Amt? Und ebenso spürte er die Last schwerer gewordener Einsamkeit, die Frage, ob Ehelosigkeit, die man nicht als Erstes gewollt, sondern nur um des anderen Rufes willen annahm, einen Sinn hat." – Die Last, die er mit der Wahl seiner Existenz und mit seinem Sichfügen in die Entwicklung auf sich genommen hatte, drückte ihn hinunter: „Es war dunkel geworden um ihn, er wollte endlich ein Mensch sein wie alle anderen, nur noch er selber." – Doch dies sollte er als Glaubenspräfekt noch weniger sein können als schon zuvor. Als dann auch noch seine Schwester starb, muss er Einsamkeit noch schwerer als je zuvor empfunden haben. Darüber geredet aber hat er nicht. Sein Wunsch, Papst Johannes Paul II. würde ihn von seinen Pflichten als Präfekt der Glaubenskongregation entbinden und es ihm erlauben, wieder in die Existenz des Gelehrten zurückzukehren, wurde in ihm von Jahr zu Jahr größer, und so schrieb er irgendwann das erste von mehreren Gesuchen.

Joseph Ratzinger entpuppt sich als Benedikt XVI.

Bevor die wahlberechtigten Kardinäle zum Konklave in die Sixtinische Kapelle einzogen, feierte das Kardinalskollegium am 18. April 2005 eine feierliche Messe im Petersdom.

Die Wahlgehilfen in der Sixtinischen Kapelle mussten irgendein Problem mit dem gusseisernen Ofen haben, in welchem nach jedem Wahlgang die Wahlzettel verbrannt wurden: Die Farbe des Rauchs, der aus dem Schornstein auf dem Dach quoll, verwirrte die wartende Menge auf dem Petersplatz und die Menschen vor den Fernsehbildschirmen in aller Welt – er war weder richtig schwarz noch richtig weiß, sondern irgendwie grau, so dass man nicht wissen konnte, ob die Abstimmung erneut negativ ausgefallen war oder die Christenheit einen neuen Papst hatte. Und erst nach langen, langen Minuten hatten die Feuermacher die gewünschte chemische Zusammensetzung gefunden, um dem Rauch des verbrannten Papiers die erforderliche Tönung zu geben: Er war weiß! Ein neuer Pontifex war gewählt! Es war Dienstag, der 19. April 2005, gegen 17.50 Uhr. In einem der kürzesten Konklaven der Kirchengeschichte war Joseph Ratzinger von seinen 114 Kardinalskollegen nach der vierten Abstimmung zum Heiligen Vater gewählt worden, und er gab sich den Namen Benedikt, der 16. in der Reihe aller Benedikts auf dem Apostolischen Stuhl.

Es war ungewöhnlich, dass es so schnell gegangen war, in aller Regel dauern Papstwahlen, Konklaven, wie sie genannt werden, länger, manchmal sehr viel länger. Und es war auch eigentlich unwahrscheinlich gewesen, dass sich die Kardinalsversammlung so schnell auf einen Namen einigen würde. Es hatte sich während des langen Pontifikats Johannes Pauls II. ein gehöriger Reformstau ergeben: Dies ergab Konfliktpotenzial genug für ein Ringen der Reformwilligen mit den Konservativen und den Bedenkenträgern – und damit Zündstoff für ein Konklave, das sich in die Länge zog, weil eine Einigung auf einen Kandidaten so schwer war. Hinzu kam die mangelnde Erfahrung der Kardinäle; alle bis auf zwei – darunter Ratzinger – waren erst während der Amtszeit Johannes Pauls II. ernannt worden, sie waren zum ersten Mal in einem Konklave, und viele von ihnen, viel mehr als früher, kamen aus Ländern, die nicht zum europäischen Kerngebiet des Christentums gehörten, Abgesandte aus Lateinamerika, Afrika, Asien; die Bischöfe aus den ärmeren Ländern würden womöglich ihre Ansprüche geltend machen und einen eigenen Kandidaten ins Rennen schicken. Nicht zuletzt aber konnten die Konklaveteilnehmer es auch aus Bequemlichkeitsgründen langsam angehen lassen: Johannes Paul II. hatte für die oft schon ziemlich betagten Herren, die zu künftigen Papstwahlen anreisen würden, extra ein altes Hospiz zu einem bequemen Appartementhotel umbauen lassen, das *Domus Sanctae Martae*, das einen weitaus besseren Komfort aufwies als die teilweise behelfsmäßigen Behausungen für die Teilnehmer früherer Konklaven. Kein Grund also zur besonderen Eile. Dafür aber einige Anlässe für lange Auseinandersetzungen. Und dennoch fiel die Wahl schon am zweiten Tag des Konklaves mit fast 100 (andere Quellen sprechen von mehr als 100) von 115 möglichen Stimmen eindeutig aus. Dass mit Ratzinger erstmals seit Jahrhunderten wieder ein Deutscher auf den Heiligen Stuhl gewählt wurde, ließ die Sache im Nachhinein noch unwahrscheinlicher aussehen.

Es war Joseph Ratzingers durch die liturgische Praxis geschulter Sinn für Gesten und Worte, der ihn sozusagen auf der Zielgeraden dieses Konklaves in die Position eines

Die 115 wahlberechtigten Kardinäle ziehen in die Sixtinische Kapelle ein, um dort von der Außenwelt abgeschlossen das neue Kirchenoberhaupt zu wählen.

Am 19. April 2005 steigt um 17.50 Uhr, nach nur 24 Stunden, weißer Rauch aus dem Kamin der Sixtinischen Kapelle und kündigt so das Ende eines der kürzesten Konklaven der Kirchengeschichte an.

Joseph Kardinal Ratzinger war als Dekan des Kardinalskollegiums der Hauptzelebrant der Messe zur Beisetzung Johannes Pauls II. am 8. April 2005. Mit bewegenden Worten, die ihm weltweit Sympathie einbrachten, gedachte er während des Gottesdienstes des verstorbenen Papstes.

Favoriten brachte – wohlgemerkt ohne dass er dies angestrebt hätte. Am 16. April noch, es war zwei Tage vor Beginn des Konklaves, hatte er sich auf seiner Geburtstagsfeier in kleinem Kreise darüber geäußert, wie er sich freue, endlich zu seinen theologischen Studien zurückzukehren. Doch zu diesem Zeitpunkt kannte die Weltöffentlichkeit bereits einen anderen Ratzinger als den, der ihr jahrzehntelang als oberster Glaubenswächter gegenübergetreten war. In seiner Funktion als Dekan des Kardinalskollegiums kam es ihm zu, vor 300.000 Menschen auf dem Petersplatz die Totenmesse für Johannes Paul II. abzuhalten, es war in der Woche zuvor gewesen, am 8. April: Als hätte Gott selbst für die Inszenierung gesorgt, hatte sich der Himmel verdunkelt und ein starker Wind hatte sich erhoben. Das große Evangelienbuch, das auf dem schlichten Holzsarg mit dem toten Pontifex lag, blätterte wie von selbst seine Seiten um. Ratzinger erinnerte in einer bewegenden Predigt an Stationen im Leben des polnischen Papstes und an Stellen in der Heiligen Schrift, die diesem besonders wichtig gewesen waren. Und er wies zum Fenster des Apostolischen Palastes hoch, von wo aus der todkranke Heilige Vater noch vor wenigen Tagen, am Oster-

sonntag, ein letztes Mal den Segen *Urbi et Orbi* (zu Deutsch: *der Stadt und dem Erdkreis*) gespendet hatte, zornig gegen das Erlöschen seiner Lebenskraft ankämpfend, ein Bild, das um die Welt ging. Ratzingers Worte gingen fast im Beifallssturm der Menge unter: „Wir können sicher sein, dass unser geliebter Papst jetzt am Fenster des Hauses des Vaters steht, uns sieht und uns segnet. Ja, segne uns, Heiliger Vater!" Immer wieder war Ratzingers Würdigung des großen Brückenbauers aus Polen von Beifall unterbrochen worden, der zuallererst dem Toten galt, dessen sofortige Heiligsprechung die Menge auf dem Petersplatz in Sprechchören begehrte. Aber man applaudierte auch demjenigen, dem man solche einfühlsamen und warmherzigen Worte nicht zugetraut hatte und der selbst sichtlich bewegt war und an einigen Stellen kaum sprechen konnte.

Bei seiner Predigt vor dem Einzug ins Konklave warnte Joseph Kardinal Ratzinger vor wachsendem Relativismus und den zunehmenden individualistischen Tendenzen in der Gesellschaft.

Als das Konklave begann, baten die Kardinäle im Petersdom um den Beistand des Heiligen Geistes – und auch hier hielt der Kardinalsdekan Ratzinger die Predigt. Sie wurde von vielen Beobachtern wie das Programm eines zukünftigen Papstes aufgefasst und fast schon als Bewerbungsrede verstanden: „Wie viele Winde der Lehre haben wir in den letzten Jahren erlebt! Wie viele ideologische Strömungen! Wie viele Moden des Denkens! Das Schifflein des Denkens vieler Christen ist nicht selten von diesen Wellen bewegt worden, umhergeworfen von einem Extrem zum anderen. Vom Marxismus zum Liberalismus, bis zur Libertinage, vom Kollektivismus zum radikalen Individualismus, vom Atheismus zu einer vagen religiösen Mystik, vom Agnostizismus zum Synkretismus und so weiter. Jeden Tag entstehen neue Sekten, und es verwirklicht sich, was der heilige Paulus über den Betrug der Menschen sagt, über ihre Bosheit, in den Irrtum zu führen." Ratzinger ließ hier seine Erfahrungen des 20. Jahrhunderts sprechen, und da war sie wieder, seine oft wiederholte Warnung vor den Verlockungen und falschen Versprechungen anderer Überzeugungen als der christlichen. Den Menschen der Gegenwart sah er einer „Diktatur des Relativismus" ausgeliefert, „die nichts als definitiv anerkennt und die als letztes Maß nur das eigene Ich und seine Wünsche gelten lässt". Die meisten, überwiegend konservativen Kardinäle, die dieser Predigt im Petersdom lauschten, teilten die Zeitdiagnose und den Pessimismus ihres Dekans – vielleicht verständlich angesichts der massiv zunehmenden Kirchenaustritte in den westlichen Gesellschaften und des damit einhergehenden schwindenden Einflusses christlicher Wertvorstellungen, angesichts des Vorrückens des Islam und der Hinwendung vieler in Europa und Amerika zu fernöstlichen Religionen und angesichts einer als Bedrohung empfundenen biologischen Wissenschaft, die sich anschickte, den Menschen an die Stelle des Schöpfers zu setzen.

Benedikt XVI. tritt auf die Loggia des Petersdoms und zeigt sich der jubelnden Menge.

Unter den Gläubigen vor dem Petersdom sind unzählige junge Priester und Ordensleute. Groß ist die Freude über die Wahl des neuen Papstes auch bei dieser Ordensschwester.

Jugendliche mit einem Transparent vor dem Geburtshaus des neuen Papstes in Marktl am Inn. Bereits am Tag nach seiner Wahl hatte Benedikt XVI. bei einer gemeinsamen Messe mit den Kardinälen angekündigt, er werde die Zusage seines Vorgängers einhalten und im August 2005 zum Weltjugendtag nach Köln kommen.

EDIZIONE STRAORDINARIA - Martedì 19 aprile 2005 - Ore 19.10

L'OSSERVATORE ROMANO

GIORNALE QUOTIDIANO POLITICO RELIGIOSO

UNICUIQUE SUUM NON PRAEVALEBUNT

Anno CXLV - N. 93 (43.930) CITTÀ DEL VATICANO Mercoledì 20 Aprile 2005

HABEMUS PAPAM

IOSEPHUM RATZINGER

QUI SIBI NOMEN IMPOSUIT

BENEDICTUM XVI

Abbiamo attraversato la tristezza del Venerdì Santo; abbiamo pianto; ci siamo sentiti orfani di un Padre che tutto si è consumato per Cristo e per la sua Chiesa.

Abbiamo pregato.

Abbiamo atteso.

Abbiamo implorato il Sacro Cuore di Gesù.

Ed ecco che il Signore dalle fibre più intime del suo Cuore ci dona il Successore di Pietro.

Non siamo più soli.

Pietro è con noi.

La navigazione riprende la rotta; il cammino riprende il ritmo del viandante.

Grazie, Padre Santo, per aver detto «sì».

Un «sì» che anche noi diciamo a Te. Senza riserve e con amore.

Con quell'amore petrino che da circa un secolo e mezzo è la nostra fierezza.

m.a.

Papst Benedikt XVI. erteilt nach seiner kurzen Ansprache den Segen „Urbi et Orbi" („der Stadt und dem Erdkreis"). In bewegenden Worten bezeichnet sich Benedikt XVI. als „einen einfachen und bescheidenen Arbeiter im Weinberg des Herrn". „Habemus Papam Iosephum Ratzinger qui sibi nomen imposuit Benedictum XVI", titelt der „L'Osservatore Romano, die Zeitung des Vatikanstaats, noch am Abend des 19. April 2005 in einer Sonderausgabe.

Ratzinger katapultierte sich damit in die Position eines erstrangigen Kandidaten für die Papstwahl – denn wer sollte den gewaltigen Bedrohungen besser begegnen können als der Senior unter ihnen, der mit einem brillanten Verstand gesegnet war und es mit den Apologeten des Zeitgeistes schon aufnehmen würde?

„Eminenz, haben Sie manchmal nicht auch ein wenig Angst vor Gott?", so wurde Joseph Ratzinger in den ausführlichen Gesprächen, die Peter Seewald mit ihm führte, einmal gefragt. Zunächst relativierte der Kardinal: „Angst würde ich das nicht nennen. Von Christus wissen wir ja, wie Gott ist, dass er uns liebt." Aber dann setzte er auch noch ein persönlicheres Bekenntnis hinzu: „Ich habe allerdings immer wieder das brennende Gefühl, hinter meiner Berufung zurückzubleiben. Hinter der Idee, die Gott von mir hat, von dem, was ich geben könnte und müsste."[18]

Papst Benedikt nach seiner Amtseinführung. Als äußere Zeichen seiner Papstwürde trägt er den Fischerring und das Pallium. Der Fischerring verweist auf Petrus, den „Menschenfischer" im Namen des Herrn. Das Pallium hingegen soll mit den fünf aufgestickten Kreuzen an die Kreuzigung Jesu erinnern, von der der Papst Zeugnis abgeben soll. Mit der Wahl des Palliums – einer dreistreifigen Wollstola, 2,60 m lang und 11 cm breit – setzte Benedikt XVI. ein Zeichen; es hat nicht mehr die Form des Palliums der Päpste der Neuzeit, sondern erinnert an das erste Jahrtausend, als die Christenheit noch nicht in Ost- und Westkirche gespalten war. Das Pallium in dieser Form kann wohl als Symbol der ersehnten Einheit der Kirche verstanden werden, für die sich der Papst in den Folgejahren einsetzen sollte.

Papst Benedikt XVI. wird bei seiner Amtseinführung am 24. April 2005 von der Menge bejubelt. Zuvor hatte er am Grab des Apostelfürsten Petrus gebetet.

Am Tag der Amtseinführung hat sich der Petersplatz in ein Fahnenmeer verwandelt – besonders viele Gläubige waren aus der Heimat des Pontifex nach Rom gereist.

Soweit es den Kardinal Ratzinger in seinem Leben geführt hatte – und er war zum Zeitpunkt des Gesprächs schon Präfekt der Glaubenskongregation –, hatte er immer noch das Gefühl, nicht genug für den Glauben, für die Gläubigen (vielleicht für die Menschheit insgesamt) zu leisten und seine eigentliche „Berufung“ noch vor sich zu haben! Dass er sich gewünscht hat, er würde sie dereinst in der Wissenschaft finden, mag wohl so sein. Aber als mit ihm als soeben gewähltem Papst ein Mensch mit neuem Namen, Benedikt, auf die Loggia des Apostolischen Palastes trat und sich den wartenden Menschen auf dem Petersplatz und in aller Welt präsentierte, konnte er denen, die ihn kannten, fast wie ein Schmetterling vorkommen, der aus seinem schmucklosen Kokon entschlüpft war, dem Kokon des Kurienkardinals, der obendrein oberster Glaubenswächter hatte sein müssen, nun aber in päpstlichem Ornat mit der reich verzierten Stola des Heiligen Vaters geschmückt war. Der als schüchtern und introvertiert geltende frühere Universitätsprofessor trat tapfer der Menge entgegen, stieg auf eine Stufe, so dass er besser zu sehen war, und winkte den Menschen zu, sein Lächeln wirkte unsicher, seine Bewegungen waren etwas linkisch, nicht so routiniert wie bei seinem Vorgänger, und dann konnte man in seinem Gesicht auch die Anspannung der vergangenen Tage und Wochen lesen und den Kampf erahnen, der in ihm vorgegangen sein musste, als er von Kardinal Angelo Sodano gefragt worden war, ob er die Wahl annehme und welchen Namen er tragen wolle. Benedictus, hatte er ohne Zögern auf Latein geantwortet.

Manche hatten erwartet, dass Joseph Ratzinger sich aus Respekt vor seinem Vorgänger Johannes Paul III. nennen würde. Seine ersten Worte auf der Loggia waren auch tatsächlich eine Respektbezeugung und ein Zeichen der Demut: „Nach einem großen Papst Johannes Paul II. haben die Herren Kardinäle mich gewählt, einen einfachen und bescheidenen Arbeiter im Weinberg des Herrn. Mich tröstet die Tatsache, dass der Herr auch mit ungenügenden Werkzeugen zu arbeiten und zu wirken weiß."

Aber der einstige Shootingstar der Theologie war auch selbstbewusst genug, einen anderen Namen auszusuchen, und er war in der Kirchen- und Religionsgeschichte so zu Hause, dass man seiner Namenswahl durchaus besondere Bedeutung zusprechen durfte. Sein Vorgänger als Benedikt, in der Reihe der 15. also, war Giacomo della Chiesa gewesen, der kurz nach Ausbruch des Ersten Weltkriegs, am 3. September 1914, gewählt worden war. Er hatte versucht, zwischen den Kriegsparteien Brücken zu bauen und die „Schlächterei", wie er den Krieg nannte, zu verhindern – doch vergebens: Die feindlichen Parteien bezichtigten ihn jeweils, auf der anderen Seite zu stehen.

Solche politische Instrumentalisierung des Glaubens war ja Ratzinger zuwider, und er wies mit seiner Namenswahl vielleicht auf diese bestehende Gefahr hin. Auch der 14. Benedikt in der Reihe (1740–1758) war ein symbolträchtiger Namensvorfahr. Er war wie Ratzinger ein Intellektueller auf dem Heiligen Stuhl, Prospero Lambertini aus Bologna, von dem englischen Historiker Thomas Babington Macaulay als der beste und weiseste aller Nachfolger Petri bezeichnet. Benedikt XIV. förderte die modernen Wissenschaften, gründete Akademien und Universitäten und machte Rom zu einem geistigen Zentrum des Abendlandes; zu seinen Korrespondenzpartnern gehörten Größen wie Voltaire. In dieser Liga sah sich auch Ratzinger. Und dann war da natürlich noch der Erste in der Reihe, Benedikt von Nursia, der Gründer des Ordens der Benediktiner, die in der Heimat Ratzingers, in Bayern, so viele Spuren hinterlassen haben. Der Heilige hatte die erste Klosterregel katholischer Mönche geschaffen, als deren Kernsatz uns Heutigen noch das *Ora et labora* („Bete und arbeite") vertraut ist.

Ratzinger ließ es in seiner Ansprache anklingen, als er von sich als einem „Arbeiter im Weinberg des Herrn" sprach. Benedikt von Nursia war für die Christianisierung des Abendlandes ungeheuer wichtig, und angesichts der prekären Lage der katholischen Kirche in den westlichen Ländern sahen Kommentatoren in der Namenswahl Ratzingers eine Programmatik. „Es soll noch einmal ein Europäer die größte Glaubensgemeinschaft der Welt leiten", kommentierte die *Süddeutsche Zeitung*, „kein Lateinamerikaner oder Afrikaner. Es erschien den Papstwählern dringend, die katholische Kirche in Europa aus der Defensive zu holen, in die sie ausgerechnet dort geraten war, von wo aus das Christentum zur Weltreligion geworden war."[19] – Der Name des großen „Europäers" Benedikt von Nursia passte ideal zu dieser Absicht.

Das Pontifikat im Lichte der Öffentlichkeit

Joseph Ratzinger hat ungern seinen Schreibtisch verlassen und ist auf Reisen gegangen; von Urlaubsaufenthalten in wärmeren Gefilden, wie sie zum Lebensstil des modernen Menschen dazugehören, hat er Abstand genommen, ein Flugzeug bestieg er nur, wenn seine Amtsgeschäfte es erforderten. Die Öffentlichkeit hatte durch Johannes Paul II. ein Bild des Papstes als Reisenden gewonnen, das der neue Pontifex in ihren Augen in Deckung zu bringen hatte – ein nicht reisender Papst war unter dem medialen Blickwinkel ein weitgehend nicht existenter Papst.

Es war eine Ironie des Schicksals, dass ausgerechnet sein Vorgänger noch Benedikt XVI. seine erste „Auslandsreise“ beschert hatte – denn jener hatte die feste Zusage zur Teilnahme am Weltjugendtag in Köln im August 2005 gegeben. Der Kölner Kardinal Meisner drängte Ratzinger schon im Konklave, diese Zusage des alten Papstes einzuhalten, wenn er gewählt würde. Und so reiste Benedikt am 18. August in das Land, dessen größte Boulevardzeitung am Tag nach der Papstwahl triumphierend-ironisch „Wir sind Papst!“ getitelt hatte. Er wurde von über 800.000 Pilgern aus

Die Titelblätter deutscher Zeitungen am Tag nach der Wahl Joseph Ratzingers zum Papst. Unter den mitunter kuriosen Titeln ist die Resonanz der deutschen Presse überwiegend positiv.

mehr als 190 Ländern begeistert empfangen, von einem Schiff aus winkte er ihnen und den Kölnern zu, von einem extra für ihn aufgeschütteten Hügel bei Köln, von dem aus er allen gut sichtbar war, predigte er zu ihnen bei einer Abendmesse. Er überraschte jene, die in ihm nur den menschenscheuen Bürokraten und gnadenlosen „Großinquisitor" gesehen hatten, und er ließ sich anstecken von der Fröhlichkeit der jungen Leute. Mit seinen Gesten und Worten fand er, wie schon früher als Gelehrter und als Bischof, Zugang zu den Herzen der Menschen. Er musste nun nicht mehr *verharren* und *festhalten*, wie es seinem Verständnis von der Rolle des Glaubenshüters entsprochen hatte, sondern konnte endlich wieder *geben*, was ihm eher lag und viel lieber war. Der Besuch in Köln wurde so auch im Vatikan wie in weiten Teilen der medialen Öffentlichkeit als voller Erfolg gewertet; in der Bevölkerung gewann das Amt des Heiligen Vaters an Ansehen, und der Mensch hinter dem Amt, der verspürte ihre wachsende Sympathie.

Eine „Antrittsreise", wie sie hätte beeindruckender nicht sein können: Papst Benedikt XVI. reist im August 2005 zum Weltjugendtag nach Köln, wo er von über 800.000 Pilgern mit offenen Armen empfangen wird.

Mit einem Schiff fährt der Papst den Rhein hinunter, am Ufer jubeln ihm die Menschen zu. Der als menschenscheuer Gelehrter geltende Ratzinger kann als weltoffener Benedikt XVI. die Herzen der Gläubigen erreichen.

7700 akkreditierte Journalisten haben von diesem Ereignis berichtet, indem sie jeden Schritt des Papstes begleiteten und kommentierten. Auch davon berichteten, dass die Massen das Rheinufer säumten, als Benedikt XVI. am Ankunftstag mit dem Schiff an der Hohenzollernbrücke anlegte und dann mit jungen Christen aus aller Welt durch die Altstadt zum Dom pilgerte, dessen „Hausherr" Kardinal Joachim Meisner ihn mit sichtlicher Bewegung empfing. Doch es war erst der Auftakt zu drei Tagen eines dicht gedrängten Programms, das sich der 78-Jährige zumutete, unter anderem mit einem historischen Besuch in der Kölner Synagoge.

Den Abschluss des Weltjugendtags bildete jener Gottesdienst auf dem Marienfeld, an dem unglaubliche 1,2 Millionen Menschen teilnahmen – es war die größte Messe, die je in Deutschland gefeiert worden war und deren Liveübertragung 250 Millionen TV-Zuschauer in aller Welt sahen. Der aufgeschüttete Hügel des Marienfelds machte den Altar, an dem Benedikt die Feier zelebrierte, für alle Teilnehmenden gut sichtbar. Unzählige Kerzen erhellten die Nacht in dieser „Kathedrale für einen Tag", wie Kardinal Meisner das Marienfeld nannte, und trugen zur meditativen Stimmung bei. Die „Benedetto"-Rufe während der Andacht erwiderte der Heilige Vater mit der Aufforderung an die Jugendlichen, die aus dem Glauben geborene Energie und die Spiritualität, die alle in diesen Tagen erfahren hatten, in die Welt zu tragen.

Wie eine große Wolke erhebt sich der Baldachin über dem Altar auf dem Marienfeld bei Köln. Im Kerzenschein feiert der Papst die Vigil beim Weltjugendtag am 20. August 2005.

APOSTOLISCHE REISE NACH KÖLN ANLÄSSLICH DES XX. WELTJUGENDTAGES

VIGIL MIT DEN JUGENDLICHEN AUF DEM MARIENFELD

ANSPRACHE VON BENEDIKT XVI.

Köln, Marienfeld
Samstag, 20. August 2005

Liebe Jugendliche!

Auf unserem Pilgerweg mit den geheimnisvollen Weisen aus dem Orient sind wir jetzt an der Stelle angelangt, die uns Matthäus in seinem Evangelium so beschreibt: „Und sie gingen in das Haus (über dem der Stern stehengeblieben war) und sahen das Kind und Maria, seine Mutter; da fielen sie nieder und beteten es an" (Mt 2, 11). Der äußere Weg dieser Männer war zu Ende. Sie waren an ihrem Ziel. Aber an dieser Stelle beginnt für sie ein neuer Weg, eine innere Pilgerschaft, die ihr ganzes Leben ändert. Denn sie hatten sich diesen neugeborenen König gewiß anders vorgestellt. Sie hatten ja in Jerusalem Halt gemacht und beim dortigen König nach dem verheißenen Königskind gefragt. Sie wußten, daß die Welt in Unordnung war, und deswegen war ihr Herz unruhig geblieben. Sie waren gewiß, daß es Gott gebe, einen gerechten und gütigen Gott. Und sie hatten wohl auch von den großen Prophezeiungen gehört, in denen die Propheten Israels einen König vorhersagten, der im innersten Einklang mit Gott stehen und von ihm her die Welt in Ordnung bringen würde. Diesen König waren sie suchen gegangen: Sie waren im tiefsten auf der Suche nach dem Recht, nach der Gerechtigkeit, die von Gott kommen mußte und wollten diesem König zu Diensten sein, sich ihm zu Füßen werfen und so selbst der Erneuerung der Welt dienen. Sie gehörten zu denen, die „Hunger und Durst haben nach der Gerechtigkeit" (Mt 5, 6). Diesem Hunger und Durst waren sie mit ihrer Pilgerschaft gefolgt – sie waren Pilger zur Gerechtigkeit, die sie von Gott erwarteten und in deren Dienst sie selber treten wollten.

Auch wenn die anderen Menschen, die zu Hause Gebliebenen, sie für Phantasten und Träumer halten mochten – sie waren durchaus Realisten und wußten, daß zur Änderung der Welt Macht gehört. Deshalb konnten sie das Kind der Verheißung zunächst nur im Königspalast suchen. Aber nun beugen sie sich vor einem Kind armer Leute, und sehr bald erfuhren sie, daß Herodes – der König, den sie aufgesucht hatten – mit seiner Macht ihm nachstellen würde und daß der Familie nur die Flucht und das Exil verblieben. Der neue König, den sie anbeteten, war ganz anders, als sie erwartet hatten. So mußten sie lernen, daß Gott anders ist, als wir ihn gewöhnlich uns vorstellen. Nun begann ihre innere Wanderung. Sie begann in dem Augenblick, in dem sie sich vor diesem Kind niederwarfen und es als den verheißenen König anerkannten. Aber diese freudigen Gesten mußten sie erst innerlich einholen.

Sie mußten ihren Begriff von Macht, von Gott und vom Menschen ändern und darin sich selbst ändern. Sie sahen nun: Die Macht Gottes ist anders als die Macht der Mächtigen der Welt. Die Art, wie Gott wirkt, ist anders als wir es uns ausdenken und ihm gerne vorschreiben möchten. Gott tritt in dieser Welt nicht in Konkurrenz zu den weltlichen Formen der Macht. Er stellt nicht seine Divisionen anderen Divisionen gegenüber. Er schickt Jesus auf dem Ölberg nicht 12 Legionen Engel zu Hilfe (vgl.

Mt 26, 53). Er stellt der lauten, auftrumpfenden Macht dieser Welt die wehrlose Macht der Liebe gegenüber, die am Kreuz – und dann in der Geschichte immer wieder – unterliegt und doch das Neue, das Göttliche ist, das nun dem Unrecht entgegentritt und Gottes Reich heraufführt. Gott ist anders – das erkennen sie nun. Und das bedeutet, daß sie nun selbst anders werden, Gottes Art erlernen müssen.

Sie waren gekommen, sich in den Dienst dieses Königs zu stellen, ihr Königtum nach dem Seinen auszurichten. Das war der Sinn ihrer Huldigungsgebärde, ihrer Anbetung. Zu ihr gehörten auch die Geschenke – Gold, Weihrauch, Myrrhe – Gaben, die man einem für göttlich angesehenen König spendete. Anbetung hat einen Inhalt, und zu ihr gehört auch eine Gabe. Die Männer aus dem Orient waren durchaus auf der richtigen Spur, als sie mit der Gebärde der Anbetung dieses Kind als ihren König anerkennen wollten, in dessen Dienst sie ihre Macht und ihre Möglichkeiten zu stellen gedachten. Sie wollten durch den Dienst für ihn und die Gefolgschaft mit ihm der Sache der Gerechtigkeit, des Guten in der Welt dienen. Und da hatten sie recht. Aber nun lernen sie, daß das nicht einfach durch Befehle und von Thronen herunter geschehen konnte. Nun lernen sie, daß sie sich selber geben müssen – kein geringeres Geschenk verlangt dieser König. Nun lernen sie, daß ihr Leben von der Weise geprägt sein muß, wie Gott Macht ausübt und wie Gott selber ist: Sie müssen Menschen der Wahrheit, des Rechts, der Güte, des Verzeihens, der Barmherzigkeit werden. Sie werden nicht mehr fragen: Was bringt das für mich, sondern sie müssen nun fragen: Womit diene ich der Gegenwart Gottes in der Welt. Sie müssen lernen, sich zu verlieren und gerade so sich zu finden. Indem sie weggehen von Bethlehem, müssen sie auf der Spur des wahren Königs bleiben, in der Nachfolge Jesu.

Liebe Freunde, fragen wir uns, was das alles für uns bedeutet. Denn was wir eben über die andere Art Gottes gesagt haben, die unsere Lebensart bestimmen soll, klingt uns schön, aber es bleibt doch blaß und unbestimmt. Deswegen hat Gott uns Beispiele geschenkt. Die Weisen aus dem Morgenland sind nur die ersten einer langen Prozession von Menschen, die nach dem Stern Gottes mit ihrem Leben Ausschau gehalten, den Gott gesucht haben, der uns Menschen nahe ist und uns den Weg zeigt. Es ist die große Schar der Heiligen, der bekannten und der unbekannten, in denen der Herr das Evangelium die Geschichte hindurch aufgeblättert hat und aufblättert. In ihrem Leben kommt wie in einem großen Bilderbogen der Reichtum des Evangeliums zum Vorschein. Sie sind die Lichtspur Gottes, die er selbst durch die Geschichte gezogen hat und zieht. Mein verehrter Vorgänger Papst Johannes Paul II. hat eine große Schar von Menschen vergangener und naher Zeiten selig- und heiliggesprochen. Er wollte uns in diesen Gestalten zeigen, wie es geht, ein Christ zu sein; wie es geht, das Leben recht zu machen – nach der Weise Gottes zu leben. Die Seligen und Heiligen waren Menschen, die nicht verzweifelt nach ihrem eigenen Glück Ausschau hielten, sondern einfach sich geben wollten, weil sie vom Licht Jesu Christi getroffen waren. Und so zeigen sie uns den Weg, wie man glücklich wird, wie man das macht, ein Mensch zu sein. Im Auf und Ab der Geschichte waren sie die wirklichen Erneuerer, die immer wieder die Geschichte aus den dunklen Tälern herausgeholt haben, in denen sie immer neu zu versinken droht und immer wieder so viel Licht in sie brachten, daß man dem Wort Gottes, wenn vielleicht auch unter Schmerzen, zustimmen kann, der am Ende des Schöpfungswerkes gesagt hatte: Es ist gut. Denken wir nur an Gestalten wie Sankt Benedikt, wie Franz von Assisi, wie Teresa von Avila, Ignatius von Loyola, Karl Borromäus, an die Ordensgründer des 19. Jahrhunderts, die der Sozialen Bewegung ihr Herz gegeben haben oder an Heilige unserer Zeit – Maximilian Kolbe, Edith Stein, Mutter Teresa, Pater Pio. Wenn wir diese Gestalten ansehen, dann lernen wir, was „anbeten" heißt und was es heißt, nach den Maßstäben des Kindes von Bethlehem, den Maßstäben Jesu Christi und Gottes selbst zu leben.

Die Heiligen sind die wahren Reformer, hatten wir gesagt. Ich möchte es nun noch radikaler ausdrücken: Nur von den Heiligen, nur von Gott her kommt die wirkliche Revolution, die grundlegende Änderung der Welt. Wir haben im abgelaufenen Jahrhundert die Revolutionen erlebt, deren gemeinsames Programm es war, nicht mehr auf Gott zu warten, sondern die Sache der Verfassung der Welt ganz selbst in die Hände zu nehmen. Und wir haben gesehen, daß damit immer ein menschlicher, ein parteilicher Standpunkt zum absoluten Maßstab genommen wurde. Das Absolutsetzen dessen, was nicht absolut, sondern relativ ist, heißt Totalitarismus. Es macht den Menschen nicht frei, sondern entehrt ihn und versklavt ihn. Nicht die Ideologien retten die Welt, sondern allein die Hinwendung zum lebendigen Gott, der unser Schöpfer, der Garant unserer Freiheit, der Garant des wirklich Guten und Wahren ist. Die wirkliche Revolution besteht allein in der radikalen Hinwendung zu Gott, der das Maß des Gerechten und zugleich die ewige Liebe ist. Und was könnte uns denn retten wenn nicht die Liebe?

Liebe Freunde! Laßt mich nur noch zwei kurze Gedanken anfügen. Von Gott reden viele; im Namen Gottes wird auch Haß gepredigt und Gewalt ausgeübt. Deswegen kommt es darauf an, das wahre Antlitz Gottes zu finden. Die Weisen aus dem Orient haben es gefunden, als sie sich vor dem Kind in Bethlehem beugten. „Wer mich sieht, sieht den Vater", hat Jesus zu Philippus gesagt (Joh 14, 9). In Jesus Christus, der sich für uns das Herz hat durchbohren lassen, ist uns das wahre Gesicht Gottes erschienen. Ihm folgen wir mit der großen Schar derer, die uns da vorangegangen sind. Dann gehen wir recht.

Das bedeutet, daß wir uns nicht einen privaten Gott und nicht einen privaten Jesus zurechtmachen, sondern dem Jesus glauben, vor dem Jesus uns beugen, den uns die Heiligen Schriften zeigen und der sich in der großen Prozession der Gläubigen, die wir Kirche nennen, als lebendig, als immer gleichzeitig mit uns und zugleich immer uns voraus zeigt. An der Kirche kann man sehr viel Kritik üben. Wir wissen es, und der Herr hat es uns gesagt: Sie ist ein Netz mit guten und schlechten Fischen, ein Acker mit Weizen und Unkraut. Papst Johannes Paul II., der uns in den vielen Seligen und Heiligen das wahre Gesicht der Kirche gezeigt hat, hat auch um Verzeihung gebeten für das, was durch das Handeln und Reden von Menschen der Kirche an Bösem in der Geschichte geschehen ist. So hält er auch uns selber den Spiegel vor und ruft uns auf, mit all unseren Fehlern und Schwächen in die Prozession der Heiligen einzutreten, die mit den Weisen aus dem Orient begonnen hat. Im Grund ist es doch tröstlich, daß es Unkraut in der Kirche gibt: In all unseren Fehlern dürfen wir hoffen, doch noch in der Nachfolge Jesu zu sein, der gerade die Sünder berufen hat. Die Kirche ist wie eine menschliche Familie, und sie ist doch zugleich die große Familie Gottes, durch die er einen Raum der Gemeinschaft und der Einheit quer durch die Kontinente, durch die Kulturen und Nationen legt. Deswegen freuen wir uns, daß wir zu dieser großen Familie gehören; daß wir Geschwister und Freunde haben in aller Welt. Wir erleben es hier in Köln, wie schön es ist, einer welt-weiten Familie anzugehören, die Himmel und Erde, Vergangenheit, Gegenwart und Zukunft und alle Teile der Erde umspannt. In dieser großen Weggemeinschaft gehen wir mit Christus, gehen wir mit dem Stern, der die Geschichte erleuchtet.

„Sie gingen in das Haus und sahen das Kind und Maria, seine Mutter; da fielen sie nieder und beteten es an" (Mt 2, 11). Liebe Freunde – das ist nicht eine weit entfernte, lang vergangene Geschichte. Das ist Gegenwart. Hier in der heiligen Hostie ist ER vor uns und unter uns. Wie damals verhüllt er sich geheimnisvoll in heiligem Schweigen, und wie damals offenbart er gerade so Gottes wahres Gesicht. Er ist für uns Weizenkorn geworden, das in die Erde fällt und stirbt und Frucht bringt bis zum Ende der Zeiten (vgl. Joh 12, 24). Er ist da wie damals in Bethlehem. Er lädt uns ein zu der inneren Wanderschaft, die Anbetung heißt. Machen wir uns jetzt auf diesen inneren Weg und bitten wir ihn, daß er uns führe. Amen.

Am 25. Januar 2006 wurde die mit großem Interesse erwartete erste Enzyklika des neuen Papstes vorgestellt: *Deus Caritas est* (*Gott ist die Liebe*). Benedikt XVI. unterzeichnet das Rundschreiben in seinem Arbeitszimmer im Vatikanpalast.

Benedikt XVI. sorgte im Laufe des Jahres 2005 noch für weitere Überraschungen. Am Samstag, dem 24. September, empfing der Pontifex den Tübinger Professor Hans Küng, seinen einstigen Weggefährten, der seit 1979 nicht mehr im Namen der Kirche lehren durfte, woraufhin ihm seine Universität 1980 einen fakultätsunabhängigen Lehrstuhl eingerichtet hatte. Es war ein betont freundschaftliches Gespräch, das hinter verschlossenen Türen in der privaten Atmosphäre der päpstlichen Sommerresidenz Castel Gandolfo stattfand; die Presseerklärung hatte Benedikt noch in Anwesenheit Küngs handschriftlich verfasst. Als sie am darauffolgenden Montag bei der Deutschen Presse-Agentur einging, wurde das Treffen der beiden langjährigen theologischen Kontrahenten wie eine Sensation aufgenommen. War das Zustandekommen dieser Begegnung ein Zeichen dafür, dass der Papst sich der Ökumene öffnete? Bedeutete es, dass der frühere Glaubenshüter bereit war, auf seine Kritiker in der Kirche zuzugehen? „Der Papst", so hieß es in dem Pressekommuniqué, „würdigte positiv das Bemühen von Professor Küng, im Dialog der Religionen wie in der Begegnung mit der säkularen Vernunft zu einer erneuerten Anerkennung der wesentlichen moralischen Werte der Menschheit beizutragen." Küng drückte seinerseits seine „Zustimmung zu dem Bemühen des Papstes um den Dialog der Religionen wie um die Begegnung mit den unterschiedlichen gesellschaftlichen Gruppen der modernen Welt aus." – Solche konzilianten Formulierungen ließen die Kritiker Roms aufhorchen: Herrschte Tauwetter im Vatikan? Sollten „modernistische" Forderungen in den Ohren des neuen Papstes endlich Gehör finden? Andere Kritiker ließen sich nicht so leicht überzeugen und mahnten, Benedikt werde schon noch sein wahres Gesicht zeigen. Einstweilen aber blieb offen, in welcher Richtung die Kirche sich unter Benedikt XVI. entwickeln würde.

Auch die erste Enzyklika Benedikts überraschte. Enzykliken sind lehramtliche Rundschreiben, und die erste, die ein Papst veröffentlicht, wird gern als eine Art Regierungsprogramm gewertet, sie gibt oft den Ton eines Pontifikats vor. Was hatte man hier von Benedikt zu erwarten? Würde er wieder gegen die „Diktatur des Relativismus" wettern? Würde er erneut auf den Zwiespalt von Vernunft und Glauben eingehen? Oder Klarstellungen im Verhältnis zu anderen Konfessionen und Religionen liefern? Nein – all dies nicht. Der ehemalige Glaubenshüter stellte ausgerechnet das Thema Liebe in den Mittelpunkt: Weihnachten 2005 von ihm unterzeichnet, wurde die Enzyklika *Deus Caritas est* (zu Deutsch: *Gott ist die Liebe*) am 25. Januar 2006 im vatikanischen Pressesaal vorgestellt. Zwar ging es dem Verfasser dabei vor allem um eine lehramtliche Grundlegung der karitativen Sendung der Kirche, mithin der Liebe im Sinne der im christlichen Glauben gründenden, schenkenden *Agape*, in Unterscheidung vom sinnlich-begehrenden *Eros*, aber die Journalisten der oberflächlicheren Presseorgane konzentrierten sich überwiegend auf jene Passagen des Textes, welche die fleischliche Liebe, den sexuellen Trieb des Menschen – wohlverstanden ausschließlich im Verhältnis der Ehe zwischen Mann und Frau – behandeln, wo Sexualität als ein Gottesgeschenk bezeichnet wird. Nun gehören Enzykliken nicht gerade zur Strandlektüre durchschnittlicher Menschen, sie erfahren in den Abendnachrichten oder aus der Zeitung davon, wenn überhaupt.

Die Macht der Bilder bekommt auch Benedikt XVI. immer wieder zu spüren. In einer Gesellschaft, die weniger auf Inhalte und mehr auf das bloße Erscheinen achtet, sorgt denn auch der rote *Camauro*, den der Papst im Dezember 2005 trägt, für Aufsehen.

Weit imageprägender sind dagegen im Medienzeitalter „folkloristische" Details, Mode- und Stilfragen. So schaffte es Benedikt kurz vor Weihnachten 2005 mit einer Kopfbedeckung auf die Titelseiten der Weltpresse. Er war mit ihr bei seiner mittwochs stattfindenden Generalaudienz auf dem Petersplatz erschienen, da das üblicherweise getragene weiße Käppchen namens *Pileolus* ihn nicht genügend wärmte. Die eigentümliche Kopfbedeckung heißt *Camauro* und erinnert an eine rote Nikolausmütze, sein Vorgänger Johannes Paul II. hatte sie in seinem langen Pontifikat nie getragen, und so war sie für die Öffentlichkeit etwas Neues und – vor allem in der Vorweihnachtszeit – etwas Berichtenswertes. Ebenso wurde über die roten Schuhe des Papstes berichtet oder darüber, dass der Pontifex Schuhwerk einer bestimmten italienischen Marke bevorzuge. In einer Medienlandschaft, die von Bildern beherrscht wird, sind solche optischen Details ein gefundenes Fressen; dabei lag diesem Papst nichts so fern, wie „modisch" zu wirken – „Mode" war für ihn geradezu ein Unwort. Die Fokussierung der Reporter

HALT !
STÓJ !

war wahrscheinlich auch darauf zurückzuführen, wie der Vatikanexperte Stephan Kulle meinte, dass unter Benedikt im Gegensatz zum Pontifikat von Johannes Paul II. kaum noch etwas aus dem Apostolischen Palast nach außen drang, das die Journalisten hätten verwerten können.[20] Benedikt hatte die Sitte seines Vorgängers nicht übernommen, Gäste zum Mittagessen zu laden, mit denen dies und jenes besprochen wurde, was mancher dann nicht für sich behalten konnte. Und er ließ nicht so viele Berater an sich heran und formulierte Texte selbst und entschied weitgehend autonom. Also stürzte sich der Sensationshunger notgedrungen auf Belanglosigkeiten wie Schuhmarken.

Von umso größerer Bedeutung war ein Ereignis, das am 29. Mai 2006 stattfand: Benedikt besuchte während einer Reise nach Polen Auschwitz. Der Heilige Vater wurde im Heimatland seines Vorgängers herzlich empfangen. Hierhin nach dem Weltjugendtag als Nächstes zu reisen, wurde auch als letzter Freundschaftsdienst für Johannes Paul II. betrachtet, den die Polen immer noch liebten und verehrten. Doch der Gang zum Vernichtungslager Auschwitz, Inbegriff für das dunkelste Kapitel der deutschen Geschichte, ein Ort, an dem mehr als eine Million Menschen durch die Nazis ums Leben gekommen

Bild links:
Ein Bild, das um die Welt ging: Benedikt XVI., der „deutsche" Papst, geht mit gefalteten Händen bei seinem Polenbesuch durch das Tor des Vernichtungslagers Auschwitz.

Benedikt XVI. im Mai 2006 im Gespräch mit einem Überlebenden des Konzentrationslagers Auschwitz.

waren, bedeutete eine überaus heikle Mission. Würde Benedikt an diesem Ort die richtigen Gesten und Worte finden? Was bedeutete überhaupt „die richtigen“? Bereits auf dem Hinflug irritierte Benedikt die mitreisenden Journalisten mit der Bemerkung, er komme vor allem als Katholik, nicht als Deutscher. Für jeden anderen war die Brisanz des Besuchs gerade aufgrund der Nationalität des Papstes offenkundig – wie konnte dann dieser, ein Angehöriger der sogenannten Flakhelfergeneration, sich so von seiner Herkunft distanziert zeigen? Vielleicht offenbarte sich in dieser (spontanen?) Äußerung ein Abwehrreflex: Ratzinger hatte sich damals nicht mit Nazideutschland identifiziert – warum sollte er jetzt als Benedikt dafür geradestehen? Als hätte er an den Reaktionen der Journalisten gemerkt, dass er als Deutscher so nicht auftreten konnte, begann er seine Rede, am Ort der Gräueltaten angekommen, dann aber doch in einem anderen Sinne: „Papst Johannes Paul II. stand hier als Sohn des polnischen Volkes. Ich stehe hier als Sohn des deutschen Volkes, und gerade deshalb muss ich, darf ich wie er sagen: Ich konnte unmöglich nicht hierher kommen. Ich musste kommen.“ Doch dann sagte er etwas, das unterschiedlich aufgenommen und bewertet wurde: Er habe kommen müssen als „Sohn des Volkes, über das eine Schar von Verbrechern mit lügnerischen Versprechungen, mit der Verheißung der Größe, des Wiedererstehens der Ehre der Nation und ihrer Bedeutung, mit der Verheißung des Wohlergehens und auch mit Terror und Einschüchterung Macht gewonnen hatte, sodass unser Volk zum Instrument ihrer Wut des Zerstörens und des Herrschens gebraucht und missbraucht werden konnte.“[21]

Die Deutschen als Verführte und Missbrauchte – und damit eigentlich als Unschuldige – und als bloßes Instrument einer „Schar von Verbrechern“ darzustellen, wurde von einigen Sprechern jüdischer Organisationen und Gemeinden als unzulässige Verharmlosung der Ursachen des Holocaust aufgefasst – so etwa vom Großrabbiner von Rom –, aber auch von Zeitungen wie der spanischen *El Mundo* oder der deutschen *tageszeitung* kritisch gesehen. Andererseits konnte man Benedikts Äußerungen menschlich auch verstehen: Zu sehr hatte Joseph Ratzinger sich in Opposition zu den Nationalsozialisten gesehen und selbst unter ihnen gelitten, als dass er sich – und seinesgleichen – an dieser Stelle mit ihnen in einen Topf hätte werfen lassen. Und er versuchte die „Guten“ unter den Deutschen zu entschuldigen, weil er spürte, dass im Kollektiv viele zu Unrecht angeklagt wurden, so wie er, die sich keiner Verbrechen schuldig gemacht hatten. Wer nicht so kritisch hingehört hatte, ließ sich ohnehin eher von den Fernsehbildern beeindrucken, die um die Welt gingen: unvergessen das Bild, als Benedikt mit versteinertem Gesicht allein, mit gefalteten Händen durch das Tor des Vernichtungslagers mit der Aufschrift „Arbeit macht frei“ geht. Und ebenso unvergessen ist, wie während der Ansprache Benedikts – der Tag war wolkenverhangen und regnerisch gewesen – plötzlich einige Sonnenstrahlen durchkamen und ein Regenbogen über den Wachtürmen, Baracken und Krematorien erschien – ein willkommenes Bild, um am nächsten Tag die Titelseiten der Weltpresse zu zieren: der Regenbogen als biblisches Zeichen der Versöhnung.

Die anfängliche „Wir sind Papst!“-Euphorie in Deutschland ließ im Laufe des Jahres 2006 nach, denn in die öffentliche Wahrnehmung rückte nun mehr und mehr, dass dieser Ratzinger-Papst sich selber treu geblieben war und dass er bereit war, sich gegen den Zeitgeist zu stellen; es wurde deutlich, dass weitreichende Reformen der Kirche von ihm nicht zu erwarten waren und – vor allem – dass er seinen Schäfchen auch einiges abverlangte, was konservative Werte anbetraf. Schon fünf Wochen nach seiner Polenreise saß er wieder im Flugzeug, diesmal auf dem Weg zum Weltfamilientreffen in Valencia an der spanischen Mittelmeerküste, wieder in heikler Mission. In Spanien hatte die sozialistische Regierung unter Ministerpräsident Zapatero eine Lockerung des Scheidungs- und Abtreibungsrechts auf den Weg gebracht und homosexuelle Partnerschaften der Ehe rechtlich gleichgestellt. Konservative Katholiken waren entsetzt und auch in Rom war man alarmiert: Dort saß auf dem Heiligen Stuhl ein ehemaliger Dogmatikprofessor, der vor genau dieser Auflösung familiärer Bindungen seit Jahrzehnten gewarnt hatte. Dass aber der Modernisierungsprozess ausgerechnet in diesem traditionell katholischen Land Spanien so weit vorangeschritten war, überraschte auch ihn vielleicht und verlieh seiner Teilnahme am Weltfamilientreffen besondere Dringlichkeit. Das katholische Königspaar Juan Carlos und Sophia, das sich durch den Besuch des Papstes eine Stärkung der Institution Familie versprach, empfing Benedikt am 8. Juli auf dem Flughafen von Valencia zum zweitägigen Besuch. Und der Pontifex erfüllte, was man von ihm erwarten durfte: Er betonte die Besonderheit der aus der Verbindung von Mann und Frau gebildeten Institution Ehe und ihre Bedeutung für die Gesellschaft. „Die Familie ist die Schule der Menschlichkeit", verkündete er, ihr Zweck sei die „Weitergabe des Lebens", und durch ihre Elternschaft hätten Mann und Frau das unveräußerliche Recht, ihre Kinder zu erziehen, und nicht etwa der Staat. Dies waren Salven gegen die reformlustige Regierung, und es schloss eine Anerkennung gesellschaftlicher Alternativen zur gemischtgeschlechtlichen Ehe und zur Familie aus.

Gekommen, um die Institution der Familie zu stärken: Benedikt XVI. wird am 8. Juli 2006 vom spanischen Königspaar Juan Carlos und Sophia in Valencia empfangen.

Der Papst feiert im Rahmen des Weltfamilientreffens in Valencia einen feierlichen Gottesdienst. Die Modernisierungstendenzen im traditionellen Spanien sah der Heilige Stuhl mit großer Sorge.

Benedikts Kämpfe

Von der „sprungbereiten Feindseligkeit“

Als erster Papst in der fast 2000-jährigen Geschichte des Christentums besuchte Papst Johannes Paul II. am 13. April 1986 ein jüdisches Gotteshaus, die Große Synagoge in Rom.

In den ersten Monaten seiner Amtszeit unternahm Benedikt XVI. alles, um das Verhältnis der katholischen Kirche zu anderen Glaubensgemeinschaften zu verbessern und den ökumenischen und interreligiösen Dialog zu intensivieren. Damit befand er sich im Einklang mit den Beschlüssen des Zweiten Vatikanischen Konzils, das hierin einen historischen Wendepunkt darstellte: Angehörige anderer Religionen wurden nicht mehr als Heiden bezeichnet, bloß als Objekte der Bekehrung betrachtet und von denen, die das wahre Heil besitzen, abgegrenzt. Auch ihnen wurden authentische Gotteserfahrungen zugebilligt und es wurde anerkannt, dass es auch in nichtchristlichen Religionen „Wahres“ und „Heiliges“ gebe. Ein Prozess der Suche nach verbindenden Gemeinsamkeiten zwischen Christentum und anderen Religionen wurde damit eingeleitet. Papst Johannes Paul II. hatte sich den Dialog mit anderen Religionen als persönliches Anliegen zu eigen gemacht; er hatte beispielsweise am 13. April 1986 als erster Papst überhaupt in der Geschichte der Kirche eine Synagoge besucht und am 6. Mai 2001 auch die Omaijaden-Moschee in Damaskus, eine der bedeutendsten heiligen

Papst Johannes Paul II. wird vom Patriarchen von Antiochien, Gregorios Laham III. (2. v. r.), gestützt, als er im Mai 2001 in der St.-Pauls-Kirche in Damaskus betet. Am Tag zuvor hatte Johannes Paul II. als erster Papst in der Geschichte ein moslemisches Gotteshaus – die Omaijaden-Moschee – betreten und gemeinsam mit Moslems gebetet.

Wie sein Vorgänger besuchte auch Benedikt XVI. die Große Synagoge in Rom. Der Pontifex am 17. Januar 2010 im Gespräch mit Oberrabbiner Riccardo Di Segni.

Stätten des Islam; am 12. März 2000 hatte er in einem öffentlichen Akt der Buße bekannt, dass die Kirche sich im Laufe ihrer Geschichte gegen das jüdische Volk schuldig gemacht hatte – ein nie von einem katholischen Oberhaupt gehörtes Eingeständnis, das manchem Erzkonservativen in der Kirche nicht schmeckte.

Die Latte lag hoch, als Benedikt sein Amt antrat, und es schien, als knüpfe er nahtlos an seinen Vorgänger an: Bereits am Tag nach seiner Wahl hatte er in seiner ersten Papstmesse vor dem versammelten Kardinalskollegium darum geworben, den Dialog der Kirche mit nichtchristlichen Religionen fortzuführen; fünf Tage später empfing er Vertreter anderer Konfessionen und Religionen, um ihnen in Freundschaft die Hand zu reichen und einen regen Austausch mit ihnen zu versprechen. Auf seiner Deutschlandreise zum Weltjugendtag besuchte er am 19. August 2005 die Kölner Synagoge, erinnerte an die Shoah als eine deutsche und europäische Katastrophe und erteilte antisemitischen Tendenzen in der Gesellschaft eine deutliche Absage. Auch Vertreter muslimischer Gemeinden empfing er während seiner Deutschlandreise am 20. August in Köln, wobei er sich über das Phänomen des Terrorismus besorgt zeigte, das in einer gemeinsamen Anstrengung von Muslimen und Christen überwunden werden müsse, denn im Islam wie im Christentum seien Gewaltakte unvereinbar mit dem Glauben an Gott. Immer nahm Benedikt eher das Einende als das Trennende der Religionen in den Blick.

Papst Benedikt XVI. mit Gesandten verschiedener muslimischer Gemeinden bei einem Treffen während seiner Deutschlandreise. Der Papst stellte auch bei dieser Gelegenheit das Einende der Religionen in den Vordergrund.

APOSTOLISCHE REISE NACH KÖLN ANLÄSSLICH DES XX. WELTJUGENDTAGES

BESUCH IN DER SYNAGOGE

GRUSSWORT VON BENEDIKT XVI.

Köln, Synagoge
Freitag, 19. August 2005

Sehr geehrte Damen und Herren, liebe Brüder und Schwestern!

Schalom lêchém! Es war mir ein tiefes Anliegen, anläßlich meines ersten Besuches in Deutschland nach der Wahl zum Nachfolger Petri der Jüdischen Gemeinde von Köln und den Vertretern des deutschen Judentums zu begegnen. Mit diesem Besuch möchte ich an das Ereignis des 17. Novembers 1980 anknüpfen, als mein verehrter Vorgänger, Papst Johannes Paul II., auf seiner ersten Deutschland-Reise in Mainz dem Zentralrat der Juden in Deutschland und der Rabbinerkonferenz begegnete. Auch bei dieser Gelegenheit möchte ich versichern, daß ich beabsichtige, den Weg zur Verbesserung der Beziehungen und der Freundschaft mit dem jüdischen Volk, auf dem Papst Johannes Paul II. entscheidende Schritte getan hat, weiterzuführen (vgl. Ansprache an die Delegation des International Jewish Committee on Interreligious Consultations: L'Osservatore Romano, 10. Juni 2005, S. 5).

Die jüdische Gemeinde von Köln darf sich in dieser Stadt wirklich „zu Hause“ fühlen. Tatsächlich ist dies der älteste Sitz einer jüdischen Gemeinde auf deutschem Boden: Sie reicht zurück bis in das Köln der Römerzeit. Die Geschichte der Beziehungen zwischen jüdischer und christlicher Gemeinde ist komplex und oft schmerzlich. Es gab Perioden guter Nachbarschaft, doch es gab auch die Vertreibung der Juden aus Köln im Jahr 1424. Im 20. Jahrhundert hat dann in der dunkelsten Zeit deutscher und europäischer Geschichte eine wahnwitzige neuheidnische Rassenideologie zu dem staatlich geplanten und systematisch ins Werk gesetzten Versuch der Auslöschung des europäischen Judentums geführt, zu dem, was als die Schoah in die Geschichte eingegangen ist. Diesem unerhörten und bis dahin auch unvorstellbaren Verbrechen sind allein in Köln 7.000 namentlich bekannte – in Wirklichkeit sicher erheblich mehr – Juden zum Opfer gefallen. Weil man die Heiligkeit Gottes nicht mehr anerkannte, wurde auch die Heiligkeit menschlichen Lebens mit Füßen getreten.

In diesem Jahr gedenken wir des 60. Jahrestags der Befreiung aus den national-sozialistischen Konzentrationslagern, in deren Gaskammern Millionen von Juden – Männer, Frauen und Kinder – umgebracht und in den Krematorien verbrannt worden sind. Ich mache mir zu eigen, was mein verehrter Vorgänger zum 60. Jahrestag der Befreiung von Auschwitz geschrieben hat und sage ebenfalls: „Ich neige mein Haupt vor all denen, die diese Manifestation des mysterium iniquitatis erfahren haben.“ Die fürchterlichen Geschehnisse von damals müssen „unablässig die Gewissen wecken, Konflikte beenden und zum Frieden ermahnen“ (Botschaft zur Befreiung von Auschwitz, 15. Januar 2005). Gemeinsam müssen wir uns auf Gott und seinen weisen Plan für die von ihm erschaffene Welt besinnen: Er ist – wie das Buch der Weisheit mahnt – „ein Freund des Lebens“ (11, 26).

Ebenfalls in diesem Jahr sind es vierzig Jahre her, daß das Zweite Vatikanische Konzil die Erklärung Nostra aetate promulgiert und damit neue Perspektiven in den jüdisch-christlichen Beziehungen er-

Ein historisches Treffen während des Papstbesuches zum Weltjugendtag in Köln: Benedikt XVI. besucht am 19. August 2005 die Synagoge in Köln, mit Rabbi Nethanel Teitelbaum (r.), Kardinal Dr. Walter Kasper (hinten).

öffnet hat, die durch Dialog und Partnerschaft gekennzeichnet sind. Im vierten Kapitel erinnert diese Erklärung an unsere gemeinsamen Wurzeln und an das äußerst reiche geistliche Erbe, das Juden und Christen miteinander teilen. Sowohl die Juden als auch die Christen erkennen in Abraham ihren Vater im Glauben (vgl. Gal 3,7; Röm 4,11f) und berufen sich auf die Lehren Moses und der Propheten. Die Spiritualität der Juden wird wie die der Christen aus den Psalmen gespeist. Mit dem Apostel Paulus sind die Christen überzeugt, daß „Gnade und Berufung, die Gott gewährt, unwiderruflich sind" (Röm 11,29; vgl. 9, 6.11; 11,1f). In Anbetracht der jüdischen Wurzeln des Christentums (vgl. Röm 11,16-24) hat mein verehrter Vorgänger in Bestätigung eines Urteils der deutschen Bischöfe gesagt: „Wer Jesus Christus begegnet, begegnet dem Judentum“ (Insegnamenti, Bd. III/2, 1980, S. 1272; deutsche Übersetzung in: Die Kirchen und das Judentum. Dokumente von 1945-1985, Paderborn/München 1989, S. 74).

Deshalb beklagt die Konzilserklärung Nostra aetate „alle Haßausbrüche, Verfolgungen und Manifestationen des Antisemitismus, die sich zu irgendeiner Zeit und von irgend jemand gegen das Judentum gerichtet haben“ (Nr. 4). Gott hat uns alle „als sein Abbild“ (Gen 1, 27) geschaffen und uns dadurch mit einer transzendenten Würde ausgezeichnet. Vor Gott besitzen alle Menschen die gleiche Würde, unabhängig davon, welchem Volk, welcher Kultur oder Religion sie angehören. Aus diesem Grund spricht die Erklärung Nostra aetate auch mit großer Hochachtung von den Muslimen (vgl. Nr. 3) und den Angehörigen anderer Religionen (vgl. Nr. 2). Aufgrund der allen gemeinsamen Menschenwürde „verwirft die Kirche jede Diskriminierung eines Menschen oder jeden Gewaltakt gegen ihn um seiner Rasse oder Farbe, seines Standes oder seiner Religion willen“ als einen Akt, der im Widerspruch zu dem Willen Christi steht (vgl. Ebd., Nr. 5). Die Kirche weiß sich verpflichtet, diese Lehre in der Katechese und in jedem Aspekt ihres Lebens an die nachwachsenden Generationen, die selbst nicht mehr Zeugen der schrecklichen Ereignisse vor und während des Zweiten Weltkriegs waren, weiterzugeben. Das ist insofern eine Aufgabe von besonderer Bedeutung, als heute leider erneut Zeichen des Antisemitismus und Formen allgemeiner Fremdenfeindlichkeit auftauchen. Sie sind Grund zur Sorge und zur Wachsamkeit. Die katholische Kirche – das möchte ich auch bei dieser Gelegenheit wieder betonen – tritt ein für Toleranz, Respekt, Freundschaft und Frieden unter allen Völkern, Kulturen und Religionen.

In den vierzig Jahren seit der Erklärung Nostra aetate ist in Deutschland und auf internationaler Ebene vieles zur Verbesserung und Vertiefung des Verhältnisses zwischen Juden und Christen getan worden. Neben den offiziellen Beziehungen sind besonders dank der Zusammenarbeit unter den Bibelwissenschaftlern viele Freundschaften entstanden. Ich erinnere in diesem Zusammenhang an die verschiedenen Erklärungen der Deutschen Bischofskonferenz und an die segensreiche Tätigkeit der „Kölnischen Gesellschaft für christlich-jüdische Zusammenarbeit“, die dazu beigetragen hat, daß sich die jüdische Gemeinde seit 1945 hier in Köln wieder „zu Hause“ fühlen kann und zu einem guten nachbarschaftlichen Zusammenleben mit den christlichen Gemeinden gefunden hat. Vieles bleibt freilich noch zu tun. Wir müssen uns noch viel mehr und viel besser gegenseitig kennenlernen. Deshalb ermutige ich zu einem aufrichtigen und vertrauensvollen Dialog zwischen Juden und Christen. Nur so wird es möglich sein, zu einer beiderseits akzeptierten Interpretation noch strittiger historischer Fragen zu gelangen und vor allem Fortschritte in der theologischen Einschätzung der Beziehung zwischen Judentum und Christentum zu machen. In diesem Dialog kann es ehrlicherweise nicht darum gehen, die bestehenden Unterschiede zu übergehen oder zu verharmlosen: Auch und gerade in dem, was uns aufgrund unserer tiefsten Glaubensüberzeugung voneinander unterscheidet, müssen wir uns gegenseitig respektieren.

Schließlich sollte unser Blick nicht nur zurück in die Geschichte gehen, er sollte ebenso vorwärts auf die heutigen und morgigen Aufgaben gerichtet sein. Unser reiches gemeinsames Erbe und unsere an wachsendem Vertrauen orientierten geschwisterlichen Beziehungen verpflichten uns, gemeinsam ein noch einhelligeres Zeugnis zu geben und praktisch zusammenzuarbeiten in der Verteidigung und Förderung der Menschenrechte und der Heiligkeit des menschlichen Lebens, für die Werte der Familie, für soziale Gerechtigkeit und für den Frieden in der Welt. Der Dekalog (vgl. Ex 20; Dtn 5) ist für uns gemeinsames Erbe und gemeinsame Verpflichtung. Die „Zehn Gebote“ sind nicht Last, sondern Wegweiser zu einem geglückten Leben. Sie sind es besonders für die Jugendlichen, die ich in diesen Tagen treffe und die mir so sehr am Herzen liegen. Ich wünsche mir, daß sie den Dekalog als die Leuchte für ihre Schritte und als Licht für ihre Pfade (vgl. Ps 119,105) erkennen. Die Erwachsenen tragen die Verantwortung, den jungen Menschen die Fackel der Hoffnung weiterzureichen, die Juden wie Christen von Gott geschenkt worden ist, damit die Mächte des Bösen „nie wieder“ die Herrschaft erlangen und die künftigen Generationen mit Gottes Hilfe eine gerechtere und friedvollere Welt errichten können, in der alle Menschen das gleiche Bürgerrecht besitzen.

Ich schließe mit den Worten aus Psalm 29, die ein Glückwunsch und zugleich ein Gebet sind: „Der Herr gebe Kraft seinem Volk. Der Herr segne sein Volk mit Frieden.“
Möge er uns erhören!

Papst Benedikt XVI. schreibt sich am 12. September 2006 im Auditorium Maximum der Regensburger Universität in das Ehrenbuch ein.

Aber dann kam es zu einem Zwischenfall, als er in einer akademischen Vorlesung an der Universität Regensburg, wo er immer noch Honorarprofessor war, am 12. September 2006 ein Zitat aus dem 14. Jahrhundert verwendete, das den Religionsgründer Mohammed polemisch herabsetzte. Thema der Vorlesung war eigentlich das Verhältnis zwischen Glaube und Vernunft und die Notwendigkeit des Dialogs unter den Religionen sowie zwischen ihnen und der Wissenschaft gewesen.[22] Obgleich Benedikt ausdrücklich auf die „für uns unannehmbar schroffe Form" der Polemik gegen Mohammed hingewiesen hatte, wurde das Zitat von interessierter Seite aus dem Zusammenhang gerissen: In den Straßen einiger islamischer Länder verbrannten aufgebrachte Menschen Papstpuppen oder griffen christliche Einrichtungen an. In Europa schüttelte mancher den Kopf angesichts der vielleicht ungeschickten Zitatauswahl des Papstes; in den Kommentaren europäischer Zeitungen wurde kritisch nachgefragt, ob der Pontifex sich nicht eigentlich hätte denken können, dass er islamischen Fundamentalisten einen Anlass zur Hetze gegen Christen und gegen den Westen überhaupt auf dem Silbertablett präsentierte. Benedikt sah sich in den folgenden Tagen und Wochen genötigt, die Wogen zu glätten und wiederholt zu unterstreichen, dass die Äußerung aus dem Mittelalter keineswegs seiner eigenen Auffassung entsprach. Die für den 28. November desselben Jahres geplante erste Reise des so Missverstandenen in ein islamisches Land, die Türkei, war durch die Regensburger Affäre belastet und konnte nur unter strengsten Sicherheitsvorkehrungen stattfinden. Dennoch gelang es dem Pontifex, die Muslime seiner „Achtung und Wertschätzung" zu versichern und bei seinen Begegnungen mit hochrangigen geistlichen Würdenträgern wie auch dem Staatsoberhaupt der Türkei den entstandenen Riss zumindest vordergründig zu kitten.

APOSTOLISCHE REISE VON PAPST BENEDIKT XVI. NACH MÜNCHEN, ALTÖTTING UND REGENSBURG (9.–14. SEPTEMBER 2006)

TREFFEN MIT DEN VERTRETERN AUS DEM BEREICH DER WISSENSCHAFTEN

ANSPRACHE VON BENEDIKT XVI.

Aula Magna der Universität Regensburg
Dienstag, 12. September 2006

Glaube, Vernunft und Universität. Erinnerungen und Reflexionen.

Eminenzen, Magnifizenzen, Exzellenzen, verehrte Damen und Herren!

Es ist für mich ein bewegender Augenblick, noch einmal in der Universität zu sein und noch einmal eine Vorlesung halten zu dürfen. Meine Gedanken gehen dabei zurück in die Jahre, in denen ich an der Universität Bonn nach einer schönen Periode an der Freisinger Hochschule meine Tätigkeit als akademischer Lehrer aufgenommen habe. Es war – 1959 – noch die Zeit der alten Ordinarien-Universität. Für die einzelnen Lehrstühle gab es weder Assistenten noch Schreibkräfte, dafür aber gab es eine sehr unmittelbare Begegnung mit den Studenten und vor allem auch der Professoren untereinander. In den Dozentenräumen traf man sich vor und nach den Vorlesungen. Die Kontakte mit den Historikern, den Philosophen, den Philologen und natürlich auch zwischen beiden Theologischen Fakultäten waren sehr lebendig. Es gab jedes Semester einen sogenannten Dies academicus, an dem sich Professoren aller Fakultäten den Studenten der gesamten Universität vorstellten und so ein Erleben von Universitas möglich wurde – auf das Sie, Magnifizenz, auch gerade hingewiesen haben – die Erfahrung nämlich, daß wir in allen Spezialisierungen, die uns manchmal sprachlos füreinander machen, doch ein Ganzes bilden und im Ganzen der einen Vernunft mit all ihren Dimensionen arbeiten und so auch in einer gemeinschaftlichen Verantwortung für den rechten Gebrauch der Vernunft stehen – das wurde erlebbar. Die Universität war auch durchaus stolz auf ihre beiden Theologischen Fakultäten. Es war klar, daß auch sie, indem sie nach der Vernunft des Glaubens fragen, eine Arbeit tun, die notwendig zum Ganzen der Universitas scientiarum gehört, auch wenn nicht alle den Glauben teilen konnten, um dessen Zuordnung zur gemeinsamen Vernunft sich die Theologen mühen. Dieser innere Zusammenhalt im Kosmos der Vernunft wurde auch nicht gestört, als einmal verlautete, einer der Kollegen habe geäußert, an unserer Universität gebe es etwas Merkwürdiges: zwei Fakultäten, die sich mit etwas befaßten, was es gar nicht gebe – mit Gott. Daß es auch solch radikaler Skepsis gegenüber notwendig und vernünftig bleibt, mit der Vernunft nach Gott zu fragen und es im Zusammenhang der Überlieferung des christlichen Glaubens zu tun, war im Ganzen der Universität unbestritten.

All dies ist mir wieder in den Sinn gekommen, als ich kürzlich den von Professor Theodore Khoury (Münster) herausgegebenen Teil des Dialogs las, den der gelehrte byzantinische Kaiser Manuel II. Palaeologos wohl 1391 im Winterlager zu Ankara mit einem gebildeten Perser über Christentum und

Islam und beider Wahrheit führte.[1] Der Kaiser hat vermutlich während der Belagerung von Konstantinopel zwischen 1394 und 1402 den Dialog aufgezeichnet; so versteht man auch, daß seine eigenen Ausführungen sehr viel ausführlicher wiedergegeben sind, als die seines persischen Gesprächspartners.[2] Der Dialog erstreckt sich über den ganzen Bereich des von Bibel und Koran umschriebenen Glaubensgefüges und kreist besonders um das Gottes- und das Menschenbild, aber auch immer wieder notwendigerweise um das Verhältnis der, wie man sagte, „drei Gesetze" oder „drei Lebensordnungen": Altes Testament – Neues Testament – Koran. Jetzt, in dieser Vorlesung möchte ich darüber nicht handeln, nur einen – im Aufbau des ganzen Dialogs eher marginalen – Punkt berühren, der mich im Zusammenhang des Themas Glaube und Vernunft fasziniert hat und der mir als Ausgangspunkt für meine Überlegungen zu diesem Thema dient.

In der von Professor Khoury herausgegebenen siebten Gesprächsrunde (διάλεξις – Kontroverse) kommt der Kaiser auf das Thema des Djih'ad, des heiligen Krieges zu sprechen. Der Kaiser wußte sicher, daß in Sure 2, 256 steht: Kein Zwang in Glaubenssachen – es ist wohl eine der frühen Suren aus der Zeit, wie uns ein Teil der Kenner sagt, in der Mohammed selbst noch machtlos und bedroht war. Aber der Kaiser kannte natürlich auch die im Koran niedergelegten – später entstandenen – Bestimmungen über den heiligen Krieg. Ohne sich auf Einzelheiten wie die unterschiedliche Behandlung von „Schriftbesitzern" und „Ungläubigen" einzulassen, wendet er sich in erstaunlich schroffer, für uns unannehmbar schroffer Form ganz einfach mit der zentralen Frage nach dem Verhältnis von Religion und Gewalt überhaupt an seinen Gesprächspartner. Er sagt: „Zeig mir doch, was Mohammed Neues gebracht hat, und da wirst du nur Schlechtes und Inhumanes finden wie dies, daß er vorgeschrieben hat, den Glauben, den er predigte, durch das Schwert zu verbreiten".[3] Der Kaiser begründet, nachdem er so zugeschlagen hat, dann eingehend, warum Glaubensverbreitung durch Gewalt widersinnig ist. Sie steht im Widerspruch zum Wesen Gottes und zum Wesen der Seele. „Gott hat kein Gefallen am Blut", sagt er, „und nicht vernunftgemäß, nicht ‚σὺν λόγω' zu handeln, ist dem Wesen Gottes zuwider. Der Glaube ist Frucht der Seele, nicht des Körpers. Wer also jemanden zum Glauben führen will, braucht die Fähigkeit zur guten Rede und ein rechtes Denken, nicht aber Gewalt und Drohung... Um eine vernünftige Seele zu überzeugen, braucht man nicht seinen Arm, nicht Schlagwerkzeuge noch sonst eines der Mittel, durch die man jemanden mit dem Tod bedrohen kann...".[4]

Der entscheidende Satz in dieser Argumentation gegen Bekehrung durch Gewalt lautet: Nicht vernunftgemäß handeln ist dem Wesen Gottes zuwider.[5] Der Herausgeber, Theodore Khoury, kommentiert dazu: Für den Kaiser als einen in griechischer Philosophie aufgewachsenen Byzantiner ist dieser Satz evident. Für die moslemische Lehre hingegen ist Gott absolut transzendent. Sein Wille ist an keine unserer Kategorien gebunden und sei es die der Vernünftigkeit.[6] Khoury zitiert dazu eine Arbeit des bekannten französischen Islamologen R. Arnaldez, der darauf hinweist, daß Ibn Hazm so weit gehe zu erklären, daß Gott auch nicht durch sein eigenes Wort gehalten sei und daß nichts ihn dazu verpflichte, uns die Wahrheit zu offenbaren. Wenn er es wollte, müsse der Mensch auch Götzendienst treiben.[7]

An dieser Stelle tut sich ein Scheideweg im Verständnis Gottes und so in der konkreten Verwirklichung von Religion auf, der uns heute ganz unmittelbar herausfordert. Ist es nur griechisch zu glauben, daß vernunftwidrig zu handeln dem Wesen Gottes zuwider ist, oder gilt das immer und in sich selbst? Ich denke, daß an dieser Stelle der tiefe Einklang zwischen dem, was im besten Sinn griechisch ist, und dem auf der Bibel gründenden Gottesglauben sichtbar wird. Den ersten Vers der Genesis, den ersten Vers der Heiligen Schrift überhaupt abwandelnd, hat Johannes den Prolog seines

Evangeliums mit dem Wort eröffnet: Im Anfang war der Logos. Dies ist genau das Wort, das der Kaiser gebraucht: Gott handelt „σὺν λόγω“, mit Logos. Logos ist Vernunft und Wort zugleich – eine Vernunft, die schöpferisch ist und sich mitteilen kann, aber eben als Vernunft. Johannes hat uns damit das abschließende Wort des biblischen Gottesbegriffs geschenkt, in dem alle die oft mühsamen und verschlungenen Wege des biblischen Glaubens an ihr Ziel kommen und ihre Synthese finden. Im Anfang war der Logos, und der Logos ist Gott, so sagt uns der Evangelist. Das Zusammentreffen der biblischen Botschaft und des griechischen Denkens war kein Zufall. Die Vision des heiligen Paulus, dem sich die Wege in Asien verschlossen und der nächtens in einem Gesicht einen Mazedonier sah und ihn rufen hörte: Komm herüber und hilf uns (Apg 16, 6 – 10) – diese Vision darf als Verdichtung des von innen her nötigen Aufeinanderzugehens zwischen biblischem Glauben und griechischem Fragen gedeutet werden.

Dabei war dieses Zugehen längst im Gang. Schon der geheimnisvolle Gottesname vom brennenden Dornbusch, der diesen Gott aus den Göttern mit den vielen Namen herausnimmt und von ihm einfach das „Ich bin“, das Dasein aussagt, ist eine Bestreitung des Mythos, zu der der sokratische Versuch, den Mythos zu überwinden und zu übersteigen, in einer inneren Analogie steht.[8] Der am Dornbusch begonnene Prozeß kommt im Innern des Alten Testaments zu einer neuen Reife während des Exils, wo nun der landlos und kultlos gewordene Gott Israels sich als den Gott des Himmels und der Erde verkündet und sich mit einer einfachen, das Dornbusch-Wort weiterführenden Formel vorstellt: „Ich bin's.“ Mit diesem neuen Erkennen Gottes geht eine Art von Aufklärung Hand in Hand, die sich im Spott über die Götter drastisch ausdrückt, die nur Machwerke der Menschen seien (vgl. Ps 115). So geht der biblische Glaube in der hellenistischen Epoche bei aller Schärfe des Gegensatzes zu den hellenistischen Herrschern, die die Angleichung an die griechische Lebensweise und ihren Götterkult erzwingen wollten, dem Besten des griechischen Denkens von innen her entgegen zu einer gegenseitigen Berührung, wie sie sich dann besonders in der späten Weisheits-Literatur vollzogen hat. Heute wissen wir, daß die in Alexandrien entstandene griechische Übersetzung des Alten Testaments – die Septuaginta – mehr als eine bloße (vielleicht sogar wenig positiv zu beurteilende) Übersetzung des hebräischen Textes, nämlich ein selbständiger Textzeuge und ein eigener wichtiger Schritt der Offenbarungsgeschichte ist, in dem sich diese Begegnung auf eine Weise realisiert hat, die für die Entstehung des Christentums und seine Verbreitung entscheidende Bedeutung gewann.[9] Zutiefst geht es dabei um die Begegnung zwischen Glaube und Vernunft, zwischen rechter Aufklärung und Religion. Manuel II. hat wirklich aus dem inneren Wesen des christlichen Glaubens heraus und zugleich aus dem Wesen des Griechischen, das sich mit dem Glauben verschmolzen hatte, sagen können: Nicht „mit dem Logos“ handeln, ist dem Wesen Gottes zuwider.

Hier ist der Redlichkeit halber anzumerken, daß sich im Spätmittelalter Tendenzen der Theologie entwickelt haben, die diese Synthese von Griechischem und Christlichem aufsprengen. Gegenüber dem sogenannten augustinischen und thomistischen Intellektualismus beginnt bei Duns Scotus eine Position des Voluntarismus, die schließlich in den weiteren Entwicklungen dahinführte zu sagen, wir kennten von Gott nur seine Voluntas ordinata. Jenseits davon gebe es die Freiheit Gottes, kraft derer er auch das Gegenteil von allem, was er getan hat, hätte machen und tun können. Hier zeichnen sich Positionen ab, die denen von Ibn Hazm durchaus nahekommen können und auf das Bild eines Willkür-Gottes zulaufen könnten, der auch nicht an die Wahrheit und an das Gute gebunden ist. Die Transzendenz und die Andersheit Gottes werden so weit übersteigert, daß auch unsere Vernunft, unser Sinn für das Wahre und Gute kein wirklicher Spiegel Gottes mehr sind, dessen abgründige Möglichkeiten hinter seinen tatsächlichen Entscheiden für uns ewig unzugänglich und verborgen bleiben. Demgegenüber hat der kirchliche Glaube immer daran festgehalten, daß es zwischen Gott und uns, zwischen seinem ewigen Schöpfergeist und unserer geschaffenen Vernunft eine wirkliche Analogie gibt, in der zwar – wie das Vierte Laterankonzil 1215 sagt – die Unähnlichkeiten unendlich größer sind als die Ähnlichkeiten, aber eben doch die Analogie und ihre Sprache nicht aufgehoben werden. Gott wird nicht göttlicher dadurch, daß wir ihn in einen reinen und undurchschaubaren Voluntarismus entrücken, sondern der wahrhaft göttliche Gott ist der Gott, der sich als Logos gezeigt und als Logos liebend für uns gehandelt hat. Gewiß, die Liebe „übersteigt", wie Paulus sagt, die Erkenntnis und vermag daher mehr wahrzunehmen als das bloße Denken (vgl. Eph 3, 19), aber sie bleibt doch Liebe des Gottes-Logos, weshalb christlicher Gottesdienst, wie noch einmal Paulus sagt, „λογικη λατρεία" ist – Gottesdienst, der im Einklang mit dem ewigen Wort und mit unserer Vernunft steht (vgl. Röm 12, 1).[10]

Dieses hier angedeutete innere Zugehen aufeinander, das sich zwischen biblischem Glauben und griechischem philosophischem Fragen vollzogen hat, ist ein nicht nur religionsgeschichtlich, sondern weltgeschichtlich entscheidender Vorgang, der uns auch heute in die Pflicht nimmt. Wenn man diese Begegnung sieht, ist es nicht verwunderlich, daß das Christentum trotz seines Ursprungs und wichtiger Entfaltungen im Orient schließlich seine geschichtlich entscheidende Prägung in Europa gefunden hat. Wir können auch umgekehrt sagen: Diese Begegnung, zu der dann noch das Erbe Roms hinzutritt, hat Europa geschaffen und bleibt die Grundlage dessen, was man mit Recht Europa nennen kann.

Der These, daß das kritisch gereinigte griechische Erbe wesentlich zum christlichen Glauben gehört, steht die Forderung nach der Enthellenisierung des Christentums entgegen, die seit dem Beginn der Neuzeit wachsend das theologische Ringen beherrscht. Wenn man näher zusieht, kann man drei Wellen des Enthellenisierungsprogramms beobachten, die zwar miteinander verbunden, aber in ihren Begründungen und Zielen doch deutlich voneinander verschieden sind.[11]

Die Enthellenisierung erscheint zuerst mit den Anliegen der Reformation des 16. Jahrhunderts verknüpft. Die Reformatoren sahen sich angesichts der theologischen Schultradition einer ganz von der Philosophie her bestimmten Systematisierung des Glaubens gegenüber, sozusagen einer Fremdbestimmung des Glaubens durch ein nicht aus ihm kommendes Denken. Der Glaube erschien dabei nicht mehr als lebendiges geschichtliches Wort, sondern eingehaust in ein philosophisches System. Das Sola Scriptura sucht demgegenüber die reine Urgestalt des Glaubens, wie er im biblischen Wort ursprünglich da ist. Metaphysik erscheint als eine Vorgabe von anderswoher, von der man den Glauben befreien muß, damit er ganz wieder er selber sein könne. In einer für die Reformatoren nicht vorhersehbaren Radikalität hat Kant mit seiner Aussage, er habe das Denken beiseite schaffen müssen, um dem Glauben Platz zu machen, aus diesem Programm heraus gehandelt. Er hat dabei den Glauben ausschließlich in der praktischen Vernunft verankert und ihm den Zugang zum Ganzen der Wirklichkeit abgesprochen.

Die liberale Theologie des 19. und 20. Jahrhunderts brachte eine zweite Welle im Programm der Enthellenisierung mit sich, für die Adolf von Harnack als herausragender Repräsentant steht. In der Zeit, als ich studierte, wie in den frühen Jahren meines akademischen Wirkens war dieses Programm auch in der katholischen Theologie kräftig am Werk. Pascals Unterscheidung zwischen dem Gott der Philosophen und dem Gott Abrahams, Isaaks und Jakobs diente als Ausgangspunkt dafür. In meiner Bonner Antrittsvorlesung von 1959 habe ich mich damit auseinanderzusetzen versucht,[12] und möchte dies alles hier nicht neu aufnehmen. Wohl aber möchte ich wenigstens in aller Kürze versuchen, das unterscheidend Neue dieser zweiten Enthellenisierungswelle gegenüber der ersten herauszustellen. Als Kerngedanke erscheint bei Harnack die Rückkehr zum einfachen Menschen Jesus und zu seiner einfachen Botschaft, die allen Theologisierungen und eben auch Hellenisierungen voraus liege: Diese einfache Botschaft stelle die wirkliche Höhe der religiösen Entwicklung der Menschheit dar. Jesus habe den Kult zugunsten der Moral verabschiedet. Er wird im letzten als Vater einer menschenfreundlichen moralischen Botschaft dargestellt. Dabei geht es Harnack im Grunde darum, das Christentum wieder mit der modernen Vernunft in Einklang zu bringen, eben indem man es von scheinbar philosophischen und theologischen Elementen wie etwa dem Glauben an die Gottheit Christi und die Dreieinheit Gottes befreie. Insofern ordnet die historisch-kritische Auslegung des Neuen Testaments, wie er sie sah, die Theologie wieder neu in den Kosmos der Universität ein: Theologie ist für Harnack wesentlich historisch und so streng wissenschaftlich. Was sie auf dem Weg der Kritik über Jesus ermittelt, ist sozusagen Ausdruck der praktischen Vernunft und damit auch im Ganzen der Universität vertretbar. Im Hintergrund steht die neuzeitliche Selbstbeschränkung der Vernunft, wie sie in Kants Kritiken klassischen Ausdruck gefunden hatte, inzwischen aber vom naturwissenschaftlichen Denken weiter radikalisiert wurde. Diese moderne Auffassung der Vernunft beruht auf einer durch den technischen Erfolg bestätigten Synthese zwischen Platonismus (Cartesianismus) und Empirismus, um es verkürzt zu sagen. Auf der einen Seite wird die mathematische Struktur der Materie, sozusagen ihre innere Rationalität vorausgesetzt, die es möglich macht, sie in ihrer Wirkform zu verstehen und zu gebrauchen: Diese Grundvoraussetzung ist sozusagen das platonische Element im modernen Naturverständnis. Auf der anderen Seite geht es um die Funktionalisierbarkeit der Natur für unsere Zwecke, wobei die Möglichkeit der Verifizierung oder Falsifizierung im Experi-

Papst Benedikt XVI. während seiner sogenannten „Regensburger Rede“. Neben dem Papst v. l. n. r.: Universitätsrektor Alf Zimmer, Kardinal Angelo Sodano und der Regensburger Bischof Gerhard Ludwig Müller.

ment erst die entscheidende Gewißheit liefert. Das Gewicht zwischen den beiden Polen kann je nachdem mehr auf der einen oder der anderen Seite liegen. Ein so streng positivistischer Denker wie J. Monod hat sich als überzeugten Platoniker bezeichnet.

Dies bringt zwei für unsere Frage entscheidende Grundorientierungen mit sich. Nur die im Zusammenspiel von Mathematik und Empirie sich ergebende Form von Gewißheit gestattet es, von Wissenschaftlichkeit zu sprechen. Was Wissenschaft sein will, muß sich diesem Maßstab stellen. So versuchten dann auch die auf die menschlichen Dinge bezogenen Wissenschaften wie Geschichte, Psychologie, Soziologie, Philosophie, sich diesem Kanon von Wissenschaftlichkeit anzunähern. Wichtig für unsere Überlegungen ist aber noch, daß die Methode als solche die Gottesfrage ausschließt und sie als unwissenschaftliche oder vorwissenschaftliche Frage erscheinen läßt. Damit aber stehen wir vor einer Verkürzung des Radius von Wissenschaft und Vernunft, die in Frage gestellt werden muß.

Darauf werde ich zurückkommen. Einstweilen bleibt festzustellen, daß bei einem von dieser Sichtweise her bestimmten Versuch, Theologie „wissenschaftlich" zu erhalten, vom Christentum nur ein armseliges Fragmentstück übrigbleibt. Aber wir müssen mehr sagen: Wenn dies allein die ganze Wissenschaft ist, dann wird der Mensch selbst dabei verkürzt. Denn die eigentlich menschlichen Fragen, die nach unserem Woher und Wohin, die Fragen der Religion und des Ethos können dann nicht im Raum der gemeinsamen, von der so verstandenen „Wissenschaft" umschriebenen Vernunft Platz finden und müssen ins Subjektive verlegt werden. Das Subjekt entscheidet mit seinen Erfahrungen, was ihm religiös tragbar erscheint, und das subjektive „Gewissen" wird zur letztlich einzigen ethischen Instanz. So aber verlieren Ethos und Religion ihre gemeinschaftsbildende Kraft und verfallen der Beliebigkeit. Dieser Zustand ist für die Menschheit gefährlich: Wir sehen es an den uns bedrohenden Pathologien der Religion und der Vernunft, die notwendig ausbrechen müssen, wo die Vernunft so verengt wird, daß ihr die Fragen der Religion und des Ethos nicht mehr zugehören. Was an ethischen Versuchen von den Regeln der Evolution oder von Psychologie und Soziologie her bleibt, reicht einfach nicht aus.

Bevor ich zu den Schlußfolgerungen komme, auf die ich mit alledem hinaus will, muß ich noch kurz die dritte Enthellenisierungswelle andeuten, die zurzeit umgeht. Angesichts der Begegnung mit der Vielheit der Kulturen sagt man heute gern, die Synthese mit dem Griechentum, die sich in der alten Kirche vollzogen habe, sei eine erste Inkulturation des Christlichen gewesen, auf die man die anderen Kulturen nicht festlegen dürfe. Ihr Recht müsse es sein, hinter diese Inkulturation zurückzugehen auf die einfache Botschaft des Neuen Testaments, um sie in ihren Räumen jeweils neu zu inkulturieren. Diese These ist nicht einfach falsch, aber doch vergröbert und ungenau. Denn das Neue Testament ist griechisch geschrieben und trägt in sich selber die Berührung mit dem griechischen Geist, die in der vorangegangenen Entwicklung des Alten Testaments gereift war. Gewiß gibt es Schichten im Werdeprozeß der alten Kirche, die nicht in alle Kulturen eingehen müssen. Aber die Grundentscheidungen, die eben den Zusammenhang des Glaubens mit dem Suchen der menschlichen Vernunft betreffen, die gehören zu diesem Glauben selbst und sind seine ihm gemäße Entfaltung.

Damit komme ich zum Schluß. Die eben in ganz groben Zügen versuchte Selbstkritik der modernen Vernunft schließt ganz und gar nicht die Auffassung ein, man müsse nun wieder hinter die Aufklärung zurückgehen und die Einsichten der Moderne verabschieden. Das Große der modernen Geistesentwicklung wird ungeschmälert anerkannt: Wir alle sind dankbar für die großen Möglichkeiten, die sie dem Menschen erschlossen hat und für die Fortschritte an Menschlichkeit, die uns geschenkt wurden. Das Ethos der Wissenschaftlichkeit – Sie haben es angedeutet Magnifizenz – ist im übrigen Wille zum Gehorsam gegenüber der Wahrheit und insofern Ausdruck einer Grundhaltung, die zu den wesentlichen Entscheiden des Christlichen gehört. Nicht Rücknahme, nicht negative Kritik ist gemeint, sondern um Ausweitung unseres Vernunftbegriffs und -gebrauchs geht es. Denn bei aller Freude über die neuen Möglichkeiten des Menschen sehen wir auch die Bedrohungen, die aus diesen Möglichkeiten aufsteigen, und müssen uns fragen, wie wir ihrer Herr werden können. Wir können es nur, wenn Vernunft und Glaube auf neue Weise zueinanderfinden; wenn wir die selbstverfügte Beschränkung der Vernunft auf das im Experiment Falsifizierbare überwinden und der Vernunft ihre ganze Weite wieder eröffnen. In diesem Sinn gehört Theologie nicht nur als historische und humanwissenschaftliche Disziplin, sondern als eigentliche Theologie, als Frage nach der Vernunft des Glaubens an die Universität und in ihren weiten Dialog der Wissenschaften hinein.

Nur so werden wir auch zum wirklichen Dialog der Kulturen und Religionen fähig, dessen wir so dringend bedürfen. In der westlichen Welt herrscht weithin die Meinung, allein die positivistische Vernunft und die ihr zugehörigen Formen der Philosophie seien universal. Aber von den tief religiösen Kulturen der Welt wird gerade dieser Ausschluß des Göttlichen aus der Universalität der Vernunft als Verstoß gegen ihre innersten Überzeugungen angesehen. Eine Vernunft, die dem Göttlichen gegenüber taub ist und Religion in den Bereich der Subkulturen abdrängt, ist unfähig zum Dialog der Kulturen. Dabei trägt, wie ich zu zeigen versuchte, die moderne naturwissenschaftliche Vernunft mit dem ihr innewohnenden platonischen Element eine Frage in sich, die über sie und ihre methodischen Möglichkeiten hinausweist. Sie selber muß die rationale Struktur der Materie wie die Korrespondenz zwischen unserem Geist und den in der Natur waltenden rationalen Strukturen ganz einfach als Gegebenheit annehmen, auf der ihr methodischer Weg beruht.

Aber die Frage, warum dies so ist, die besteht doch und muß von der Naturwissenschaft weitergegeben werden an andere Ebenen und Weisen des Denkens – an Philosophie und Theologie. Für die Philosophie und in anderer Weise für die Theologie ist das Hören auf die großen Erfahrungen und Einsichten der religiösen Traditionen der Menschheit, besonders aber des christlichen Glaubens, eine Erkenntnisquelle, der sich zu verweigern eine unzulässige Verengung unseres Hörens und Antwortens wäre. Mir kommt da ein Wort des Sokrates an Phaidon in den Sinn. In den vorangehenden Gesprächen hatte man viele falsche philosophische Meinungen berührt, und nun sagt Sokrates: Es wäre wohl zu verstehen, wenn einer aus Ärger über so viel Falsches sein übriges Leben lang alle Reden über das Sein haßte und schmähte. Aber auf diese Weise würde er der Wahrheit des Seienden verlustig gehen und einen sehr großen Schaden erleiden.[13] Der Westen ist seit langem von dieser Abneigung gegen die grundlegenden Fragen seiner Vernunft bedroht und könnte damit einen großen Schaden erleiden. Mut zur Weite der Vernunft, nicht Absage an ihre Größe – das ist das Programm, mit dem eine dem biblischen Glauben verpflichtete Theologie in den Disput der Gegenwart eintritt. „Nicht vernunftgemäß, nicht mit dem Logos handeln ist dem Wesen Gottes zuwider", hat Manuel II. von seinem christlichen Gottesbild her zu seinem persischen Gesprächspartner gesagt. In diesen großen Logos, in diese Weite der Vernunft laden wir beim Dialog der Kulturen unsere Gesprächspartner ein. Sie selber immer wieder zu finden, ist die große Aufgabe der Universität.

Anfang 2008 sorgte Benedikt dagegen für Entrüstung unter den Angehörigen einer anderen Religionsgemeinschaft. Am 5. Februar gab der Vatikan eine Neuformulierung der alten sogenannten Karfreitagsfürbitte für die Juden bekannt. Die Fürbitte war in der lateinischen Liturgie des 6. Jahrhunderts eingeführt worden und hatte die Juden – in einem antijudaistischen Affekt wegen ihrer angeblichen Schuld am Tode des Gottessohns – kollektiv als charakterlich minderwertig bezeichnet und ihrer Religion die Berechtigung auf Weiterexistenz abgesprochen. In Reaktion auf den Holocaust bis 1970 deutlich entschärft, wurden in der Fürbitte schließlich Israels Erwählung zum Gottesvolk und die Gleichwertigkeit des Judentums mit dem Christentum anerkannt, doch unter Johannes Paul II. wurden bereits 1984 wieder lateinische Ausnahmefassungen hierzu erlaubt, um traditionalistischen Splittergruppen entgegenzukommen. Benedikt ließ am Karfreitag nun wieder für die Juden beten, auf dass Gott „ihre Herzen erleuchte, damit sie Jesus Christus als den Heiland aller Menschen erkennen". Diese Formulierung wurde von Vertretern des Judentums fast einhellig als Herabsetzung ihrer Religion aufgefasst. „Muss der Papst, müssen die Katholiken für die Juden bitten, weil sie eben nicht an Jesus als Christus glauben? Das dürfen sich die Juden verbitten, wenn ihnen der Papst auf Augenhöhe begegnen will", empörte sich stellvertretend für viele der Historiker Michael Wolffsohn.[23]

Dass der Papst neben dem Weg, den die römisch-katholische Kirche vorgab, keine anderen Wege zum Heil gelten ließ, sollten auch die Protestanten erfahren. Auf der Linie Joseph Ratzingers, die dieser als Präfekt der Glaubenskongregation in der Erklärung *Dominus Iesus* vertreten hatte, verkündete am 10. Juli 2007 nun sein Nachfolger in diesem Amt, der Kardinal William Levada, die Auffassung, dass die Glaubensgemeinschaften, die aus der Reformation des 16. Jahrhunderts hervorgegangen sind, keine „Kirchen" im eigentlichen Sinne seien. Und selbst die orthodoxe Kirche leide unter einem gewissen „Mangel", da sie das Primat des Papstes nicht anerkenne. Diese Bekräftigung der universellen Vorrangstellung der katholischen Kirche mit päpstlicher Rückende-

Der Papst am 21. März 2008 beim Karfreitagsgebet im Petersdom. Zuvor hatte die Neuformulierung der Karfreitagsfürbitte für Aufsehen gesorgt.

ckung rief große Enttäuschung unter den Protestanten hervor, die solch eine Bevormundung durch eine vermeintlich „bessere“ katholische Kirche nicht erwartet hatten. „Die Einsicht, dass ökumenische Fortschritte wechselseitigen Respekt für das

Der Ratsvorsitzende der Evangelischen Kirche in Deutschland (EKD), Bischof Wolfgang Huber, bei einem Treffen mit Papst Benedikt XVI. im Mai 2007 im Vatikan. Ein Hauptthema war die Annäherung von Protestanten und Katholiken (Ökumene) gewesen. Dabei sprach Huber sogar die Frage des gemeinsamen Abendmahls an.

Seit dem Zweiten Vatikanischen Konzil ist die Kirche um die Wiederherstellung der „Einheit aller Christen“ bemüht, wie es Paul VI. hervorhob. In der evangelischen St.-Petri-Kirche nahmen 1998 Joseph Kardinal Ratzinger, der Hamburger katholische Erzbischof Ludwig Averkamp und die evangelische Bischöfin Maria Jepsen an einem ökumenischen Gottesdienst teil. Benedikt XVI. war damals als Kardinal zu der 25. St.-Ansgar-Woche in die Hansestadt eingeladen worden.

Kirchesein des ökumenischen Partners voraussetzen, bleibt unberücksichtigt“, so in moderatem Ton der damalige Ratsvorsitzende der Evangelischen Kirche in Deutschland, Bischof Wolfgang Huber. Die niedersächsische Landesbischöfin Margot Käßmann erklärte entschiedener: „Ein solches Dokument zur jetzigen Zeit ist ökumenisch fatal. Wir sind sehr wohl Kirche nach unserem Verständnis.“

Zu Beginn des Jahres 2009 geschah es, dass ein Nachfolger auf dem Stuhle Petri in der allgemeinen Öffentlichkeit so sehr unter Druck geriet, dass er sich „gedrängt“ fühlte, wie er selbst sagte, am 10. März einen Brief an die Bischöfe der katholischen Kirche zu adressieren. Was war geschehen? – Benedikt XVI. hatte am 21. Januar 2009 die seit fast 20 Jahren bestehende Exkommunikation von vier Bischöfen der *Priesterbruderschaft St. Pius X.* aufgehoben. Diese umgangssprachlich als *Piusbruderschaft* bezeichnete Priestervereinigung katholischer Traditionalisten war 1970 von dem Erzbischof Marcel Lefebvre gegründet worden, der die Errungenschaften des Zweiten Vatikanischen Konzils als „modernistische Irrtümer“ abtat, so etwa die Öffnung zur Ökumene, die Religionsfreiheit, die Aufwertung der Bischöfe gegenüber dem Papst und die Anerkennung des Judentums. 1988 weihte dieser Abtrünnige der römischen Kirche vier seiner folgsamen Priester zu Bischöfen, was deren Exkommunikation durch Rom zur Folge hatte. Die nun im Jahr 2009 erfolgte Aufhebung der Strafe wäre wohl ein von der breiten Öffentlichkeit kaum beachtetes kircheninternes Ereignis geblieben, wenn in den Medien nicht zeitgleich bekannt geworden wäre, dass einer der vier Pius-Bischöfe, Richard Williamson, soeben in einem Interview im schwedischen Fernsehen den Holocaust geleugnet hatte – übrigens nicht zum ersten Mal und nicht als Einziger aus der Piusbruderschaft. Die Entscheidung Benedikts zur Rücknahme der Exkommunikation löste weltweit Unverständnis und Empörung aus, insbesondere in Deutschland, wo aufgrund seiner Nationalgeschichte der Verdacht des Antisemitismus immer besonders hohe Wellen schlägt; der Vizepräsident des Zentralrats der Juden in Deutschland argwöhnte, Holocaustverleugnung werde damit „gesellschaftsfähig“, und Israel drohte dem Vatikan mit dem Abbruch der diplomatischen Beziehungen.

Die römische Kurie versuchte in den folgenden Wochen, die Wogen wieder zu glätten und den Heiligen Vater aus der Schusslinie zu nehmen; über die Äußerungen des Bischofs Williamson zeigte man sich überrascht, und es wurde darauf hingewiesen, dass Benedikt die Leugnung des Holocaust keineswegs befürworte – so sehr war er angegangen worden, dass diese Selbstverständlichkeit eigens betont werden musste. Auch die deutsche Bundeskanzlerin Angela Merkel schaltete sich am

Im Bewusstsein der Ereignisse des Jahres 2013 mögen viele Beobachter Benedikts XVI. den Besuch des Grabes Coelestins V. als ein Vorzeichen deuten – der Papst besuchte im April 2009 die Stadt L'Aquila, die wenige Tage zuvor von einem Erdbeben heimgesucht worden war. Nach einem kurzen Gebet legte Benedikt auf den Schrein Coelestins die weiße Wollstola, das „Pallium“, die er nach seiner Papstwahl getragen hatte. Coelestin V. (1215–1296) ist der einzige Papst, der bisher in der Geschichte freiwillig von seinem Amt zurückgetreten ist.

3. Februar, auf dem Höhepunkt der Erregung, in die Debatte ein und verlangte eine öffentliche Erklärung des deutschen Papstes – was ihr, einer Protestantin, den Unmut manchen katholischen Parteifreundes eintrug. Dass von ihm, der als bodenständiger Bayer immer der christlichen Union nahegestanden hatte und zu manchem in dieser Partei freundschaftliche Verbindungen besaß, nun ausgerechnet eine Unionskanzlerin Rechenschaft in einer Kirchenangelegenheit verlangte, verletzte Benedikt anscheinend so sehr, dass er sich nach Wochen der Beschwichtigungen und Klarstellungen noch einmal in einem persönlichen Brief vor der Öffentlichkeit rechtfertigte. Er stellte sich darin vor seine schlecht informierten – oder weltfremden – Berater und räumte freimütig Versäumnisse und Pannen ein; auch die persönliche Verletzung wird überdeutlich: „Betrübt hat mich, dass auch Katholiken, die es eigentlich besser wissen konnten, mit sprungbereiter Feindseligkeit auf mich einschlagen zu müssen glaubten.“ (Was die hier gerügten Katholiken hätten wissen können, wird nicht explizit benannt, aber es ist wohl die Tatsache, dass Benedikt nicht der Seite der Holocaustleugner zugerechnet werden konnte.) Die „sprungbereite Feindseligkeit“ ist eine Grundlebenserfahrung dieses Papstes gewesen: Ob als Seminarist im Dritten Reich, als Rufer auf weiter Flur in Tübingen oder im Korsett des obersten Glaubenshüters – immer wieder war Joseph Ratzinger seiner Einsamkeit ausgesetzt gewesen und jedes Mal hatte er sich einer objektiv vorhandenen wie subjektiv empfundenen Feindseligkeit gegenübergesehen.

Ein klares Bekenntnis zum interreligiösen Dialog: Benedikt XVI. besuchte im Mai 2009 die Klagemauer und den Felsendom, die wichtigsten religiösen Stätten von Juden und Muslimen in Israel. Hier bekräftigte er den Willen der Kirche zur „aufrichtigen und dauerhaften Versöhnung zwischen Christen und Juden“.

Doch auch immer war er sich seiner Rückversicherung in Gott sicher gewesen und konnte deshalb seinen Weg gehen, wie auch jetzt. „Joseph Ratzinger alias Benedikt XVI. war nie Diplomat, stets Dogmatiker. Die Einheit der Kirche geht ihm über alles, für sie riskiert er alles", so kommentierte Wolfgang Weissgerber, Chefredakteur der *Evangelischen Sonntags-Zeitung*, den „Fall Williamson" zutreffend: „Wegen der Einheit der einen Kirche erkennt er die evangelische nicht als solche an. Die tausendjährige Spaltung der katholischen und der orthodoxen Kirche schmerzt ihn zutiefst. Die Existenz der Pius-Bischöfe, die zwar unerlaubt, aber theologisch gültig geweiht wurden, hat für den Papst dieselbe Qualität: ein Schisma, das es zu überwinden gilt – selbst dann, wenn ihm die Mehrheit seiner Schäflein nicht zu folgen vermag."[24] – In der Tat schienen ihm von den „Schäflein" immer weniger folgen zu wollen, als er um der Vermeidung einer weiteren Kirchenspaltung willen lieber sein Ansehen in der öffentlichen Meinung aufs Spiel setzte.

Was Benedikt XVI. überdies riskierte und was insbesondere „vor Ort" in den Diözesen der westlichen Welt Kummer bereitete, waren die immer zahlreicher gewordenen Kirchenaustritte. Ihre Zunahme bedauerte er, doch hatte er sie ja hellsichtig schon vor Jahrzehnten als gesamtgesellschaftlichen Trend ausgemacht – ein kirchlicher Skandal mehr oder weniger hatte darauf kaum Einfluss. Umso mehr sah sich dieser Pontifex den aus seiner Sicht wahren, zur Überlieferung der katholischen Kirche, wie er sie verstand, treu stehenden Gläubigen verpflichtet – mochten diese auch geringer an Zahl geworden sein. Nur in diesen Getreuen und *ihrem* Zeugnis für Christus sah er für die Kirche eine Zukunft. Und so galt Benedikts Dank gegen Ende des Briefes an die Bischöfe „allen Gläubigen, die mir in dieser Zeit ihre unveränderte Treue zum Nachfolger des heiligen Petrus bezeugt haben" – allen gemeinsam empfahl er im Schlusssatz „innere Läuterung".[25]

Während seines Besuchs in Bethlehem am 13. Mai 2009 besuchte der Papst auch das Flüchtlingscamp Aida. Benedikt XVI. mit dem Palästinenserpräsidenten Mahmoud Abbas vor der von Israel errichteten Mauer, die die West Bank durchzieht.

Gottes Kühnheit

Papst Benedikt XVI. während der Generalaudienz auf dem Petersplatz im Juni 2010. Am 11. Juni 2010 ging das „Jahr des Priesters" zu Ende, mit dem für den Priesterberuf geworben werden sollte.

Am 11. Juni 2010 fährt der Papst auf dem Petersplatz durch die jubelnde Menge – Priester und Ordensleute aus aller Welt waren gekommen. Benedikt XVI. bat um Vergebung und stellte zugleich mit seinen Worten das Besondere des Priestertums heraus.

Am Freitag, den 11. Juni 2010, dem Herz-Jesu-Fest, ging das „Jahr des Priesters" zu Ende. Benedikt XVI. hatte es ein Jahr zuvor anlässlich des 150. Todestages des Pfarrers von Ars, Jean-Marie Vianney (1786–1859), des Schutzheiligen der Gemeindepfarrer, ausgerufen. Es stand unter dem Motto „Treue zu Christus. Treue des Priesters" und es sollte ein Jahr der Werbung für den Priesterberuf werden, denn in den westlichen Ländern, gerade auch im Herkunftsland des Papstes, entschieden sich seit Jahrzehnten immer weniger junge Männer dazu, den Beruf des Seelsorgers zu ergreifen. Man musste es als bittere Ironie auffassen, dass die nun zu Ende gehenden zwölf Monate gerade das Gegenteil des Beabsichtigten bewirkt hatten: Die Zahl der Neubewerber sank in Deutschland auf ein neues Rekordtief, und insge-

samt in der Gesellschaft hatte das Ansehen des Priesterstandes sich noch weiter verschlechtert, die Zahl der Kirchenaustritte schnellte auf ein Rekordhoch. Denn es war das Jahr der größten Krise der katholischen Kirche in Deutschland seit dem Krieg – mit immer mehr aufgedeckten Fällen des Missbrauchs von Kindern durch Priester, Ordensleute und Lehrer kirchlicher Einrichtungen. Angefangen hatte es im Januar 2010 mit dem Bekanntwerden von sexuellen Übergriffen am Canisius-Kolleg der Jesuiten in Berlin in den Jahren 1975 bis 1983. In den folgenden Wochen wurden Missbrauchsfälle in Jesuitenschulen in Hamburg, St. Blasien im Schwarzwald sowie Bonn, aber auch an anderen katholischen Einrichtungen wie dem Klosterinternat Ettal in Bayern öffentlich.

Ein feierlicher Abschlussgottesdienst. „Treue zu Christus. Treue des Priesters" – unter diesem Motto stand das „Jahr des Priesters", das der Pontifex 2009 ausgerufen hatte.

Der Missbrauchsskandal rückte näher an Benedikt XVI. heran, als publik wurde, dass auch die Regensburger Domspatzen von Verdachtsfällen betroffen waren, deren Leiter der Bruder des Papstes, Georg Ratzinger, gewesen war. Schließlich geriet auch Benedikt selbst in die Schusslinie, da während seiner Amtszeit als Erzbischof in der Diözese München dort ein pädophiler Priester in der Gemeindearbeit eingesetzt worden war. Dies war allerdings wohl ohne die Kenntnis Joseph Ratzingers geschehen – der seinerzeit zuständige Generalvikar der Diözese übernahm für den Fall „die volle Verantwortung" und bedauerte seine damalige Entscheidung. Zur dramatischsten personellen Entscheidung in der Serie von Missbrauchsfällen wurde hingegen der Rücktritt des Augsburger Bischofs Walter Mixa, der zugeben musste, in seiner Zeit als Pfarrer in Schrobenhausen in den 1970er- und 1980er-Jahren Heimkinder geschlagen, ihnen „die eine oder andere Watsch´n" gegeben zu haben, wie er es selbst ausdrückte, das sei damals „vollkommen normal" gewesen.

Es war erwartet worden, dass Benedikt sich zum Ende des „Priesterjahres" zu den unter dem Dach der Kirche begangenen Verfehlungen und Verbrechen äußern würde. Beim traditionellen Ostersegen *Urbi et Orbi* am 4. April hatte er noch dazu geschwiegen, dann allerdings am 11. Mai zum Auftakt seines Besuchs in Portugal auf dem Weg zum Wallfahrtsort Fátima die Missbrauchsskandale in der katholischen Kirche indirekt angesprochen: Die Kirche habe schon immer unter inneren Problemen zu leiden gehabt, sagte er. Was man heute sehe, sei „wirklich erschreckend". Vor den annähernd 15.000 versammelten, in liturgischem Weiß gekleideten Priestern auf dem in Sonnenlicht getauchten Petersplatz fand er nun klare Worte: „Wir bitten Gott und die betroffenen Menschen inständig um Vergebung und versprechen zugleich, dass wir alles tun wollen, um solchen Missbrauch nicht wieder vorkommen zu lassen." Das „Jahr des Priesters" habe „ein Jahr der Freude über das Sakrament des Priestertums" werden sollen, doch durch „die Sünden von

Papst Benedikt XVI. hält im April 2008 im Nationals Park Stadion in Washington eine Messe. Unter dem Motto „Christus unsere Hoffnung“ hatten sich mehr als 40.000 Gläubige versammelt. Während seines Besuchs in den USA traf sich der Papst auch mit Missbrauchsopfern.

Benedikt XVI. während einer Messe in der St.-Mary's-Kathedrale in Sydney im Juli 2008 – der Papst war für den Weltjugendtag nach Australien gereist. Auch hier bezog der Pontifex zu gegen die Kirche erhobenen Vorwürfen Stellung und erinnerte die Bischöfe an ihre besondere Verantwortung.

Priestern, vor allem den Missbrauch der Kleinen“ habe sich „das Priestertum als Auftrag der Sorge Gottes um den Menschen in sein Gegenteil verkehrt“. Es sei kein Zeichen von Liebe, „wenn ein für das priesterliche Leben unwürdiges Verhalten geduldet werde“, sagte er mit Blick auf Vertuschungspraktiken in manchen Diözesen. Das Geschehene aber bewertete er als „Auftrag zur Reinigung, der uns in die Zukunft begleitet“, und als Verpflichtung, alles zu tun, um Missbrauchsfälle künftig zu verhindern.

Immer wieder hatte der deutsche Pontifex wie kein Zweiter im Vatikan zu Buße und zu null Toleranz gegenüber den Tätern sowie zur spirituellen Erneuerung innerhalb der Kirche aufgerufen. Bei seinem Besuch in den Vereinigten Staaten im April 2008 hatte er sich als erster Papst überhaupt mit Missbrauchsopfern getroffen – und er zeichnete sich darin auch im Vergleich zu seinem Vorgänger aus, der sich bei den in seiner Amtszeit bekannt gewordenen Missbrauchsfällen nicht sonderlich konsequent verhalten hatte. Benedikt traf einige Betroffene zu Vieraugengesprächen, die sehr emotional verliefen. Sein Engagement und Mitgefühl für die Opfer sexuellen Missbrauchs mochte auch in seiner Erfahrung als Präfekt der Glaubenskongregation wurzeln, denn in diesem Amt war er zuständig gewesen für gemeldete Missbrauchsfälle, und an dem, was in zwei langen Jahrzehnten über seinen Tisch ging, hatte er ermessen können, in welchem Zustand die Kirche sich innerlich befand. „Ich habe ihm gesagt, dass er ein Krebsgeschwür in seiner Kirche hat und etwas dagegen tun muss“, erklärte einer der Betroffenen, mit denen sich Benedikt in der Kapelle der Washingtoner Vatikanbotschaft traf, dem Fernsehsender CNN. Vielleicht war es auch das eigene Bewusstsein, dass er in seiner Zeit als oberster Glaubenshüter anderen Angelegenheiten als dem Missbrauch unter dem Mantel der Kirche allzu oft die größere Priorität eingeräumt hatte, die Benedikt XVI. als obersten Hirten von über einer Milliarde Katholiken nun entschiedene Gesten und Worte finden ließ. „Wir werden Pädophile unbedingt vom Priesteramt ausschließen", hatte er in einem Interview während des Fluges in die USA mitgeteilt, „das ist absolut unvereinbar, und wer wirklich schuldig ist, ein Pädophiler zu sein, kann kein Priester sein; so können wir auf dieser ersten Ebene das Recht walten lassen und den Opfern helfen, denn sie leiden schwer darunter. Das sind die beiden Rechtsaspekte: Zum einen können Pädophile keine Priester sein, und zum anderen muss den Opfern auf jede nur mögliche Weise geholfen werden." Auch auf weiteren Reisen wurde der Pontifex mit dem Thema Missbrauch konfrontiert. So etwa auf dem Weltjugendtag in Sydney im Juli 2008, wo er mit mehreren Missbrauchsopfern zusammentraf und den australischen Bischöfen ins Stammbuch schrieb: „Die Opfer sollten Mitgefühl und Fürsorge erfahren, und die Verantwortlichen für diese Übel müssen vor Gericht gestellt werden." Er bezeichnete dies als „eine dringende Priorität".

Nun, zum Ende des Priesterjahres, verteidigte er dennoch – oder gerade deshalb – das Priesteramt und bezeichnete die Männer, die sich zu dieser geistlichen Laufbahn entschieden, als schwache „irdene Gefäße"; und gerade dies sei das Große: dass Gott sich „eines armseligen Menschen" bediene, „um durch ihn für die Menschen da zu sein und zu handeln". Das Priestertum sei eine „Kühnheit Gottes, der sich Menschen anvertraut, Menschen zutraut, für ihn zu handeln und da zu sein, obwohl er unsere Schwächen kennt". Den Zölibat aber sah er – im Gegensatz zu dessen Kritikern – gerade als Versicherung gegen die Anfechtungen des Fleisches und gegen den Missbrauch von Schutzbefohlenen. Durch den Zölibat „verheiratet" der Priester sich ja schon im Diesseits für das Jenseits, es ist eine Ehe, die in die Ewigkeit hineinreicht, was die Entscheidung für einen sterblichen Partner ausschließt. Zusammen mit der Ehe in ihrer „natürlichen Form" als Bund zwischen Mann und Frau sei der Zölibat „das Fundament unserer christlichen Kultur" und ein „großes Zeichen des Glaubens und der Gegenwart Gottes in der Welt", unterstrich Benedikt. Tatsächlich war und ist die Kirche weltweit eine wachsende Glaubensgemeinschaft und das Priesteramt hätte eigentlich, global betrachtet, solch eine Würdigung und Werbung gar nicht nötig gehabt. Doch es war dem Papst aus Deutschland ein Anliegen, dass auch im „Kernland" des Christentums und des Katholizismus, dem Abendland, christliche Werte die öffentliche Auseinandersetzung wieder stärker mittragen und christliche Tradition das ganze Gesellschaftsbild prägt – und Priesterschaftsanwärter angezogen werden, so wie einst er selbst. Die Kirche im Wachstum, wie in Südamerika, in Asien, in Afrika – so sollte es auch hier, in Europa, in Deutschland wieder sein …

In der Nachfolge Petri sorgt sich der „Menschenfischer" Benedikt um eine weltweit wachsende Glaubensgemeinschaft. Während des 23. Weltjugendtages wurde der Papst von mehr als 100.000 Pilgern im Hafen von Sydney empfangen.

„Einen Menschen dieses Schlages braucht die Welt“

Am Nachmittag des 11. Februar 2013, um 17.56 Uhr, schlug bei einem Gewitter über Rom der Blitz in die Kuppel des Petersdoms ein. Schäden trug das rund 500 Jahre alte Bauwerk nicht davon. Aber es war nicht die erste Erschütterung des Tages, die sich an diesem Ort ereignete. Stunden zuvor hatte der Dekan des Kardinalskollegiums, Angelo Sodano, von einem „Blitz aus heiterem Himmel“ gesprochen, denn Benedikt XVI. hatte bei einer Versammlung der Kardinäle in Rom für alle Welt überraschend seinen Rücktritt als Papst verkündet. Die Anwesenden hätten sichtlich um Fassung gerungen, hieß es. Erst Sodano habe nach langem Schweigen angemessene Worte gefunden. Die Nachricht des Rücktritts erreichte die katholischen Hochburgen, von denen manche auch Karnevalshochburgen sind, während der ausgelassenen Rosenmontagszüge. Mancher konnte es kaum glauben, denn Päpste werden auf Lebenszeit ernannt, und daran hatten sich seit Hunderten von Jahren alle Amtsinhaber gehalten. Kardinal Woelki, Erzbischof von Berlin, glaubte darum zunächst an einen „Karnevalsscherz“, als er die Nachricht per SMS las.

Bild oben:
In lateinischer Sprache verkündet der Papst seinen Rücktritt – noch nie war dies in der Neuzeit geschehen. Benedikt XVI. fühlte sich seinen eigenen Worten zufolge nicht mehr in der Lage „das Schifflein Petri zu steuern“.

Bild unten:
Wie ein „Blitz aus heiterem Himmel“ – so traf die Rücktrittserklärung Benedikts XVI. am 11. Februar 2013 nicht nur das versammelte Kardinalskollegium, sondern die ganze Gemeinschaft der katholischen Kirche. Genau an diesem Tag schlug, äußerst symbolträchtig, ein Blitz in den Petersdom ein.

Für diesen außergewöhnlichen Fall war auch keine Sprachregelung zur Hand, selbst bei den Profis der Kommunikation nicht: Regierungssprecher Steffen Seibert erfuhr von der überraschenden Meldung während der Bundespressekonferenz, mochte sich nicht gleich dazu äußern und erbat sich erst Zeit zur Recherche.

Um seinen Entschluss zu erklären, hatte Benedikt angeführt: „Nachdem ich wiederholt mein Gewissen vor Gott geprüft habe, bin ich zur Gewissheit gelangt, dass meine Kräfte infolge des vorgerückten Alters nicht mehr geeignet sind, um in angemessener Weise den Petrusdienst auszuüben.“ Die sich schnell verändernde Welt werde „durch Fragen, die für das Leben des Glaubens von großer Bedeutung sind, hin- und hergeworfen. Um trotzdem das Schifflein Petri zu steuern und das Evangelium zu verkünden, ist sowohl die Kraft des Körpers als auch die Kraft des Geistes notwendig, eine Kraft, die in den vergangenen Monaten in mir derart abgenommen hat, dass ich mein Unvermögen erkennen muss, den mir anvertrauten Dienst weiter gut auszuführen.“ Als Zeitpunkt für seinen Rücktritt nannte er den 28. Februar, 20 Uhr. Und auch die für ihn typische Bescheidenheit klang noch einmal durch, als er um Verzeihung „für alle meine Fehler“ bat (*„pro omnibus defectibus meis“*, denn natürlich war die ganze Erklärung in dieser wichtigen Kirchenangelegenheit auf Latein gehalten). Es kommt nur höchst selten vor, dass ein Politiker oder Wirtschaftsboss mit solch einem Eingeständnis der eigenen Fehlerhaftigkeit abdankt.

Der Kreis seines Pontifikats schließt sich damit. Nach Canon 332 des kirchlichen Gesetzbuchs *Codex Iuris Canonici* kann ein Papst aus freien Stücken auf sein Amt verzichten. Als einzige Bedingung wird dort genannt, „dass der Verzicht frei geschieht und hinreichend kundgemacht, nicht jedoch, dass er von irgendwem angenommen wird“. Wer sollte einen solchen Rücktritt auch annehmen? – Der Papst selbst ist ja die höchste Instanz, es steht auf Erden niemand mehr über ihm, dem er Gehorsam schuldig wäre. Es sind die gleichen Gründe – angeschlagene Gesundheit, nachlassende Kraft –, die Kardinal Ratzinger vor etlichen Jahren seinem Heiligen Vater Johannes Paul II. vorgebracht hatte. Doch während dieser das Rücktrittsgesuch Ratzingers zurückweisen konnte, hatte es Benedikt XVI. nun selbst in der Hand, seinen Wunsch in die Tat umzusetzen. Und wirklich – wer ihn in den vergangenen Monaten gesehen hatte, musste besorgt sein. Benedikt fiel es zu manchen Anlässen schwer, klar und vernehmlich zu sprechen, er schlurfte eher, als dass er ging, und immer wieder wurde er gestützt. Er selbst hatte es Jahre zuvor aus nächster Nähe mit ansehen müssen, wie sein Vorgänger und Freund Johannes Paul II. in den letzten Monaten seines Lebens unter den Augen der gesamten Weltöffentlichkeit immer siecher wurde. Johannes Paul II. hatte nicht klein beigeben und unbedingt bis zum Schluss durchhalten wollen. Doch dieser Kampf mit dem Tod war ein Schauspiel, das nach dem Dafürhalten Ratzin-

Aus nächster Nähe hatte Joseph Kardinal Ratzinger mit ansehen müssen, wie Johannes Paul II. die Kräfte schwanden. Hier begrüßt der Heilige Vater im Februar 2004 – sichtlich geschwächt – den damaligen Kardinal Ratzinger im Audienzzimmer des Vatikans.

Vatikansprecher Federico Lombardi hatte bereits 2011 vor die Presse treten müssen, um zur sogenannten „Vatileaks-Affäre" Stellung zu nehmen. Am 13. Februar 2013 trat er nun also vor die Mikrofone und Kameras, um über die letzten Schritte Benedikts XVI. bis zum endgültigen Rücktritt am 28. Februar zu informieren.

gers nicht in der Öffentlichkeit ausgebreitet gehörte. Zudem bestand die Gefahr, dass ein Papst, der nicht mehr über die nötige Kraft verfügte, die Übersicht und Kontrolle über das verlor, was in seinem eigenen Haus vor sich ging. Andere konnten das Ruder übernehmen und hinter den Kulissen Schaden anrichten, wenn es keine ordnende Hand gab. Genauso wie Joseph Ratzinger aus Verantwortungsgefühl ein Amt übernahm, das er nicht gewollt hatte, so sorgte auch jetzt sein Verantwortungsgefühl dafür, dass er sich entschloss zurückzutreten und den Hirtenstab Roms in andere Hände zu geben. Ein Oberhaupt von 1,2 Milliarden Gläubigen muss mit ganzer Kraft seine Aufgabe erfüllen können, sonst richtet es unter Umständen selbst mehr Schaden an, als dass es Nutzen bringt. Und es war kein Geheimnis, dass im Vatikan Ränkespiele vor sich gingen, die ihm zutiefst zuwider waren, zu deren Beendigung ihm aber die Entschlossenheit und Durchsetzungskraft fehlten. Zuletzt,

Der verurteilte, ehemalige Kammerdiener wird von Benedikt XVI. am 22. Dezember 2012 zu einer Privataudienz empfangen. Der Heilige Vater hatte Paolo Gabriele noch vor dem Weihnachtsfest begnadigt.

bis Weihnachten 2012 noch, hatte eine Affäre seine Kräfte beansprucht, die als *Vatileaks* bekannt geworden ist.

Der Begriff *Vatileaks* wurde von dem Pressesprecher des Vatikans, Federico Lombardi, in Anlehnung an die Internetplattform *Wikileaks* geprägt. Es war ein Veröffentlichungsskandal, in dem es darum ging, dass seit 2011 immer wieder vertrauliche Dokumente aus dem Vatikan, selbst vom Schreibtisch des Papstes und seines Privatsekretärs Georg Gänswein, in die Medien gelangten. Das hieß nichts weniger, als dass es einen Verräter im direkten Umfeld Benedikts gab, der Zugang zu dessen Privaträumen hatte. Nur wenige kamen dafür infrage: die beiden Privatsekretäre, vier Nonnen, die den päpstlichen Haushalt führten, sowie der Kammerdiener, Paolo Gabriele. Dieser war 2006 angestellt worden. Er half Benedikt beim Ankleiden, servierte ihm die Mahlzeiten, begleitete ihn zu Audienzen und bei Fahrten mit dem

Enger Vertrauter und rechte Hand des Papstes: Georg Gänswein. Vor Weihnachten 2012 wurde der Privatsekretär Benedikts Präfekt des Päpstlichen Hauses, am 6. Januar wurde er in einer feierlichen Zeremonie im Petersdom zum Erzbischof geweiht.

Georg Gänswein ist nun offiziell „Titular-Erzbischof von Urbisaglia", als Präfekt des Päpstlichen Hauses hat der gebürtige Schwarzwälder eines der höheren Vatikanämter inne, die nicht an das jeweilige Pontifikat gebunden sind.

Papamobil. Nachdem der Papst eine Untersuchungskommission zur Aufklärung der Dokumentendiebstähle eingesetzt hatte, wurde Gabriele schließlich als die undichte Stelle ausgemacht und vor Gericht gestellt. Allerdings gelangten auch nach seiner Inhaftierung weiter geheime Papiere aus dem Vatikan an die Öffentlichkeit. Es war klar, dass hier eine größere Intrige im Gange und dass Gabriele nur ein Strohmann war. Im Prozess allerdings gab Gabriele an, alleine gehandelt zu haben. Er wurde am 6. Oktober 2012 wegen schweren Diebstahls zu 18 Monaten Haft verurteilt, dann jedoch von Benedikt zwei Tage vorm Weihnachtsfest begnadigt.

Die veröffentlichten Papiere erlaubten einen tiefen Blick in das Umfeld des Papstes. Der italienische Journalist Gianluigi Nuzzi bündelte die Geheimdokumente in einem Buch mit dem Titel „Sua Santità“ („Seine Heiligkeit“, 2012). Bei der Lektüre wird deutlich, dass im Vatikan unter den Kardinälen und anderen Würdenträgern hinter dem Rücken des Papstes ein Machtkampf ausgetragen wird, wobei es auch um die Vatikanbank IOR (*Istituto per le Opere di Religione – Institut für die Religiösen Werke*) geht. Benedikt hatte nach seiner Amtseinführung mehr Licht in die Geldgeschäfte und -beziehungen der Bank bringen wollen und zu diesem Zweck 2009 den Ökonomen Ettore Gotti Tedeschi an die Spitze der Bank gesetzt, damit dieser für mehr Transparenz sorge. Doch der neue Präsident der IOR hatte bei seinen „Aufräumarbeiten“ im Vatikan wenig Rückendeckung und sah sich bald mit dem Vorwurf konfrontiert, Pflichten zu vernachlässigen und inkompetent zu sein. Der Aufsichtsrat der Bank sprach ihm schließlich gegen die Intentionen Benedikts das Misstrauen aus, so dass Tedeschi im Mai 2012 den Hut nehmen musste. Als eine der letzten Verfügungen des scheidenden Papstes wurde am 15. Februar 2013 der deutsche Wirtschaftsanwalt Ernst Freiherr von Freyberg an die Spitze der Vatikanbank berufen.

Rückhalt und Gewissheit findet Benedikt XVI. auch immer in seiner Heimat, durch seinen Bruder: der Papst und sein Bruder Georg Ratzinger im August 2012 in der päpstlichen Sommerresidenz in Castel Gandolfo, im Hintergrund Privatsekretär Gänswein. Rund 1000 Pilger aus der Erzdiözese München-Freising gestalteten für Benedikt XVI. anlässlich dessen 85. Geburtstages im April nachträglich einen Ehrenabend.

Außenstehende können nur darüber spekulieren, was hinter den Mauern des Vatikans geschieht. Offensichtlich ist aber auch, dass Benedikt nicht die Kraft und den Willen hatte, gegen diese Vorkommnisse vorzugehen. Er war nicht der richtige Mann für diese Art von Intrigen und selbst des Intrigierens unfähig. Seine Liebe zum einsamen Studierzimmer macht ihn zu einem ganz anderen Charakter als den, der hier erforderlich gewesen wäre, um mit eisernem Besen zu kehren. Unter diesen Umständen kann man sich vorstellen, dass Benedikt in der letzten Zeit seines Pontifikats in der Kurie zunehmend isoliert gewesen ist und von den Ränken hinter seinem Rücken nur wenig mitbekam – zumindest aber nichts dagegen tun konnte. Nur wenige blieben ihm, denen er vertrauen konnte: Georg Gänswein, sein Privatsekretär, und natürlich sein Bruder Georg, der ihm bis in die Gegenwart die Treue hält und ihn mit Besuchen erfreut. In dieser Situation war es, dass Benedikt XVI. beschloss, wieder Joseph Ratzinger zu werden.

Mit den Anfeindungen gegen die Kirche von außen hatte er es bereitwillig immer aufgenommen. Aber die Zustände im Innern der Kirche – all die aufgedeckten Missbräuche an Schutzbefohlenen und nun noch diese Kämpfe und Intrigen im engsten Kreis des römischen Machtapparats – entsetzten ihn zutiefst und gingen über seine Kraft. Gut vertraut mit der Kirchengeschichte und dem Kirchenrecht, wusste er, dass es eine ungewöhnliche, aber erlaubte Möglichkeit gab, diese ungleiche Auseinandersetzung zu beenden und es zu ermöglichen, dass ein anderer an seiner statt diesen Kampf aufnahm: der Rücktritt. So überraschend der Zeitpunkt nun war – eigentlich hatte man damit immer rechnen müssen. Denn in einem Interview mit dem Journalisten Peter Seewald hatte Benedikt schon 2010 von der Möglichkeit gesprochen, abzudanken: „Wenn ein Papst zur klaren Erkenntnis kommt, dass er physisch, psychisch und geistig den Auftrag seines Amtes nicht mehr bewältigen kann, dann hat er ein Recht und unter Umständen auch eine Pflicht, zurückzutreten.“[26]

Sein Rücktritt hat für viele ein Zeichen gesetzt: Hier hat jemand Einsicht in seine Begrenzung. Hier klebt jemand nicht an seiner Macht, wie es so viele andere tun,

Auch wenn Benedikt XVI. seine Gewänder und damit auch sein Amt am 28. Februar 2012 abgelegt hat – seiner Botschaft kann er sich nicht entledigen. Es ist an den Gläubigen, diese zu hören.

die nicht weichen wollen, weil sie sich für ach so wichtig nehmen. Benedikt waren das Amt und die Aufgabe des Obersten Hirten wichtiger als seine Person. Ein anderer würde dieses Amt und diese Aufgabe besser als er ausfüllen. Dies hat ihm in aller Welt großen Respekt eingetragen. Dass er seinen Entschluss ausgerechnet am Rosenmontag kundgab, entbehrt nicht einer gewissen Ironie. Denn Benedikt/Ratzinger sieht den Theologen in der Rolle des verkleideten Spaßmachers. Sein viel gelesenes Buch „Einführung in das Christentum“ beginnt mit einer Gleichniserzählung, die ursprünglich von dem Philosophen Kierkegaard stammt: In dieser Erzählung ist ein Reisezirkus in Brand geraten. „Der Direktor schickte daraufhin den Clown, der schon zur Vorstellung gerüstet war, in das benachbarte Dorf, um Hilfe zu holen, zumal die Gefahr bestand, dass über die abgeernteten, ausgetrockneten Felder das Feuer auch auf das Dorf übergreifen würde. Der Clown eilte in das Dorf

Der Heilige Vater segnet im Sommer 2012 bei einer seiner wöchentlichen Generalaudienzen ein Kind. Glaube und Gottvertrauen an die nächste Generation weiterzugeben, mag eine Sisyphosarbeit sein, ganz so, wie das Schiff der Weltkirche durch stürmische Zeiten zu lenken – Benedikt XVI. hat, solange es in seinen Kräften lag, alles dafür getan.

und bat die Bewohner, sie möchten eiligst zu dem brennenden Zirkus kommen und löschen helfen. Aber die Dörfler hielten das Geschrei des Clowns lediglich für einen ausgezeichneten Werbetrick, um sie möglichst zahlreich in die Vorstellung zu locken; sie applaudierten und lachten bis zu Tränen. Dem Clown war mehr zum Weinen als zum Lachen zumute; er versuchte vergebens, die Menschen zu beschwören, ihnen klarzumachen, dies sei keine Verstellung, kein Trick, es sei bitterer Ernst, es brenne wirklich. Sein Flehen steigerte nur das Gelächter, man fand, er spiele seine Rolle ausgezeichnet – bis schließlich in der Tat das Feuer auf das Dorf übergegriffen hatte und jede Hilfe zu spät kam, so dass Dorf und Zirkus gleichermaßen verbrannten."[27]

In der Situation des Clowns sieht der Autor Ratzinger den Theologen, mithin sich selbst, mit seiner theologischen Botschaft, die er zu Gehör zu bringen versucht, die die Menschen aber nicht hören wollen und über die sie lachen. Der Theologe ist für ihn der „völlig Wissende, der mit einer ganz klaren Botschaft kommt", die Dorfbewohner dagegen stehen für die „Menschen außerhalb des Glaubens", die „belehrt werden müssen über das ihnen Unbekannte". Wie oft hat Ratzinger in seinem Leben solche Missachtung der Glaubensbotschaft durch Nichtgläubige erleben müssen! Man denke nur an seine Erfahrungen als Seminarist inmitten des Wahnsinns einer sich zum Krieg rüstenden Welt. Als Benedikt am 28. Februar seine päpstliche Soutane, seinen Camauro, vielleicht auch seine roten Schuhe endgültig ablegte, da war es, als habe der so Bekleidete seine viele Menschen lachen machende Gewandung abgelegt; aber seiner Botschaft kann er sich nicht entledigen, und dass über sie gelacht wird, das kann er nicht verhindern – dies unterscheidet ihn vom Clown und macht die Aufgabe des Theologen in der Moderne schwieriger, wenn nicht unmöglich. Diese Tragik ist Ratzinger schon lange bewusst, aber er hat sich ihr bis in das höchste Amt, das die Kirche zu vergeben hat, ausgeliefert. Er habe bewiesen, „dass man als Sisyphos glücklich sein kann", sagte der bosnische Schriftsteller Dževad Karahasan, ein Muslim, der bei Franziskaner-Patres Griechisch und Latein, Philosophie und Theologie studiert hat, wenige Tage nach Benedikts Rücktrittserklärung in der *Frankfurter Allgemeinen Zeitung*. Sisyphos ist im Mythos auf ewig dazu verdammt, immer wieder zum Gipfel eines steilen Bergs einen Felsen hinaufzuwälzen, der dann auf der anderen Seite wieder herunterrollt. Ebenso wolle Benedikt „unbedingt das Unerreichbare versuchen: Er versucht unser Zeitalter – eine extrem rationalistische, ungläubige, unheilige Welt – zu öffnen." Darum brauche die Welt einen Menschen vom Schlag Benedikts heute mehr denn je.[28]

Noch einmal zeigt sich Benedikt XVI. vom Fenster seines Appartements im Vatikan den Gläubigen auf dem Petersplatz und in aller Welt: der Papst beim Angelus-Gebet am 17. Februar 2013.

Wohin steuert das Schiff der katholischen Kirche?

Der Papst hat – als Stellvertreter Christi auf Erden – eine so hohe Bedeutung für die katholische Glaubensgemeinschaft, dass programmatische Fragen nach der Zukunft der Kirche nicht von der Personalfrage getrennt werden können. Wer wird neuer Pontifex maximus und damit den Kurs des „Schiffleins Petri" bestimmen? Wer ist den Aufgaben, die sich dieser 2.000 Jahre alten Institution stellen, gewachsen? Nach der urplötzlichen Rücktrittserklärung des Ratzinger-Papstes bleibt nicht viel Zeit bis zum Konklave, dem Wahlverfahren, an dem die wahlberechtigten Kardinäle teilnehmen, um aus ihrer Mitte den Nachfolger Benedikts XVI. zu wählen. In dessen Pontifikat ist überdeutlich geworden, welchem Berg von Herausforderungen sich der Neue gegenübersehen wird. Da sind zum einen die gesellschaftlichen Herausforderungen. Die Kirche kann nicht neben der globalisierten Welt existieren, sondern nur in ihr, mit Menschen, die außer der Eigenschaft, gläubige Christen zu sein, auch andere Eigenschaften haben – etwa eine homosexuelle Orientierung oder ehelich geschieden zu sein. Die Hälfte der Menschheit sind Frauen. Dass sie auf ihr uneingeschränktes Recht auf persönliche Integrität pochen, ist historisch noch ein junges Phänomen, wird aber gesellschaftlich immer wirksamer.

Auf den Nachfolger auf dem Stuhl Petri warten große Herausforderungen. Benedikt XVI. nach seiner wöchentlichen Generalaudienz in seiner Sommerresidenz Castel Gandolfo im August 2012.

Eine Entwicklung wird es in all den genannten Bereichen geben, es fragt sich nur, auf welche Weise und mit welchem Tempo es vonstattengeht und inwieweit die Kirche neben der Gesellschaft her navigiert oder ob sie es mitten in ihr tut. Andere an die Institution der Kirche herangetragene Wünsche oder Forderungen betreffen kirchenrechtliche Regelungen. So stehen der Zölibat, die Ehelosigkeit der Priester, sowie das Verbot der Priesterweihe von Frauen gesellschaftlich schon lange auf dem Prüfstand – und liberalere Katholiken werden hier weiter die Diskussion anfachen. Und nicht zuletzt muss der neue Papst auch im Vatikan selbst für Reformen sorgen, wo die Behörden mehr neben- und gegeneinander als miteinander vorzugehen scheinen. Es gilt, die Kräfte wieder zu bündeln, die bei der Bewältigung der anstehenden Aufgaben gefordert wären.

Gewaltig sind diese Aufgaben also, die sich dem neuen Papst stellen. Unter den voraussichtlich 115 am Konklave teilnehmenden Kandidaten gab es schon im Vorfeld manchen Favoriten. Da Benedikt XVI. vielen als „Übergangspapst" erschienen war, hatten sie ja auch bereits jahrelang Zeit gehabt, sich Gedanken über mögliche Nachfolger zu machen. Vor Karol Wojtyla und Joseph Ratzinger hatten 500 Jahre lang ausschließlich Italiener auf dem Stuhl Petri gesessen. Die italienischen Purpurträger machen allein ein Viertel des gesamten Kardinalskollegiums aus, eine Bastion, könnte man meinen – wenn sie nicht untereinander zerstritten wären. Als einer der Favoriten gilt Angelo Scola; der 71-Jährige, ein ehemaliger Schüler Ratzingers, führt in Mailand das größte Erzbistum der Welt. Er gilt als konservativ, würde aber sicherlich dem interreligiösen Dialog guttun. Ein anderer italienischer Favorit ist Gianfranco Ravasi. Der 70-jährige Präsident der Päpstlichen Kommission für die Kulturgüter der Kirche gilt als ein weltoffener Mensch, der auch von Ratzinger sehr geschätzt wird. Ein dritter Kandidat für das Papstamt ist der 70-jährige Angelo Bagnasco, Erzbischof von Genua, ein feinsinniger Geist mit ausgeprägter Spiritualität. Anderen Europäern werden kaum Chancen zugerechnet, auch wenn die mit vier Würdenträgern vertretenen Franzosen gern den 69 Jahre alten Jean-Louis Tauran, Leiter des Päpstlichen Rats für interreligiösen Dialog, auf dem Heiligen Stuhl sehen würden.

„Ich bin ein einfacher Pilger, der die letzte Etappe auf seinem Erdenweg beginnt." – Mit diesen Worten verabschiedete sich Benedikt XVI. am Abend des 28. Februar 2013 vom Balkon der Sommerresidenz in Castel Gandolfo. Fernsehzuschauer in aller Welt hatten zuvor den Flug des Papstes vom Vatikan in die Residenz am Albaner See an den Bildschirmen begleitet.

Oder hat diesmal ein Vertreter aus den anderen Erdteilen eine Chance – gar aus einem noch nicht hoch industrialisierten Land? Schließlich lebt die überwiegende Mehrzahl der Katholiken südlich des Äquators. Allein in Lateinamerika ist fast die Hälfte aller Kirchenmitglieder beheimatet. Die meisten Kircheneintritte jedoch gibt es derzeit in Afrika. Benedikt selbst hat einmal gesagt, dass er sich einen „dunkelhäutigen Papst" gut vorstellen könne. Erster Anwärter wäre hier Kardinal Peter Kodwo Appiah Turkson aus Ghana, mit 64 Jahren vergleichsweise „jung". Er leitet den Päpstlichen Rat für Gerechtigkeit und Frieden und gilt vielen als „soziale Stimme" in der obersten Hierarchieebene der Kirche. Mit 55 Jahren noch jünger und ein Vertreter

Blick auf den Vatikan: Über der Spitze des Petersdoms befindet sich das Kloster Mater Ecclesiae. Nach seinem Rücktritt am 28. Februar 2013 wird Benedikt zunächst in die päpstliche Sommerresidenz Castel Gandolfo bei Rom umziehen. Hier wird er die Übergangszeit verbringen, bis die Renovierungsarbeiten in seinem neuen Zuhause abgeschlossen sind. Das Kloster wurde 1994 von Benedikts Vorgänger Papst Johannes Paul II. gegründet.

Asiens ist der von Benedikt geschätzte Erzbischof von Manila, Kardinal Luis Antonio G. Tagle; ihm wird die Aura eines Wojtyla zugesprochen. Lateinamerika hat mit dem Brasilianer Odilo Pedro Scherer, 63, dem einflussreichen Erzbischof von São Paulo, einen aussichtsreichen Kandidaten im Konklave; als Nachkomme von deutschen Auswanderern würde er symbolisch eine Brücke zwischen Alter und Neuer Welt schlagen. Ein Pontifex aus einem der ärmeren Teile der Welt, vertraut mit den Nöten und Sorgen der Menschen vor Ort, die nicht unseren Wohlstand kennen, ein Papst mit diesem Hintergrund würde sicherlich frischen Wind in die Institution Kirche bringen. – Beim Spaziergang könnten sie sich beide, der ehemalige und der neue Papst, demnächst dann über den Weg laufen, ein Novum in der Geschichte. Denn Joseph Ratzinger wird ganz in der Nähe des Machtzentrums der Weltkirche bleiben. Er verbringt seinen Lebensabend im Kloster Mater Ecclesiae, das in einem ruhigen Teil der vatikanischen Gärten liegt, der schönsten Gartenanlage Roms, in der er, als ihm das Gehen noch leichter fiel, beim täglichen Spaziergang den Rosenkranz betete. Dann werden sich der alte und der neue Papst vielleicht unter den Zedern, in denen sich ursprünglich aus Südamerika stammende Mönchssittiche als europäische Neubürger eingenistet haben, auf eine Bank setzen, und der Jüngere wird den Älteren doch noch einmal um Rat fragen.

Was aber wird von Joseph Ratzinger, der zu Benedikt XVI. wurde und schließlich wieder zu Joseph Ratzinger, einst bleiben? Diese Frage abschließend zu beantworten, dafür ist es noch viel zu früh, zumal der frühere Bischof von Rom von seinem Rückzugsort aus immer noch Akzente setzen könnte, etwa wenn er wieder zur Schreibfeder greift. Eine Bibliothek steht ihm dort für alle Fälle zur Verfügung. Freilich kann man sagen: Anders als bei seinem Vorgänger wird man sich an ihn nicht als einen charismatischen Papst erinnern. Wenn sein Auftreten Begeisterung auslöste, galt dies eher dem Amt, das er bekleidete, als dass sie durch persönliche Ausstrahlungskraft hervorgerufen wurde. Sein Rang aber als Theoretiker des Glaubens ist unter Theologen unbestritten. Er kann sich in einer schönen, klaren und effektvollen Sprache mitteilen. Als Glaubenspräfekt brachte er einen neuen „Katechismus der katholischen Kirche", das Handbuch der römisch-katholischen Glaubensgrundlagen, auf den Weg (erschienen 1992). In seiner Amtszeit als Papst flossen aus seiner Feder vielbeachtete Lehrschreiben (Enzykliken) und seine große, dreibändige Auslegung des Lebens Jesu. Damit sind nur die letzten wichtigen

Einträge in einer langen Liste von Veröffentlichungen genannt. Der begnadete Theologe hat auch nicht die Auseinandersetzung mit Vertretern des „weltlichen" Denkens gescheut, etwa mit dem Philosophen Jürgen Habermas, und stets das Gespräch mit den Würdenträgern anderer Religionen gesucht. „Ratzinger hat seine Kirche wieder geistig satisfaktionsfähig gemacht", urteilte hierzu ein Kommentator.[29] Doch man muss genau hinhören, wenn er sich äußert. Seine Art zu kommunizieren ist anspruchsvoll, so dass es bei flüchtiger Aufnahme des Gesagten leicht zu Missverständnissen kommt, wie es etwa bei seiner „Regensburger Rede" geschah. Er setzt differenziertes Denken und profunde Kenntnisse der Geistesgeschichte bei anderen einfach voraus, auch wenn man dies als etwas weltfremd betrachten kann. Der Traditionsvergessenheit und dem Mangel an klassischer Bildung der heutigen Zeit hält er damit einen Spiegel vor.

In seinem Wirken als Präfekt der Glaubenskongregation und schließlich als Pontifex versuchte er das, was er aus der Tradition der Kirche als erhaltenswert erachtete, zu bewahren und zu erneuern, um es mit in die Zukunft zu nehmen. Ob seine Art und Weise, am Alten festzuhalten, wirklich in die moderne Zeit und Gesellschaft passt, ist im buchstäblichen Sinne fragwürdig. Aber wenn man die moderne Gesellschaft unhinterfragt als das Selbstverständliche ansieht und die katholische Kirche als dasjenige, das sich demgegenüber zu rechtfertigen hat, wird man Ratzinger/Benedikt auch nicht gerecht.

Dieser gelehrte Mann drehte den Spieß um, was von vielen als Ungeheuerlichkeit aufgefasst wurde: Sollte sich doch erst einmal das Neue rechtfertigen, statt alle Geltung zu beanspruchen! Verfügt die Kirche doch immerhin über das Fundament einer jahrtausendealten Tradition, deren Ursprung im Absoluten liegt und damit weit vor Anbeginn dieser vergänglichen Welt. Unsere beschränkte Zeit (so wie jede Zeit eine beschränkte ist) sollte zur Selbstbefragung fähig sein und sich nicht anmaßend über alles erheben, wofür Menschen früher gelebt und woran sie geglaubt haben – das wollte und das will er uns lehren. Dass er sich selbst einer Selbstbefragung unterworfen hat, darf als gewiss gelten – auch wenn er gelegentlich zu anderen Schlüssen gelangt ist als die meisten Menschen unserer Zeit. In einem aber wird Benedikt XVI. ohne Zweifel als Vorbild in Erinnerung bleiben: in seiner Ehrfurcht, Demut und Bescheidenheit angesichts der Gegenwärtigkeit des Ewigen.

Benedikt XVI. hat das Licht des Glaubens in die Welt getragen – sich der Begrenztheit seiner menschlichen Kräfte bewusst, gibt er voller Demut das Amt des Stellvertreters Christi auf Erden weiter.

Literaturnachweis

1 Ansprache an die Pilger aus Deutschland, 25.04.2005. Zu finden auf der Website des Vatikans (www.vatican.va).

2 Joseph Ratzinger: Aus meinem Leben. Erinnerungen (1927–1977). München 1998.

3 Joseph Ratzinger: Salz der Erde. Christentum und katholische Kirche im 21. Jahrhundert. Ein Gespräch mit Peter Seewald. München 1996.

4 Zitiert nach: Andreas Heim: Von Ablass bis Zölibat. Kleines Lexikon der Kirchengeschichte. München 2008. Seite 232.

5 Zitiert nach: Christian Feldmann: Papst Benedikt XVI. Eine kritische Biographie. Reinbek bei Hamburg 2006. Seite 25 f.

6 Peter Seewald: Benedikt XVI. Ein Porträt aus der Nähe. Berlin 2007 (aktualisierte und erweiterte Taschenbuchausgabe).

7 So der Kommilitone Willibald Glas, in: Focus, 23.04.2005.

8 Joseph Ratzinger: Die neuen Heiden und die Kirche. Zuerst abgedruckt in: Hochland 51 (1958/59). Seite 1–11. Wieder abgedruckt in: Joseph Ratzinger: Das neue Volk Gottes. Entwürfe zur Ekklesiologie. Düsseldorf 1969. Seite 325–338.

9 Joseph Ratzinger: Der Gott des Glaubens und der Gott der Philosophen. München/Zürich 1960. Seite 32.

10 Dieses Zitat und die folgenden Zitate von Ratzingers Zuhörern in: Gianni Valente: Student – Professor – Papst. Joseph Ratzinger an der Universität. Augsburg 2009. Seite 58 ff.

11 Joseph Ratzinger: Zur Theologie des Konzils. In: Ders.: Das neue Volk Gottes. Entwürfe zur Ekklesiologie. Düsseldorf 1969. Seite 147–170.

12 Joseph Frings: Das Konzil und die moderne Gedankenwelt. Köln 1962.

13 Zitiert nach: Gianni Valente: Student – Professor – Papst. Joseph Ratzinger an der Universität. Augsburg 2009. Seite 93.

14 Christian Feldmann: Benedikt XVI. Der bayerische Papst. Von Regensburg und München auf den Stuhl Petri. Regensburg 2005. Seite 53.

15 Gianni Valente: Student – Professor – Papst. Joseph Ratzinger an der Universität. Augsburg 2009. Seite 143.

16 Ebd., Seite 146 f.

17 Christian Feldmann: Papst Benedikt XVI. Eine kritische Biographie. Reinbek bei Hamburg 2006. Seite 92.

18 Peter Seewald: Benedikt XVI. Ein Porträt aus der Nähe. Berlin 2007 (aktualisierte und erweiterte Taschenbuchausgabe). Seite 44.

19 Matthias Drobinski in der Süddeutschen Zeitung, 23./24.04.2005.

20 Stephan Kulle: Papa Benedikt. Die Welt des deutschen Papstes. Frankfurt am Main 2007.

21 Ansprache im KZ Auschwitz-Birkenau am 28.05.2006. L´Osservatore Romano (Wochenausgabe in deutscher Sprache), 02.06.2006.

22 Benedikt XVI.: Glaube und Vernunft. Die Regensburger Vorlesung. Freiburg im Breisgau 2006.

23 Michael Wolffsohn: Fünf Jahre im Amt. Der interreligiöse Scherbenhaufen des Papstes. Welt online, 16.04.2010.

24 Wolfgang Weissgerber: Mensch, Benedikt! Evangelische Sonntags-Zeitung, 08.02.2009.

25 Brief Seiner Heiligkeit Papst Benedikt XVI. an die Bischöfe der katholischen Kirche in Sachen Aufhebung der Exkommunikation der vier von Erzbischof Lefebvre geweihten Bischöfe. Zu finden auf der Website des Vatikans (www.vatican.va).

26 Benedikt XVI.: Licht der Welt. Der Papst, die Kirche und die Zeichen der Zeit. Ein Gespräch mit Peter Seewald. Freiburg, Basel, Wien 2010. Seite 47.

27 Ratzinger, Joseph: Einführung in das Christentum. Vorlesungen über das Apostolische Glaubensbekenntnis. 9. Auflage, München 2007. Seite 33 f.

28 Frankfurter Allgemeine Zeitung, 14.02.2013.

29 Jan Ross in der „Zeit“, 14.02.1013.

Anmerkungen zur Regensburger Rede

1 Von den insgesamt 26 Gesprächsrunden (διάλεξις – Khoury übersetzt „Controverse“) des Dialogs („Entretien“) hat Th. Khoury die 7. „Controverse“ mit Anmerkungen und einer umfassenden Einleitung über die Entstehung des Textes, die handschriftliche Überlieferung und die Struktur des Dialogs sowie kurze Inhaltsangaben über die nicht edierten „Controverses“ herausgegeben; dem griechischen Text ist eine französische Übersetzung beigefügt: Manuel II Paléologue, Entretiens avec un Musulman. 7e Controverse. Sources chrétiennes Nr. 115, Paris 1966. Inzwischen hat Karl Förstel im Corpus Islamico-Christianum (Series Graeca. Schriftleitung A. Th. Khoury – R. Glei) eine kommentierte griechisch-deutsche Textausgabe veröffentlicht: Manuel II. Palaiologus, Dialoge mit einem Muslim. 3 Bde. Würzburg - Altenberge 1993–1996. Bereits 1966 hatte E. Trapp den griechischen Text – mit einer Einleitung versehen – als Band II. der Wiener byzantinischen Studien herausgegeben. Ich zitiere im folgenden nach Khoury.

2 Vgl. über Entstehung und Aufzeichnung des Dialogs Khoury S. 22–29; ausführlich äußern sich dazu auch Förstel und Trapp in ihren Editionen.

3 Controverse VII 2c; bei Khoury S. 142/143; FörstelBd. I, VII. Dialog 1.5, S. 240/241. Dieses Zitat ist in der muslimischen Welt leider als Ausdruck meiner eigenen Position aufgefaßt worden und hat so begreiflicherweise Empörung hervorgerufen. Ich hoffe, daß der Leser meines Textes sofort erkennen kann, daß dieser Satz nicht meine eigene Haltung dem Koran gegenüber ausdrückt, dem gegenüber ich die Ehrfurcht empfinde, die dem heiligen Buch einer großen Religion gebührt. Bei der Zitation des Texts von Kaiser Manuel II. ging es mir einzig darum, auf den wesentlichen Zusammenhang zwischen Glaube und Vernunft hinzuführen. In diesem Punkt stimme ich Manuel zu, ohne mir deshalb seine Polemik zuzueignen.

4 Controverse VII 3b - c; bei Khoury S. 144/145; Förstel Bd. I, VII. Dialog 1.6 S. 240–243.

5 Einzig um dieses Gedankens willen habe ich den zwischen Manuel und seinem persischen Gesprächspartner geführten Dialog zitiert. Er gibt das Thema der folgenden Überlegungen vor.

6 Khoury, a. a. O. S. 144 Anm. 1.

7 R. Arnaldez, Grammaire et théologie chez Ibn Hazm de Cordoue. Paris 1956, S. 13; cf Khoury, S. 144. Daß es in der spätmittelalterlichen Theologie vergleichbare Positionen gibt, wird im weiteren Verlauf dieses Vortrags gezeigt.

8 Für die viel diskutierte Auslegung der Dornbuschszene darf ich auf meine „Einführung in das Christentum“ (München 1968), S. 84–102, verweisen. Ich denke, daß das dort Gesagte trotz der weitergegangenen Diskussion nach wie vor sachgemäß ist.

9 Vgl. A. Schenker, L'Ecriture sainte subsiste en plusieurs formes canoniques simultanées, in: L'interpretazione della Bibbia nella Chiesa. Atti del Simposio promosso dalla Congregazione per la Dottrina della Fede. Città del Vaticano 2001, S. 178–186.

10 Ausführlicher habe ich mich dazu geäußert in meinem Buch „Der Geist der Liturgie. Eine Einführung.“ Freiburg 2000, S. 38–42.

11 Aus der umfänglichen Literatur zum Thema Enthellenisierung möchte ich besonders nennen A. Grillmeier, Hellenisierung – Judaisierung des Christentums als Deuteprinzipien der Geschichte des kirchlichen Dogmas, in: ders., Mit ihm und in ihm. Christologische Forschungen und Perspektiven. Freiburg 1975, S. 423–488.

12 Neu herausgegeben und kommentiert von Heino Sonnemans (Hrsg.): Joseph Ratzinger – Benedikt XVI., Der Gott des Glaubens und der Gott der Philosophen. Ein Beitrag zum Problem der theologia naturalis. Johannes-Verlag Leutesdorf, 2. ergänzte Auflage 2005.

13 90 c–d. Vgl. zu diesem Text R. Guardini, Der Tod des Sokrates. Mainz – Paderborn 1987^5, S. 218.

Über den Autor

Anton Curic, geboren 1963 in Unna, studierte in Köln unter anderem bei Ulrich Wienbruch Philosophie. Durch dessen Forschung über das Denken von Augustinus und Bonaventura angeregt, lernte er auch das theologische Werk Joseph Ratzingers kennen, der von den beiden Kirchenlehrern entscheidend geprägt wurde.
Er ist Autor mehrerer Bücher, darunter eine Biografie über Hildegard von Bingen, die 2012 von Papst Benedikt XVI. heiliggesprochen und in den Rang einer Kirchenlehrerin erhoben wurde.

Autor: Anton Curic
Interviewbeiträge Pamela Runkel (S. 4-13); Beitrag „Ene Besuch beim Papst“ Gisbert Baltes (S. 14-17)
Projektleitung und Redaktion: Heinrich Hengst
Satz: Manfred Spinrath, Dormagen
Titelfoto: dpa – Picture Alliance
Bildnachweis: Osservatore Romano (S. 4); Sr. Maria Gratia Adler (S. 10); Fotografia Felici, Italien (S. 15, 17); Wikimedia/Domgym (S. 51); Prof. Adolf Clemens (S. 70); dpa – Picture Alliance (alle übrigen Fotos).

Printed in Germany

www.lingenverlag.de